学校生涯
教育指南

XUEXIAO SHENGYA
JIAOYU ZHINAN

曹新美 / 主编　李浩英 / 副主编

教育科学出版社
·北 京·

前 言

随着中高考制度的改革，学生从初中开始就面临着选科、选学和选考问题。初中的选科直接影响高中的选考和大学的专业选择，生涯规划不再是学生个体的困惑，而是关系所有学生未来如何找到适合自己的专业和职业、更好地适应社会的问题。生涯指导的工作提前到初中阶段，学校应该如何指导学生选科、选学？教师要依据什么来对学生进行指导？如何更科学、有效地指导？这些都成为当前学校生涯教育的迫切问题。

生涯教育是教师引导学生进行自我探索、了解社会职业生活，进而思考未来职业选择、人生价值、生活与工作意义的教育，对人的一生发展极为重要。如何科学有效地开展生涯教育，是一线教师困惑和亟待解决的问题。

八年磨一剑，生涯教育三台阶。2012 年北京教育学院校长研修学院教育心理系的七位心理学博士组建团队，申报学院"生涯教育与创造性培养"重点学科。当时北京市的生涯教育刚刚起步，对生涯教育的内容和模式都在探索之中。我们在已有心理学专业的基础上，进行了一系列的探索。第一，系统学习生涯理论：梳理国内外生涯教育研究成果，聘请美国和我国香港、台湾地区的生涯教育专家做生涯专题讲座，参加国际生涯规划师培训，赴我国台湾地区多所高中学习生涯教育的经验。第二，全面考察现状：对北京市生涯教育的现状进行问卷调查，召开北京市区县生涯教育调研会，了解中学生涯教育的实施状况和一线教师的困惑与需求。第三，深入了解实践成果：参与北京教育科学研究院基础教育课程教材发展研究中心生涯教育专项组，审核生涯教育教材，参加生涯教育现场会，推进北京市生涯教育工作。同时深入北京、上海、苏州、杭州、广州、深圳等地有特色的中学调研取经。我们了解到在中学开展生涯教育，最大的问题就是缺乏生涯教育的理念和教师，而教师最困惑的是如何将生涯教育的理论与学生的需求结合。教师如何实施生涯教育，需要一本理论通俗、实践操作清晰明确的生涯教育指导书。于是，我们确立了本书的框架体系、特色和读者对象，进行编写创作。2014年初，我们完成了书稿。2014年和2015年，我们开办了两期"北京市高中生涯教育教学设计"高级研修班，培训北京市高中生涯教育专职教师。围绕书稿的框架体系，设计了为期一年的生涯培训课程，专题培训不仅为北京市高中生涯教育培训了专业化的教师，也将生涯理论融入课堂教学设计中，丰富了我们的成果。

从2016年开始，连续三年，我们面向初高中班主任，在北京市门头沟、大兴、延庆、平谷、西城、朝阳、房山等区举办了多期"中学班主任生涯教育"高级研修班，提升了班主任生涯主题班会课的设计能力和实施生涯教育的能力，取得了非常好的效果。

在理论和实践的探索中，我们逐渐形成了大生涯教育系统，也融入了学校的整体办学理念和教育教学与管理体系。学校领导需要将生涯教育纳入学校的整体工作中，与育人目标和课程资源进行整合，进行顶层设计、系统构建，才能真正发挥生涯教育的育人功能和指导功能，为所有学生的发展提供有效的帮助。2019年，我们以中学校长为培训对象，设计了200课时的"提升校长顶层设计和实施生涯教育的能力，促进学生全面发展"专项培训。

在生涯教育实践的过程中，我们不断寻找与更新生涯理论与教育实践的契合点。2018年5月，我们对书稿进行了修订，增加了初中生涯教育的内容，将生涯课扩展到班会课、学科教师的学科渗透，加强了学校生涯教育的顶层设计。我们压缩了理论的篇幅，更加注重理论与实践的对接，在话语体系和表达方式上，更加贴近一线教师，同时增加了六篇一线教师的教学设计。

生涯教育不是一朝一夕之事，八年的历练和打磨，成就了我们的职业生涯，也形成了本书的特色。书中的所有内容，我们都以课程形式进行了实践打磨。

本书是专为中学教师提供的帮助其开展生涯教育的指导性用书，观点新颖、理论严谨、可操作性强。

本书分为上下两个篇章，前五章是由北京教育学院重点学科"生涯教育与创造性培养"团队中的七位心理学博士撰写。在书稿写作中，我们查阅和梳理了国内外最新的生涯教育理论和相关的心理学资料，确保对理论的阐述严谨、准确，有理有据。有规范严谨的文献来源，有切实有力的证据支持，还有对理论精准的把握和理解。我们在听评课和指导教师设计生涯课及生涯主题班会课的过程中，感受到老师们渴望把握生涯教育核心理论和心理学理论。因为大多数教师都没有生涯教育和心理学的相关背景，在讲到具体问题，尤其是理论运用时，他们感到较为困惑和焦虑。因此，我们力求把生涯教育理论和心理学理论讲解透彻，将理论以情境或问题的方式导入，引发老师们的思考，进而将理论融会贯通地运用到实际中。

"第一章　学校生涯教育的理论及运用"由金颖博士撰写。本章主要阐述了舒伯的生涯发展理论、霍兰德的职业兴趣理论以及生涯决策理论，这三个理论是生涯教育的核心理论。在阐述理论的过程中对每一个环节都做了运用示例，如绘制生命线、画出人生角色图、填写生涯决策平衡单等，引导老师们理解理论，并创造性地运用工具设计教学活动。

"第二章　学校如何开展生涯教育"由曹新美博士撰写。本章从学校生涯教育顶层设计的视角，阐述了学校生涯教育的定位、目标、内容和多元形态，扩展了生涯教育理念；介绍了美国、加拿大以及我国台湾地区的生涯教育课程；用多种形式的教学案例，帮助和启发教师思考如何进行生涯课程的教学设计。

"第三章　如何做生涯规划"由曾盼盼博士和沈彩霞博士撰写。本章内容涵盖了初高中生涯教育的三大核心模块：自我探索、学业探索和环境探索。第一节由曾盼盼博士撰写，从自我在生涯发展中的作用和地位，阐述了生涯教育中最核心的内容——自我探索的意义。第二节至第四节由沈彩霞博士撰写。围绕着如何进行自我探索的四个核心内容——兴趣探索、价值观探索、性格探索、能力探索的理论和方法进行阐述。每个环节都结合案例和教学示例，阐述心理学的原理和方法，为教师引导学生进行职业和专业探索、高考志愿填报等，提供了专业指导。同时从生涯管理的视角，引导教师指导学生进行目标管理、时间管理和学习策略管理，将生涯教育与学生当下的学习和生活联结起来。

"第四章　如何开展生涯辅导"由林雅芳博士撰写。本章着重分析了当前生涯辅导中常见的问题：如何针对学生的生涯选择问题进行辅导？如何制订生涯辅导的目标？如何选择生涯辅导的方法？本章用咨询案例演示了学校生涯辅导的过程和需要注意的问题，引导生涯辅导教师实现自我成长。

"第五章　有哪些生涯教育测评工具可以用"由马英博士撰写。本章主要阐述了在学校生涯教育中选择和使用生涯测评工具的方法、步骤及注意事项；介绍了学校常用的生涯测评工具，重点说明了自我探索、环境探索、学业管理、生涯决策等四种测评工具的使用，以及如何解读测评结果，具有很强的操作性。

在第六章中我们收录了北京市六位教师的优秀教学设计，其中四篇教学设计由北京市四位优秀的中学心理教师提供。这四篇教学设计目标明确、内容定位准确、结构完整、流程清晰，是十分规范的教学设计范例。另外两篇，一篇是班主任的生涯主题班会教学设计，还有一篇是学科教师的学科渗透生涯教育教学设计。我们希望为不同层面的教师提供生涯教育教学设计的参考指导。

第一篇"生涯唤起"主题教学设计，由北京市第一零九中学林翔宇老师提供。生涯唤起是生涯教育的起点。第二篇"生命'价'体验"主题教学设计，由北京师范大学附属实验中学陈晨老师提供。北京师范大学附属实验中学是全国中小学心理健康教育特色学校，是北京市乃至全国开展生涯教育最早、最系统的中学之一，学校高度重视生涯教育，初高中阶段都开设了生涯课。林翔宇老师和陈晨老师都曾获得北京市首届心理教师基本功大赛一等奖。第三篇"能力助我行"主题教学设计，由北京市大兴区兴华中学刘秀华老师提供。刘秀华老师是北京市心理学科带头人，心理特级教师。第四篇"专业与未来"主题教学设计，由北京师范大学朝阳附属学校张馨尹老师提供。第五篇 "梦想照亮现实"生涯主题班会教学设计由北京师范大学朝阳附属学校李琪老师提供。李琪老师利用班会课做生涯教育，使生涯教育有了真正的抓手和途径。班主任老师做生涯教育，将生涯教育与班级管理和德育工作有机融合，既给了班主任新的视角，也使原有的班会课有了新的活力和丰富的内容。第六篇化学学科渗透生涯教育教学设计由北京市第八十中学桑寿德老师提供。近年来，随着生涯教育在学校的深入推进，借助学科平台，通过学科来渗透生涯教育成为学校探索生涯教育的新途径。通过学科渗透生涯教育，让老师清晰地知道为什么而教，学科对学生未来的专业、职业和生活有什么价值，也让学生明白学习这门课程的目的。生涯教育既能激发学生学的积极性，也能激发学科教师教的主动性和创造性。

　　本书几经修改，不断打磨，八年来，我们伴随着北京市和全国的生涯教育而成长，从小荷才露尖尖角，到今天生涯教育的全面起航。此书得以出版，要感谢八年来，执着追求出版品质的教育科学出版社的刘灿老师和闫景老师。感谢北京教育学院对"生涯教育与创造性培养"重点学科的支持，感谢北京市各区县心理负责人对这本书的贡献，感谢众多一线教师在课堂上为我们呈现的丰富的教学案例。老师们的教学实践活动，是我们研究的起点和源泉。感谢北京市生涯教育的专家和同行者，大家一路前行，相信生涯教育会繁花似锦。

目 录

CONTENTS

第一章
学校生涯教育的理论及运用

课程结构图

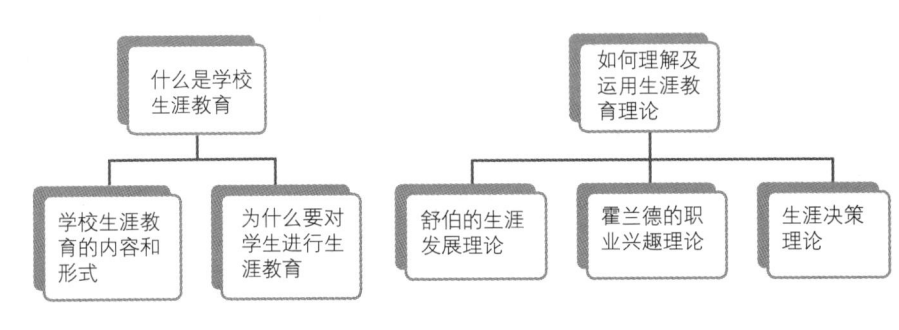

第一节 什么是学校生涯教育

✴ 情境导入

对学生科目选择造成最大困扰的因素

图 1-1 来自调查报告《新高考改革背景下高中生科目选择意向现状及对策——基于浙江省五所高中的调查分析》（杜芳芳 等，2016）。调查报告显示，虽然大部分学生确定选考科目首要考虑学科兴趣和专长，但从总体上看，49.01% 的学生存在所喜欢的科目与擅长的科目相冲突以及所喜欢的科目与未来就业相冲突的问题。这意味着，出于现实因素的考量，学生真正喜欢的科目并不一定会成为他们最终的选考科目。学生的选择在一定程度上仍受到追求高分数、名牌高校及热门专业等"社会主流"思想的影响。

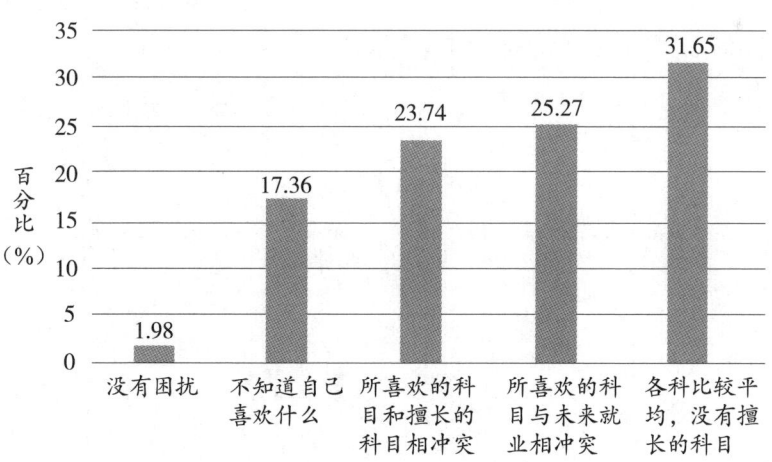

图 1-1 高一学生选科的困惑

一、学校生涯教育的内容和形式

舒伯（Super）认为生涯"是生活里各种事态的连续演进方向；它统合了人一生中依序发展的各种职业和生活的角色"（金树人，2007）[2]。生涯不同于职业和工作，因为前者是从人的角度进行界定和赋予意义，而后者是存在于机构和行业中的。生涯教育的雏形是 20 世纪初在美国出现的职业辅导，即通过给予职业信息，帮助个人选择职业，做好就职准备，进入自己喜欢和擅长的职业。后来，随着社会变迁以及相应的个体观、发展观的转变和心理辅导的发展，职业辅导逐渐演变为生涯教育。

对于学生来说，学校生涯教育是依托特色课程或活动，通过多种有效途径，指导学生进行自我探索和环境探索，引导学生了解自身的兴趣、性格、能力、价值观及学科专业特点和职业发展等信息，促使学生能够自主选择适合自己的学科专业，有效规划和管理自己的学业与生活，为未来职业选择做准备的一种教育。简单来说，学校生涯教育探讨的是"我是谁""我要成为谁"以及"我要如何实现它"这三个方面的问题。

（一）学校生涯教育的内容

根据国内外生涯教育教材的内容体系，生涯教育基本分为以下四方面：自我探索、环境探索、生涯决策和学业管理（见图 1-2）。

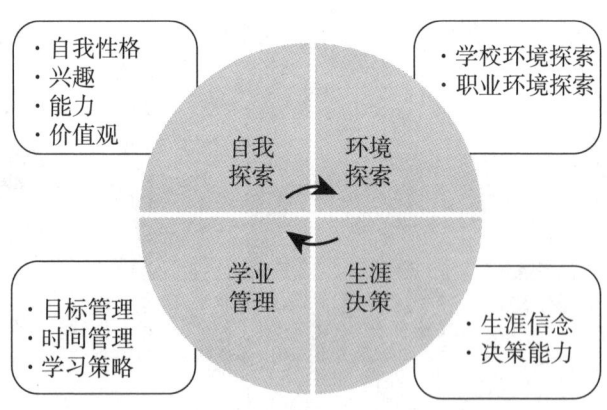

图 1-2 生涯教育的内容

关于生涯教育的内容，教师有以下两点需要注意。

首先，这四部分的内容是一个有机整体，不是割裂的。例如，学生在进行环境探索的时候，必然要思考关于自我性格、兴趣、能力、价值观等方面的内容；生涯决策要基于自我探索和环境探索来进行，同时又要靠学业管理来实现。因此，这四个模块是互相依存的。教师在进行生涯教育的时候，不能将这四部分完全割裂开来，而是要打通，甚至一个主题中可以同时包括这四个方面的内容。

其次，教师是根据学生的生涯需求来进行主题的选择，而不是按照四个模块的顺序依次来教。生涯教育要以学生的心理发展特点和生涯需求为出发点，只有这样才能有效激发学生生涯规划的意识和积极进行生涯规划的行动。

（二）学校生涯教育的形式

总体来说，生涯教育在学校不是一门独立的课程或者一种活动形式，它首先应该是一种教育理念，在这种理念的指导下，学校的德育、教学、科研部门有机结合，通过学校文化、活动、课程等多种形式引导学生进行生涯探索。具体来说，学校的生涯教育大致有以下五种外显的形式。

（1）课程：包括生涯课、班会课、学科渗透课、综合实践课等。

（2）活动：以生涯教育为主题的各种活动，如生涯体验活动、职业人物访谈、电影课堂、辩论赛、校友大讲堂等。

（3）测评：以量化的形式对学生进行一系列评估，也可以建立学生的生涯档案。

（4）辅导：包括生涯的个体辅导和团体辅导。

（5）家长教育：对家长进行生涯教育知识的普及和相关辅导。

我们曾调查过北京市的生涯教育形式及效果，发现教师的生涯教育形式非常多元化，但最常用的三种方式都是集体授课的形式（生涯课、班会课和专题讲座）。研究发现，常用方式的效果并不一定都好，如专题讲座就不如职业体验的效果好。因为生涯教育不同于传统的学科教学，它是与学生生活相关的教育。戴维·珀金斯（2015）在《为未知而教，为未来而学》一书中称这样的学习为"具有生活价值的学习"，这样的知识必须能够在某些场合实际运用。因此，教师在进行生涯教育时，要注重这个过程的体验性和生成性。

二、为什么要对学生进行生涯教育

（一）中高考改革的现实需要

毋庸置疑，当前生涯教育之所以如此受重视，最重要的影响因素是中高考改革。2014 年，《国务院关于深化考试招生制度改革的实施意见》正式发布，新高考改革提出考生拥有选考自主权。当年年底，教育部又印发了 4 个配套性文件，这标志着由党中央、国务院顶层设计和全面部署的新一轮高考综合改革已经正式启动。新高考最突出的特点是 3 个科目可由考生在高中学业水平考试科目中选择。与考生只能在“文综”和“理综”两种“套餐”中选择一种相比，新高考大大拓展了考生选择高考科目的空间，给考生更多“学其所好、考其所长”的机会。

2015 年，北京市出台了 2018 年中考改革方案，除语、数、外的学习，中考在科目选择上有 9 种不同的组合方式，学生可以根据自己的兴趣和需求进行选择。以上这些政策的出台都旨在引导学生探索自我和关注社会，尽早了解自己的兴趣和能力，确定未来学科、专业、职业的选择方向，促进个性化发展。可以说，学校生涯教育迫在眉睫。

（二）人工智能时代社会发展的需求

情境导入

想想你的教师生涯

如果您的教龄已经在 10 年以上，您可以回想一下，当您成为教师的最初那几年，您的工作内容主要是什么？当时，作为教师，哪些能力更重要？您当时的工作方式是什么样的？回到当下，对比来看，您的工作内容、工作方式以及需要具备的能力是否发生了改变？哪些方面变化最大？

只要略加思考，您就能意识到，现在的教师可谓需要“三头六臂”“文武兼修”。教师不仅要上好课，还要能做科研，能策划和组织学校活动；不仅要懂自己所教学科的知识，而且要懂基本的心理学知识和辅导技巧，还要涉及各种领域的跨界知识。其实学校层面的变化仅仅是时代变化的一个缩影，总体来说，学校的变化速度其实还要落后于象牙塔外面的职场世界。

丹尼尔·平克（2013）在《全新思维：决胜未来的6大能力》一书中提到，我们所处的时代正在从信息时代走向概念时代。在信息时代，信息和知识成为驱动发达国家经济发展的主要力量。这一时期的主角是知识工作者。在概念时代，物质财富越来越充裕，自动化的影响在不断深入，这一时期的主角是创造者和共情者，也就是说当人工智能可以处理大部分的工作，唯有感性和创新能力是"人"的优势。他提出概念时代需要拥有6大能力：设计感、故事力、交响力、共情力、娱乐感和意义感。

我们所处的社会每天都在发生巨大变化，这种变化必然带来认知方式、生活方式、工作方式、职业选择和竞争方式等一系列的改变。我们现在所教的学生要在至少5年，甚至10年后才能步入社会，我们现在教给他们的知识很可能并不适应他们未来面对的职业环境。面对不确定的未来，以及快速发展的社会，学校生涯教育就显得更为重要。因为我们不仅要教给学生知识，还要教给他们探索自我和环境的方法，引导他们树立积极的生涯信念，并培养他们终身学习的能力。

第二节　如何理解及运用生涯教育理论

从实践来看，相比一些案例、量表和教案，理论可能不那么受教师欢迎。但实际上，在没有理解生涯教育基本理论的前提下使用相关量表或者概念，经常会出现错误，会影响生涯教育的科学性。因此，教师在实践过程中要不断思考和运用相关理论。在本节，我们将介绍教师经常用到的三个生涯教育理论，即生涯发展理论、职业兴趣理论和生涯决策理论。同时，我们也会介绍这些理论在生涯教育中是如何运用的，以及在运用中有哪些常见问题。

一、舒伯的生涯发展理论

在学习该理论的时候，教师可以主要思考以下几个问题。

· 我们所教的学生目前处于哪个发展阶段？

· 他们的生涯发展任务是什么？对应当前时代的发展需求，这些发展任务是否会有变化？

· 学校或家庭可以有哪些途径和方法来完成这些发展任务？

· 如何评估学生的生涯发展水平？

情境导入

生涯旅途

有研究者将每个人的生涯比喻为“旅途”（Inkson，2011）[151]，表明我们的生涯都是流动的、变化的。每个人的“旅途”各不相同。下面有几种生涯类型，您觉得哪种“旅途”更能代表您的生涯过程：

· 顺水行舟（没有回头路）。

· 攀登高山（向上移动，有明确的目的地，有许多可能的途径）。

· 海上航行（没有路径，不必有目的地，看不到障碍）。

· 太空漫游（没有地图，迷失状态）。

舒伯的生涯发展理论，是把生涯发展看成是个体发展的一部分，每个人都会经历不同的发展阶段，有不同的发展任务。提到该理论，教师们可能最先想到的就是“生涯彩虹图”。为了综合阐述生涯发展阶段与角色彼此间的相互影响，舒伯创造性地描绘出了一个多重角色生涯发展的综合图形——“生涯彩虹图”（见图 1–3），它形象地展现了生涯发展的时空关系，更好地诠释了生涯的定义。我们每个人都会随年龄的增长而扮演不同的角色。图的外圈为主要发展阶段，内圈阴暗部分的范围长短不一，表示在该年龄阶段各种角色的分量。每个人在同一年龄阶段可能同时扮演数种角色，因此各种角色会有所重叠，但其所占比例、分量则有所不同。

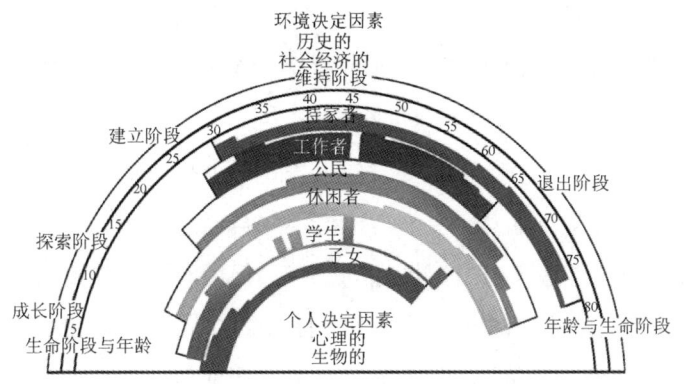

图1-3　生涯彩虹图（佚名，2018）

（一）生活广度——发展阶段

所谓生活广度，是指跨越人一生的发展历程。舒伯将之划分为五个阶段（见表1-1）：成长期（约相当于儿童期），探索期（约相当于青春期），建立期（约相当于成人前期），维持期（约相当于中年期），卸任期（约相当于老年期）。每个阶段都对应了不同的生涯发展任务。（金树人，2007）[77]

表1-1　舒伯的生涯发展阶段与发展任务

阶段	发展任务	小阶段
成长期 （0—14岁）	发展自我概念；发展对工作世界的正确态度，了解工作的意义	幻想期（4—10岁）
		兴趣期（11—12岁）
		能力期（13—14岁）
探索期 （15—24岁）	自我概念与职业概念的形成，实现职业偏好，学习开创更多的机会	试探期（15—17岁）
		转换期（18—21岁）
		承诺期（22—24岁）
建立期 （25—44岁）	确定适当的职业领域；学习与他人建立关系；寻求专业的扎实与精进	试验投入和建立期（25—30岁）
		晋升期（31—44岁）
维持期 （45—64岁）	接受自身条件的限制；发展新技巧；维持在专业领域既有的地位与成就	
卸任期 65岁以后	发展非职业性质的角色；减少工作时间	减速期（65—70岁）
		退休期（71岁以后）

中学生正处于探索期前期，为了更好地帮助大家理解该阶段的发展任务，及其与后面两个小周期的区别，下面对探索期包含的三个小周期进行重点介绍。

- 试探期（15—17岁）：主要发展任务是职业偏好的具体化。会考虑自己的需求、兴趣、能力、价值与机会，并会通过幻想、讨论、课程和工作实习等细加思考，做出试探性的选择。但因对自己的能力、未来的学习与就业机会不是很确定，所以这时的选择以后并不一定都会采用。

- 转换期（18—21岁）：主要发展任务是职业偏好的特定化。个体会考虑现实因素，通过进入就业市场或接受专业训练将一般性的选择转为特定的选择，并试图实现自我概念。

- 承诺期（22—24岁）：初步确定了职业的选择，并探索将这种选择转化成长期职业的可能性。必要时，会再次重复探索的具体过程。

舒伯等人研究发现，当个体在进行生涯探索时，探索行为和自我概念之间存在着复杂的关系。（奥西普，2010）[81] 例如，个体的探索结果会与自我概念发生矛盾，一旦发生这样的矛盾，个体为了保持自我与外部世界在价值观和形象方面的一致性，常常靠一些不恰当的方法来压抑、封闭甚至扭曲自己。因此，对于学生的生涯探索，教师或父母要能够提供及时的指导，特别是当新信息与原有的自我形象和价值观不一致时，更需要及时引导。积极的情感支持、鼓励孩子独立的氛围营造对其尤为重要。

（二）生活空间——生涯角色

生涯彩虹图的第二个层面代表的是纵观上下的生活空间，由一组职位和角色组成。舒伯认为人在一生当中必须扮演九种主要的角色，依次是：儿童、学生、休闲者、公民、工作者、夫妻、家长、父母、退休者。舒伯认为，在某一角色上的成功，可能带动其他角色的成功；反之亦然。不过，为了某一个角色的成功付出太大的代价，也有可能导致其他角色的失败。

角色的投入程度在不同的生涯阶段会有所变化，可由四项指标测定投入程度的深浅：承诺度、参与度、价值期待和角色理解。在每个年龄阶段凸显的角色组合都不同，其生涯组型特别能反映出一个人当时的价值观。大家可以对照自己的年龄阶段，看看自己所承担的角色以及对每种角色的投入程度是多少。

（三）生涯适应力

随着全球化和人工智能时代的到来，不可预测性与不确定性已成为生涯发展的本质特征。引导学生以开放的心理去适应复杂动态的生涯系统成为生涯发展重要的发展方向。因此，生涯适应力的概念应运而生。

生涯适应力研究的代表人物萨维科斯（Savickas）将生涯适应力放置在舒伯的生活广度—生活空间理论的概念之下去理解，视它为整合个体各种生涯角色的核心能力，其含义为"个体对于可预测的生涯任务、所参与的生涯角色，与面对生涯改变或生涯情境中不可预测之生涯问题的因应准备程度"（赵小云 等，2010）。他把生涯适应力概括为4C：生涯关注（career concern）、生涯控制（career control）、生涯好奇（career curiosity）、生涯自信（career confidence）（见表1-2）。每个维度都有一个核心的问题需要个体做出回答，分别是"我有未来吗？""谁拥有我的未来？""未来我想要做什么？""我能做到吗？"关于生涯适应力这四维结构的各自功能，萨维科斯认为，生涯关注能够帮助个体确立未来，生涯好奇能够加速个体对自我和职业的探索，生涯控制能使个体拥有自我选择未来的权利，而生涯自信则能促使个体建构完美的未来并克服困难。

表1-2 生涯适应力的四个维度

维度	生涯问题	态度与信念	能力	生涯问题	对应行为	生涯干预
关注	我有未来吗？	计划的	计划	不关心	觉察、投入、准备	生涯导向练习
控制	谁拥有我的未来？	确定的	做决定	不确定	有条理、执着	决策训练
好奇	未来我想要做什么？	好奇的	探索	不真实	尝试、冒险、询问	从事信息搜集
自信	我能做到吗？	有效的	问题解决	抑制的	坚持、努力、勤奋	建立自尊

青少年生涯成功准备的核心就是其生涯适应力的发展。青少年有良好的生涯适应力，可以预防问题行为的发生并能提升幸福感，同时减少一些消极情绪。

（四）生涯发展理论在生涯教育中的运用

舒伯的生涯发展理论是教师们在进行生涯教育时采纳较多的理论之一，大家通常会把该理论放在生涯启蒙的部分介绍给学生。我们以生涯课为例，教师们可以依据该理论设计以下两个方面的活动。

1.生命线

我们可以把彩虹图做成一个简版的生命线（见图1-4），让学生理解生涯发展的第一个维度——生活的广度，即我们的生涯发展是贯穿一生的，同时也是呈阶段性的，每个阶段会有不同的任务。

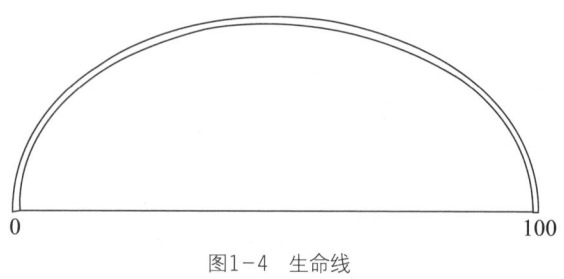

0　　　　　　　　　　　　　　　　　100

图1-4　生命线

 教学案例

生命线[①]

1.教师引导学生思考自己未来的人生想做的事情

教师：看着这条线伸向未来，你将如何度过之后的生命呢？有什么重要的事情等着你去完成？有什么期待的事情会发生？又有哪些人会与你共度生命的某一程？请你在线上标出这些事件，并预测它们发生的时间。

2.请学生在小组和班里分享自己的生命线，以及参加这项活动带来的感受，教师可提问的方向：

（1）小组生命线的共性，个别同学的独特之处。

（2）个别学生生命线上的一件或几件事情。

（3）生命线哪段密集？哪段稀疏？对同学们来说这意味着什么？

---

① "生命线"和"人生角色图"的教学案例由北京市第一零九中学心理教师林翔宇设计并提供。

（4）画哪部分有困难？有什么困难？这代表了什么？

教师关注：大多数人有什么重大的人生事件？个别同学的特殊事件对自己有何意义？

教师小结：这条生命线其实就是在模拟你一生的发展，它由你创造，与众不同。

2.人生角色图

根据生涯发展理论，我们每个人在人生的不同阶段都承担了很多的角色。通过绘制自己的人生角色图，帮助学生理解生涯发展的第二个维度——生活的空间，引导他们思考自己应该承担的人生责任。

 教学案例

人生角色图

1.教师讲解人生角色

教师：请大家看看自己的生命线，回忆刚才的视频，想一想，人的一生会经历多少种角色呢？（教师在黑板罗列学生说出的角色，与舒伯的九个角色相一致的写一列，其余的写一列）

2.学生画人生角色图并分享

教师：通过生命线我们会发现，某一时刻，我们会做多件事情，有多种角色同时存在。这些角色如何相互合作、相互平衡，也是我们要去思考和应对的课题。

（1）请学生画出自己当前的人生角色图（自己认为有哪些角色就写哪些，见图1-5）。

（2）请学生为每个角色分配自己的精力值。

（3）请学生填写学案，并在小组内交流分享。

（4）请学生全班分享。

3.教师小结

（1）投入的精力值越多，这个角色也就越重要；它来源于你的选择，也可能是环境和个人因素相互平衡的结果，有时不一定能做到这个角色需要做的全部方面，但至少表达了我们的渴望和期待。

（2）做好当下的角色可以为承担未来的角色提供经验。

（3）看似有挑战的角色，或许暗藏我们能够成长的机会。

4.教师准备和角色相关的知识、理念、小结语（如果学生说到相关的方面，可以和学生分享）

（1）澄清角色，接纳角色，发现价值。

（2）角色随生涯发展不断转换，每次转换都是新的开始（现在对角色的学习，也是为这些转换做准备）。

（3）学会平衡各种角色的关系，做较为满意的自己（见图1-5）。

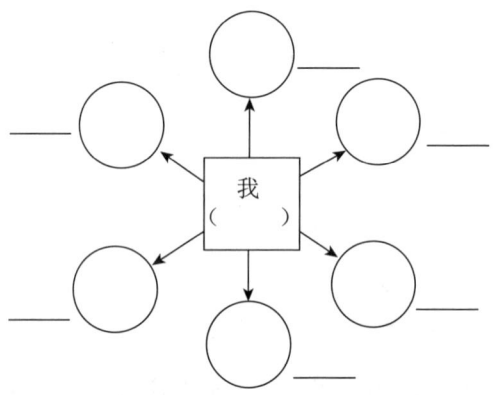

图1-5　人生角色图

我最喜欢_____角色，我喜欢做这个角色中的_____事情；同时，_____角色对我来说有挑战（不太喜欢／有压力／想逃避／困难），因为_____；如果我对当下的角色图的满意度再提高一点点，是因为我做了这样的调整：_____。

二、霍兰德的职业兴趣理论

教师在学习该理论的时候，可以思考以下问题。

·职业兴趣与学生平时的兴趣爱好有何不同?

·职业兴趣与学业兴趣有何不同?

·职业兴趣与人格的关系是什么?

·职业兴趣理论提出的6种职业兴趣是否完全适用于我们当前社会的发展潮流?

·除了量表测试,还有哪些方法可以引导学生思考自己的职业兴趣?

✠ 情境导入

仅6%的中国人喜欢自身工作

根据盖洛普本月进行的一项全球民意调查显示,只有6%的中国雇员"积极地投入"他们所从事的工作中。这个数字只与饱受战争之苦的伊拉克持平。盖洛普调查了中国各个收入水平和不同行业的工作者。积极的工作者是指那些全身心投入自己的工作,并且可能会为他们的组织做出积极贡献的工作者。在被调查的94个国家中,只有6个国家的工作投入比率比中国的低,包括突尼斯、以色列和叙利亚。

在另一项覆盖22个亚洲国家的工作满意度调查中,中国排名垫底——只有49%的中国受访者表示对自己的工作满意。

您认为可能有哪些原因导致了中国人对工作的满意率低?(佚名,2014)

约翰·霍兰德(John Holland)是美国约翰·霍普金斯大学心理学教授,美国著名的职业指导专家。他于1959年提出了具有广泛社会影响的职业兴趣理论。与生涯发展理论不同,该理论的视角是"人职匹配"的生涯选择,即什么样的人适合于什么样的职业。

兴趣是指人们为了乐趣或享受而做的那些事。职业兴趣是兴趣在职业方面的表现,是指人们对某种职业活动具有的比较稳定而持久的心理倾向。人格是兴趣、价值观、需要、技能、信念、态度和学习风格的综合体。霍兰德提出,对于职业选择来说，兴趣是人格中最重要的部分，是匹配人与职业的依据。职业兴趣与人格之间存在很高的相关性，生涯选择代表了人格的延伸，个体试图在个人生活工作中贯穿其主要的行为风格。

为了更好地理解该理论，我们可以参考金树人提炼的霍兰德理论的六大原则（金树人，2007）[49]。

第一，选择一种职业，是一种人格的表现。

第二，既然职业兴趣是人格的呈现，那么职业兴趣测验就是一种人格测验。

第三，职业的刻板化印象是可靠的，而且有重要的心理与社会的意义。

第四，从事相同职业的成员，有相似的人格与相似的个人发展史。

第五，由于同一职业团体内的人有相似的人格，他们对于各种情境与问题的反应方式也大体相似，并且因此塑造出特有的人际环境。

第六，个人的职业满意程度、职业稳定性与职业成就，取决于个人的人格与工作环境之间的适配性。

很多教师都会依据该理论引导学生进行职业兴趣的探索，教师们需要注意的是霍兰德认为职业兴趣的选择代表了人格类型，本质上职业兴趣测试是人格测试，兴趣是一个载体。平时的兴趣爱好是可以变化的，但人格是比较稳定的，我们在引导学生的时候，要清楚这一点。

（一）六种职业兴趣类型

霍兰德的职业兴趣理论将人分为六大类，即现实型（realistic type）、研究型（investigative type）、艺术型（artistic type）、社会型（social type）、企业型（enterprising type）、传统型（conventional type）。相应地，职业环境也可以分成同样名称的六大类。从图1-6（金树人，2007）[50]中可以看到，六角模型中相邻或相近的类型有比较多的共同点，例如企业型与社会型。六角形上离得最远的类型有最少的共同点，例如现实型与社会型（见表1-3）。（里尔登 等，2010）[24]

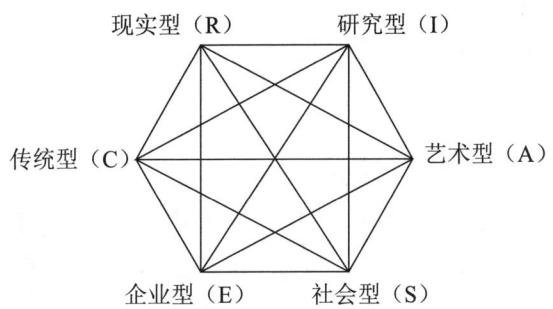

图1-6　霍兰德的职业兴趣类型

表1-3　职业兴趣类型

职业兴趣	主要特征	价值观	典型职业举例
现实型	有器械和运动技能，动手能力强，偏好具体任务，手脚灵活	对实际成就的物质回报	程序员、厨师、修理工
研究型	有数学和科学能力，抽象思维能力强，善于思考，喜欢单独工作和解决复杂问题	知识的发展或获得	教师、科研人员、工程师、系统分析员
艺术型	喜欢原创工作，营造与众不同的效果，有艺术能力和想象力，个性表现欲强，追求完美	思想、情绪或情感的创造性表达	建筑师、雕刻家、广告制作人
社会型	善于社会交往，对社会关系和帮助他人解决问题感兴趣，喜欢和人打交道而不断结识新朋友	增进他人的福利，社会服务	咨询人员、公关人员
企业型	权力、财富、权威的追求者，有领导和演讲才能，喜欢竞争，敢冒风险，对政治和经济感兴趣	物质成就和社会地位	项目经理、政府官员、律师
传统型	有文字和数学能力，喜欢室内工作和有秩序的环境，总喜欢关注实际和细节情况，行事较为谨慎和保守	物质或经济成就，在社会、商业或政治领域的权利	秘书、会计、行政助理

简单概括每种类型的特点，具体如下：

· 现实性——动手操作。

· 研究型——动脑研究。

· 艺术型——创新创造。

·社会型——服务奉献。

·企业型——管理掌控。

·传统型——规则秩序。

（二）职业兴趣类型的两个维度

对教师们来说，要想真正理解以上六种类型，可以从以下两个维度来看：一个维度是"与物（things）接触—与人（people）接触"；另一个维度是"事务（data）处理—心智（ideas）思考"。金树人（2007）[64]将这两种维度与六种类型的对应关系用图 1-7 呈现了出来。

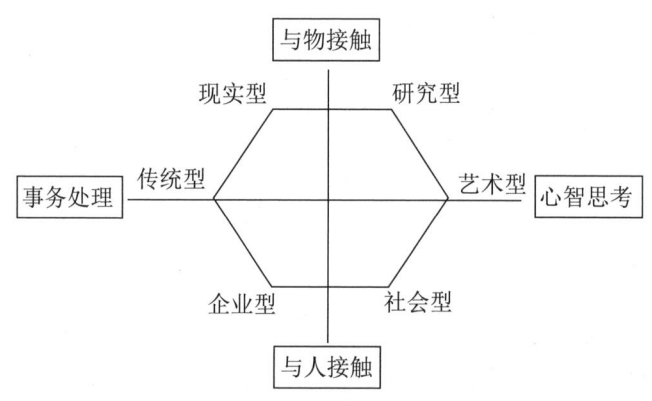

图1-7　二元维度模式图

第一个维度"与物接触—与人接触"，主要指一个人是更愿意从事与人打交道的事情，还是更愿意从事与事务打交道的事情。比如有的人喜欢团队合作，有的人喜欢独立完成任务；有的人休息时喜欢聚会，有的人喜欢独处。同样是打篮球，有的人喜欢打篮球时与人合作的感觉，有的人就是单纯为了健身。第二个维度是"事务处理—心智思考"，主要指一个人是更偏向于基于事实、数据等客观标准来做事和思考，还是基于感受、直觉、价值观等主观标准来做事和思考。比如，有的人更容易被有理有据的事实或数据所说服，有的人更容易被有感情的陈述所说服；有的人倾向于处理事务性的工作，有的人倾向于做具有创造性的事情；有的人喜欢从事具体的、可操作的事情，有的人喜欢从事不那么确定的、没有确切答案的事情；等等。

教师在指导学生的时候，可以从这两个维度来解释，更便于学生理解。对于学生来说，他们也更容易参照自己日常的行为表现来做出判断。

（三）职业兴趣理论在生涯教育中的应用

教师们经常用职业兴趣理论来引导学生探索职业兴趣。常用到的方式有两种：一种是量化的方法，让学生做基于该理论编制的《职业适应性测验》（*The Self-Directed Search*，SDS），每个学生都会找到以三种类型为主的类型代码以及对应的职业群；另一种是质性的方法，对应霍兰德的六种职业兴趣和环境，会有六个不同的岛屿，通过体验活动"生涯度假计划"，教师让学生选择会去哪个岛屿度假，并进行相应的反思。关于这两种形式的具体运用，教师可以参考第三章和第五章的内容。

通过课堂观察，我们发现当教师采用以上方式引导学生进行探索自我的时候，还有以下几个问题需要思考和梳理。

1. 如何依据兴趣类型进行选科选考

我们发现很多教师会在板书中给学生呈现下面的关系图（见图1-8）。有了兴趣是否就适合从事对应的职业呢？

$$兴趣 \xrightarrow{\text{匹配}} 职业$$

图1-8　兴趣、职业关系图

在兴趣与职业之间其实还有很多的调节因素，例如能力。兴趣量表测量的是学生对于某类事物的兴趣倾向，他在匹配的职业环境中可能会适应得很快，但并不能表明该生就能够或者擅长从事对应的职业。此外，环境、机遇等因素都会影响一个人对职业的选择。

如果教师希望帮助学生构建兴趣与学科选择的关系，可以参考下面的路径：兴趣类型（人格类型）→职业类型→专业类型→学科选择。

首先，根据职业兴趣理论的两个维度、四个象限（见图1-7），我们可以在每个象限梳理出一个职业类型。例如，学生经过测试发现自己在图1-7的右下角，即偏向于社会型，那么我们可以找出适合的职业群，如教师、文学创作者、咨询师、艺术工作者等。从这些职业类型中，学生可以根据自己的能力、性格等特点再进一步选择几种职业，比如心理咨询师。根据心理咨询师的职业特点与专业要求，学生可以进一步确定专业类型，如教育学等，然后再根据专业类型选择学科。关于专业的分类等方面的内容可以参考第三章的内容。

2. 职业兴趣不等同于学业兴趣

学业兴趣是指学生在学习中体现出的对某些学科的偏好。前面我们讲到，霍兰德的职业兴趣类型本质上是人格类型，因此它不能完全反映学生的学业兴趣。从实践来看，除了和艺术有关的学科，大部分学生的学业兴趣代表的是他们的能力倾向。很少会有学生说，我就喜欢学习某某学科，虽然我学得不好。比如，有的学生的言语智能很好，他可能擅长学习语文或者英语，与学习其他学科比，他学这两科可能效率更高、成绩更好，那他自然投入的时间也更多，学得就更好，这是一个良性循环。当然，理想状态是一个学生的职业兴趣与学业兴趣很一致。职业兴趣代表的是一个学生的人格类型，学业兴趣代表的是一个学生的能力类型。

3. 职业兴趣理论所产生的背景与当今差距巨大

霍兰德的职业兴趣理论产生于 20 世纪 50 年代的美国，当时社会处于工业化时代，每一种职业所代表的工作内容相对稳定且界限清晰，因此他的理论强调的是"人职匹配"，代表的是一种相对静态的生涯观。但我们所处的时代与当时已完全不同，人工智能迅速发展，每天都有新的职业诞生，现在越来越强调人机互动、跨界、终身学习等。因此，教师要避免将这些量表或工具权威化、绝对化。另外，量表中的一些题目也比较陈旧，有些不太适用于现代社会，教师在使用时需要谨慎。

三、生涯决策理论

教师在学习该理论的时候，可以思考以下问题。

· 您所教的学生应该具备哪些生涯决策能力？

· 如何在生活中培养生涯决策能力？

· 生活中，是否所有的决策都是通过理性分析做出的？

· 是否有"最佳"决策？

✳ | **案例分析** |

生涯犹豫的五种类型

生涯犹豫，也叫作生涯未决，是指个体未能对希望从事的生涯做出决定，有研究者对我国高三学生的生涯未决类型进行研究，结果发现有五种不同的生涯未决类型。

- 不知所措型：该类生涯未决者对生涯决策表现出迷惑。
- 犹豫不决型：该类生涯未决者表现出神经质性的犹豫，这种犹豫反映了一种人格倾向，而非发展性问题，他们常常担心自己会失败，表现出焦虑。
- 不良信念型：该类未决者对生涯决策存在一些不合常理的观念，例如认为职业选择是一次终身承诺。
- 动机不足型：该类生涯未决者还没有考虑生涯决策问题，或者对未来生涯缺乏兴趣。例如，认为不必现在选择职业，因为随着时间的推移，自己会做出"正确"的选择。
- 应对良好型：该类生涯未决者能够较好地应对生涯决策过程中所面临的各种困难。（刘长江 等，2005）

针对不同的类型，生涯教育的侧重点有哪些不同？

生涯决策（career decision-making）的概念源于经济学中的决策理论在生涯领域的研究。杰普森（Jepsen）认为生涯决策是一个复杂的认知过程，通过此过程，个人组织有关自我和环境的信息，仔细考虑各种可供选择的生涯前景，做出生涯的公开承诺（public commitment）。（周斌，2007）我们曾对北京市的教师进行调研，让他们按照生涯教育四方面内容的实际指导频率和重要性进行排序，结果发现了一个有意思的现象：教师普遍认为生涯决策很重要，但在实际指导的时候关于生涯决策的指导频率是最低的。一方面是因为教师们普遍缺乏相关的专业知识和方法；另一方面是因为生涯决策需要解决实际问题。教师们习惯了以传统学科教学的方式来传授知识，对于教所谓的"具有生活价值的知识"是陌生的。

（一）生涯决策的认知信息加工模式

在指导学生进行生涯决策的过程中，教师们比较喜欢采用一些思维工具，比如生涯决策平衡单等。其实这些工具都是通过我们的理性分析来解决问题的，本质上是一种线性的信息加工方式。

以彼得森（Peterson）为首的团队提出了生涯的"信息加工金字塔模型"，该模型主要有三个层面：最基础的部分是金字塔的知识层面，中间是决策层面，最上层是执行处理层面（见图1-9）。（Inkson，2011）[310] 从图中可以看到，对于学生来说，决策是基于自我探索和环境探索来做出的，同时要通过学业管理来实现。我们将重点介绍决策层面。

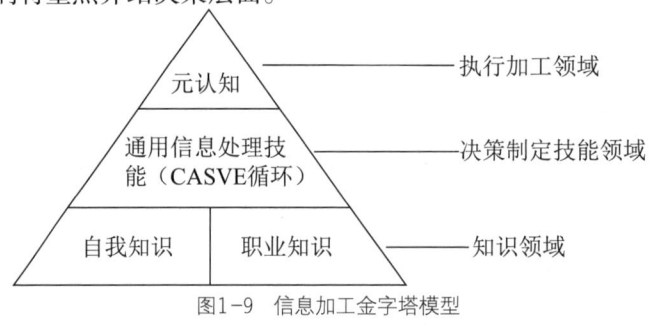

图1-9 信息加工金字塔模型

关于生涯决策，研究者提出了 CASVE 循环。该循环分为五个阶段：沟通（Communication）、分析（Analysis）、综合（Synthesis）、评估（Value）和执行（Execution）。CASVE 循环可以为师生在整个生涯问题解决和决策制订过程中提供指导（见图1-10）。（Inkson，2011）[311]

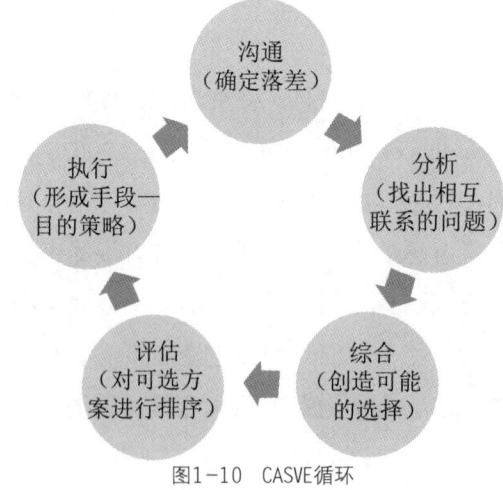

图1-10 CASVE循环

1. 沟通

在这个阶段，我们收到了关于职业理想与现实之间存在差距的信息，这是意识到自己需要做出选择或者调整的阶段。这些信息可能通过内部沟通或外部沟通的途径传达给我们。内部沟通包括情绪信号，例如，不满、厌烦、焦虑和失望；还有身体信号，例如昏昏欲睡、头痛、胃部疾病等。比如，一个学生的职业理想是成为一名医生，但是他发现自己的生物成绩不太理想，与他心仪的医学院录取分数相差很多，他可能就会焦虑，实际上这就是一个信号，告诉他需要深入思考该问题，找到解决方法。外部沟通包括父母、教师对学生的职业规划期望和建议。对于学生而言，重要的是要激活他们的生涯需求，即个体对自己当前的生涯发展水平与生涯预期之间差距的感受，它不会因为得到满足而减弱，反而会因为满足而进一步唤醒个体的生涯意识，进而向着更高的生涯水平迈进。

2. 分析

在这个阶段，学生需要花时间去思考、观察、研究，从而更充分地了解差距，了解自己有效地做出反应的能力。这是"了解我自己和我的各种选择的阶段"。他们要弄清楚，要解决这个问题需要了解自己的哪些方面，了解环境的哪些方面，需要做些什么，为什么自己有这样的感受，家长和朋友会如何看待自己的选择等问题。

3. 综合

主要是综合和加工上一阶段提供的信息，从而制订消除差距的行动方案。其核心任务是：确定我可以做什么来解决问题。这是一个明确选择清单的过程。首先，尽可能多地找到消除差距的方法，发散地思考每一种办法，甚至采用头脑风暴进行创造性思考。然后，缩小有效方法的数量，通常缩减到3—5个选项。

4. 评估

评估阶段会最终确定一个选择，如一份工作或一个专业等。它的第一步是评估每一种选择对自己和他人的影响。例如，如果考医学院，这一选择将会给自己、父母等重要他人带来什么影响？每一种选择都要从对自己和对他人的代价与益处两方面进行评价，并综合考虑物质因素和精神因素。

5. 执行

这是实施选择的阶段，把思考转换为行动。很多人都觉得在执行阶段制订行动计划是令人兴奋的和有价值的，因为他们终于可以开始采取积极行动去解决问题了。

6. 再循环

CASVE 循环是一个不断重复的过程，在执行阶段之后，学生可能又回到沟通阶段，以确定已做的选择是不是最好的，是否能最有效地消除理想与现实间的差距。

（二）认知信息加工模式在生涯教育中的运用

1. 什么时候教"生涯决策"

在生涯课中，教师经常会用到生涯决策平衡单（见表 1-4），该方法有五个操作步骤。

表1-4　生涯决策平衡单

考虑因素 （按重要性1—5倍加权）	方案一		方案二		方案三	
	+	−	+	−	+	−
1. 适合自己的能力						
2. 适合自己的兴趣						
3. 适合自己的价值观						
4. 适合自己的个性						
5. 未来发展空间						
6. 符合家人的期望						
……						

步骤一：确定你的生涯决策方案，我们以职业理想为例，如选择当文字编辑、语文教师、自由创作者三种方案。

步骤二：把三个方案填入平衡单的选择项目中。

步骤三：填写第一列内容，即需要考虑要素，并根据自身职业选择的重要性和迫切性，赋予它权数，加权 1—5 倍，填写权数一栏。权数越大说明你越重视该要素。

步骤四：打分。根据每个方案中的要素进行打分，优势为得分，缺点为减分，计分范围为 1—10。

步骤五：计划方法。将每一项的得分和失分乘以权数，得到加权后的得分和失分，分别计算出总和，最后得出"得失差数"，并以此分数来做最后的决定，即比较三个选择方案的得失差数，得分越大，该职业方案越适合个体。

在课堂中，我们经常会看到这样的场景：教师给学生下发生涯决策平衡单，让学生填写考虑因素，并确定几种方案。学生往往对于要思考的内容无从下手，更别提还要给每个内容赋予一定的权重，并且做出决定。一节课下来，学生都是基于想象来进行理性分析，并没有起到实际的指导效果。

我们对照图 1-10 中 CASVE 的几个阶段来看，生涯课中教师们涉及的环节其实只是分析阶段和综合阶段，这是远远不够的。这也是为什么教师们会感觉在生涯课中教的方法不能真正地指导学生的日常学习和生活，因为我们并没有真的引起学生的"生涯需求"，即该环节的第一个阶段——沟通阶段。学生可能并没有认真思考自己的生涯困惑，或者对自我还不了解，对考什么大学、选什么专业也没有想法。因此，生涯决策的教授要在学生有了一定自我探索和环境探索的基础上进行，要真正引发了学生的生涯需求后，才能取得好的效果。

2. SWOT 分析法要如何用

SWOT 分析法是 20 世纪 80 年代初由美国旧金山大学的管理学教授海因茨·韦里克（Heinz Weihrich）提出的，该方法主要用于企业制定战略以及分析竞争对手等。S（strengths）是优势；W（weaknesses）是劣势，指的是内部因素；O（opportunities）是机会；T（threats）是挑战，指的是外部环境因素。这些年，该方法在我们的学校生涯教育中经常被用到。但如果没有真正理解这个方法，就只能是照猫画虎，起不到真正的指导作用。我们先来看看在生涯课中，教师是如何运用该方法的。（见图 1-11）

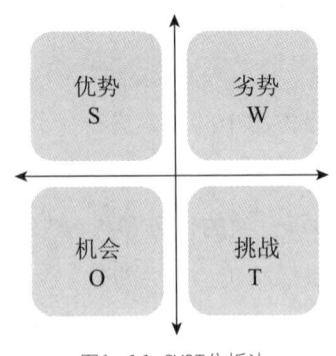

图1-11 SWOT分析法

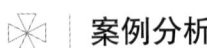 **案例分析**

生涯课中的SWOT分析法

环节一：教师一般会在板书中给学生呈现影响个人生涯选择的因素。

·个人因素：如个人成绩、性格、兴趣类型、特长等。

·外部因素：父母的期望、教师的建议、家庭能提供的帮助、社会环境等。

环节二：教师会让学生按照下面的四象限将可能影响自身生涯选择的因素填写进去。

环节三：学生分享自己填写的图表，并在此基础上梳理如何进一步发挥优势，改变劣势，或者制订自己的学业规划。

教师们可以自己试着填写一下，会发现就算梳理出来这些因素，在大部分情况下也很难做出一个决定，或者得出结论。这是为什么呢？

第一，我们要知道，SWOT这四方面是有机的统一体，是一个动态的系统，不是割裂的。也就是说考虑优势的时候，要同时考虑机会，只有在合适的机会下利用自己的优势才能充分发挥优势的作用，即产生杠杆效应。

✳ | **案例分析**

学而思的小班战略

提到学而思大家都不陌生。我们来看看学而思是怎么从环境中寻找机会的，即SWOT分析法中的O。学而思在制定自己的发展战略时，发现其他培训机构都在做大班教学，那学而思就专注小班教学。其他培训机构都在做大学生的课程，学而思就做中小学生的课程；其他培训机构都在关注英语，学而思就从奥数切入。即使暂时不是第一，也要找到有机会能做第一的领域。

我们再来看看，学而思是如何形成自己的竞争优势的，即内部因素中的S。新东方的特点是大班教学，其优势是有大量风格鲜明的名师。但学而思是小班教学，缺乏产生名师的机制，他们就通过"聚焦教研"来培养自己的竞争优势。教研是那种可以越做越好，而且客户价值很高的事。据说，学而思的教研标准化能做到这个程度：一个孩子在北京上课，上到一半，家长想带孩子去上海玩，问是不是可以停几天，回来补上。教研负责人说，不要紧，你带上课本，直接去上海的学而思接着上就好。到了上海，发现内容完全接着北京的课，严丝合缝。学而思深耕教研、以家长口碑为护城河，抓住了这两个点迅猛成长。（古典，2017）[57]

学而思的案例生动诠释了优势要在环境因素中考虑才有用。

第二，一般企业应用这个方法的时候，优势指的是竞争优势，或者叫差异化优势，即和竞争对手比有什么优势。但我们在学校环境下用，大部分时候指的是学生和自己比有哪些优势。为什么和自己比没用？因为参照SWOT分析法优势是需要参照机会因素考虑的，否则这个系统就是割裂的。

第三，选科选考和企业制定发展战略完全不是一回事，因为我国的中高考说到底还是选拔机制，这和市场竞争不同。你很难分析自己和其他考生比有哪些差异化优势；你也很难清楚地了解所要报考的学校或者选择的专业有哪些环境方面的机会和挑战，以及你要选择的职业在未来社会有哪些优势和劣势。

那SWOT分析法还能用吗？答案是能用。其实它更适合于让学生在日常生活中练习如何进行决策。

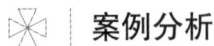

案例分析

我该如何竞选班长

小明今年读高二，他们班最近正要竞选班长。经过几轮激烈的竞争，最后留下了两名候选者，小明和现任班长小新。小明如何才能在竞选中获胜呢？这时可以使用SWOT分析法。小明可以先分析一下，和小新比，他所谓的竞争优势和劣势有哪些。

· 优势：学习成绩好；特长是计算机编程；在活动策划方面经验丰富等。

· 劣势：群众基础略差；领导力不太好等。

接着，他可以分析环境中有哪些机会和挑战。

· 机会：学校正在鼓励每个班级形成自己的班级文化和班级特色。

· 挑战：面临高考，同学们都很忙，对参与班级活动不一定感兴趣等。

结合优势和机会因素，我们可以分析出，小明要想竞选成功，就要在创建班级文化和班级特色方面开展宣传，如利用自己在计算机编程和活动策划方面的经验来设计班级的特色品牌，并向同学们展示，获得他们的支持。同时考虑到大家的高考压力，还要思考如何调动大家的积极性。参考自己的劣势，他在竞选的时候要避免从领导能力这方面宣传自己等。

（三）是否有最佳选择

在生涯决策的过程中，我们考虑的因素会有很多，那是否有最佳选择呢？戈特弗里德森（Gottfredson）曾提出"职业抱负理论"来给予解释。该理论认为，一个人的职业抱负主要体现在三个方面：性别类型、社会声望和职业领域。通常，人们很难找到与自己所有要素都相符合的职业。人们的职业偏好并不是一个单一的点，而是一个范围。在这个过程中，人们逐渐淘汰和放弃那些不能接受的选择，建立一个自己认为可以接受的社会空间（social space）。因此，教师引导学生的时候要明确：没有所谓的最佳选择。生涯选择是持续一生的过程，要引导学生树立积极、有弹性的生涯观。

戈特弗里德森认为，职业抱负的发展分为四个阶段（侯志瑾 等，2005）：

第一阶段（3—5岁）是大小和力量取向（orientation to size and power）阶段。在这个阶段中，儿童以一种最简单的方式——大与小对人进行分类，他们对性别角色并无固定的认识，也没有对男女形成抽象的概念。他们开始对成人的意义有了一些了解，知道职业是成人的主要任务，工作是成人世界的一部分。

第二阶段（6—8岁）是性别角色取向（orientation to sex role）阶段。在这个阶段中，儿童开始发展性别角色意识。这一阶段儿童的职业抱负主要反映在他们认为什么工作是与一个人的性别相符合的工作。

第三阶段（8—13岁）是社会评价取向（orientation to social value）阶段。在这一阶段中，儿童对社会评价非常敏感，无论这种评价来自同伴或是其他人。这一阶段儿童关心的职业问题已不再是男女的问题而是社会地位的高低问题。他们开始建立更抽象的概念，更关心他人的看法和意见。这一时期的儿童对社会阶层更加敏感，并能够意识到教育、职业和收入之间的关系，他们知道存在着职业结构的社会分层，并懂得职业分层影响着人们如何过自己的生活以及他人如何看待自己。这一时期的学生知道自己的一般能力水平相对于同学而言是怎样的。

第四阶段（14岁以上）是内在的、独特的自我导向（orientation to the internal, unique self）阶段。这个时期的学生正处在自我认同发展阶段，因此，对自己的兴趣、能力、人格特征、价值观等的看法并不十分肯定，有时会出现自我认同混乱的情况。

根据生涯决策理论，教师可以从学生的不同发展阶段来解读他们的职业理想。比如小学阶段低年级的学生会表现出性别刻板印象，觉得某些职业就是女性或男性来做。到了中学阶段，学生在思考职业理想时考虑的因素就会更加复杂。

✠ | 知识拓展 |

黑天鹅事件——生活中的偶然因素

17世纪之前，欧洲人认为天鹅都是白色的。但随着第一只黑天鹅的出现，这个不可动摇的信念崩溃了。黑天鹅的存在寓意着不可预测的重大稀有事件，它在意料之外，却又改变着一切。人类总是过度相信经验，而不知道一只黑天鹅的出现就足以颠覆一切。典型的案例有：美国"9·11"事件、我国的汶川大地震等。

一般来说，黑天鹅事件是指满足以下三个特点的事件：第一，它具有意外性；第二，它产生重大影响；第三，虽然它具有意外性，但人的本性促使我们在事后为它的发生寻找理由，并且或多或少认为它是可解释和可预测的。简而言之，这三点概括起来就是：稀有性、冲击性和事后（而不是事前）预测性。

《黑天鹅》一书的作者纳西姆·尼古拉斯·塔勒布（Nassim Nicholas Taleb）认为：生活只是少数重大事件的累积结果。

在学校中，虽然我们在大部分情况下是以线性的分析性思维来教学生生涯决策的方法，但我们也要给学生展示这样一个视角：生活中的很多决策会受到偶然事件的影响，决策也未必都是理性选择的结果。（佚名，2018）

思考与练习 ────────

1. 在你实施生涯教育时，尝试将本章的内容对学生进行解释。

2. 你所在的学校在实施生涯教育时，是否涵盖了生涯适应力的四个维度？如何针对这四个维度进行培养？

3. 尝试向家长讲解职业兴趣的六个类型，并引导家长和孩子一起探索孩子的职业兴趣类型。

4. 家长在考虑孩子未来生涯选择时，考虑较多的因素有哪些？他们是如何做出决策的？

5. 在选科、选考的过程中，您可以对学生或家长做哪些辅导？

【参考文献】

杜芳芳，金哲，2016.新高考改革背景下高中生科目选择意向现状及对策：基于浙江省五所高中的调查分析[J]. 教育理论与实践（8）：15-18.

古典，2017.跃迁：成为高手的技术［M].北京：中信出版社.

侯志瑾，梁湘明，2005.Gottfredson的职业抱负发展理论简介与研究评述[J].心理科学进展（2）：201-210.

Inkson，2011.理解职业生涯：九种你必须了解的职业隐喻[M].高中华，译.北京：中国轻工业出版社.

金树人，2007.生涯咨询与辅导[M].北京：高等教育出版社.

里尔登，伦兹，桑普森，等，2010.职业生涯发展与规划[M].侯志瑾，等译. 3版. 北京：中国人民大学出版社.

刘长江，郝芳，2005.高三学生生涯未决的类型研究[J].心理发展与教育（3）：54-59.

奥西普，菲茨杰拉德，2010.生涯发展理论[M].顾雪英，姜飞月，等译.4版.上海：上海教育出版社.

平克，2013.全新思维：决胜未来的6大能力[M].高芳，译.杭州：浙江人民出版社.

珀金斯，2015.为未知而教，为未来而学[M].杨彦捷，译.杭州：浙江人民出版社.

佚名，2014.调查显示仅6%中国人喜欢自身工作　与伊拉克持平[EB/OL].（2014-02-02）[2018-05-08].http：//news.sina.com.cn/c/2014-02-02/115329390881.shtml.

佚名，2018.生涯彩虹图[EB/OL].[2018-05-02]. https：//baike.baidu.

com/item/生涯彩虹图/5003852?fr=aladdin.

佚名，2018.黑天鹅事件[EB/OL].[2018-05-20]. https://baike. baidu.
com/item/黑天鹅事件/10210452?fr=aladdin.

赵小云，郭成，2010.国外生涯适应力研究述评[J].心理科学进展，18
（9）：1503-1510.

周斌，2007.高中毕业生生涯决策自我效能及其相关因素研究：以重庆
市沙坪坝区为例[D]. 重庆：重庆师范大学：8.

第二章

学校如何开展
生涯教育

□ 课程结构图 □

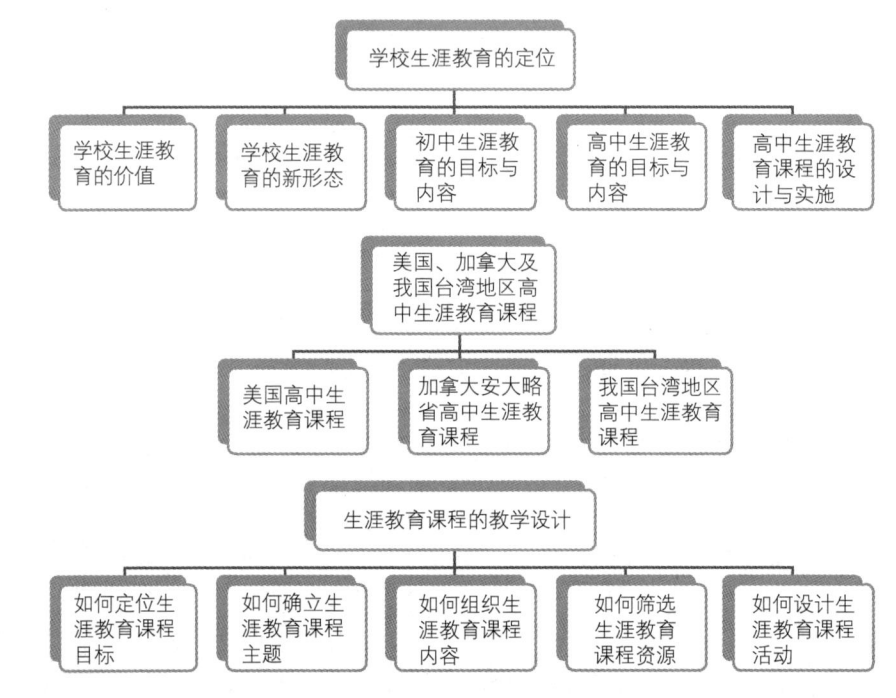

情境导入

【案例1】 **五朵金花的故事**[①]

林家有四个兄弟，生了五个女儿。老二的女儿先高考，当年高考成绩高出了一本线60分，父母都希望她能选择财经类的院校，今后好找工作，她坚持自己的主张，选择了中央戏剧学院戏剧文学创作专业，她深爱自己的专业，硕士研究生毕业后，一直从事影视编剧工作。老三的女儿成绩优异，高考分数630多分，可以上“211”和“985”的大学，但却不知如何选择学校和专业，班主任建议她学数学，好找工作，女孩听从班主任的意见，选择了华南师大数学系，因对数学不感兴趣，大学四年感觉学习枯燥乏味，大学毕业后回到中学当了一名数学老师。老大的大女儿考上了一所专科学校，选择了自己喜欢的设计制作专业，大专三年学习投入，毕业后选择了继续深造读本科。老四的女儿高考成绩687分，是当年该市高考文科类考生第二名，成绩一公布先后接到同济大学、上海交大、南京大学、浙江大学四所大学招办电话，但她最终选择了香港中文大学，而香港中文大学提供全额奖学金的专业她并不喜欢，所以她决定放弃奖学金，自费读香港中文大学的国际酒店管理专业，大学期间积极在香港国际知名酒店实习。最后一朵金花因文科成绩优于理科成绩，尤其是外语成绩突出，所以选择了文科，高考成绩超出一本线60多分，想选择自己喜欢的财经类大学的金融专业，但由于分数没有达到热门专业投档线，只能放弃，而选择法学专业。

在五朵金花的案例中，涉及学生文理分科、报考什么类型大学、选择什么专业、将来从事什么工作，以及未来会过什么样的生活，这些问题就是生涯教育的内容。在上面的案例中，家长的观点、班主任的建议、学校教育、社会环境都会对学生的生涯规划产生影响，但最重要的还是学生根据自己的兴趣与爱好做出合适的选择，才能激发学生对未来的职业和生活的热爱与激情，获得有

① 该案例为笔者咨询的真实案例。

追求、有目标、有意义的幸福人生。如果学生不知道自己未来想要什么，即使考上了大学，也依然会感到迷茫和困惑。

【案例2】

小雪（化名）是北大资源与环境管理专业三年级的学生，刚从哈佛大学交流了一年回来。她在大学不停地参加各类社团活动，总是让自己很忙碌、很紧张，不断地想证明自己，但又感到非常迷茫，不知道自己想要什么。小雪正在申请去哈佛读研究生，她说自己很功利，只要能进哈佛，什么专业都行，她只要哈佛的名，不在乎学什么。但她并不快乐，很困惑，不知道自己真正喜欢什么、想做什么，不知道这个专业是否适合自己，不知道这个专业意味着什么，不知道这个专业的社会发展方向和主流是什么，也不明白这个专业培养的目的，不知道该怎样进行大学的学习，更不知道前面的路在哪里，该怎样去一步步实现自己的理想呢？[①]

为什么一个优秀的女孩会对自己的未来迷茫，不了解自己究竟需要什么？在她的成长过程中，究竟缺失了什么？她喜欢什么？她适合做什么？她想要做什么？她可以做什么？不了解自己的需要、兴趣和能力倾向，缺乏自主发展的能力与规划，是这个女孩迷茫困惑的原因所在，同时也是生涯教育的任务与价值所在。

第一节　学校生涯教育的定位

一、学校生涯教育的价值

生涯教育的雏形是20世纪初在美国出现的职业辅导，即通过给予职业信息，帮助个人选择职业，做好就职准备，进入自己喜欢和擅长的职业。后来，随着社会变迁，以及相应的个体观、发展观的转变和心理辅导的发展，职业辅

---

① 该案例为笔者咨询的真实案例。

导逐渐演变为生涯教育。20世纪70年代，美国联邦政府教育总署前总署长马兰德（Marland）提出了"生涯教育"的概念，学者杨朝祥根据他的构想，整理出了生涯教育的定义：生涯教育是对全民而非部分人的教育，它是从义务教育开始，延伸至高等教育及继续教育的整个过程。它教育下一代在心理上、职业上及社会上平衡与成熟地发展，使每个国民成为自我认知、自我实现及自觉有用的人。这种教育同时具备学识与职业功能、升学及就业准备，它强调在传统的普通教育中建立起职业的价值，使学生具有谋生能力。因此，其基本目标是培养个人能过丰饶、创造、有生产价值的人生，这是发挥教育真实价值的整体构想。

2018年3月19日，《上海市教育委员会关于加强中小学生涯教育的指导意见》出台，明确提出"中小学生涯教育是运用系统方法，指导学生增强对自我和人生发展的认识与理解，促进学生在成长过程中学会选择、主动适应变化和开展生涯规划的发展性教育活动。加强中小学生涯教育，是促进学生全面发展和终身发展的重要举措，也是上海深化教育综合改革、实施新时期德育与心理健康教育的必然要求"。将生涯教育作为促进学生全面发展和终身发展的重要举措。

生涯教育是教师引导学生进行自我探索、了解社会职业生活，进而思考未来职业选择、人生价值、生活与工作意义的教育，对人一生的发展极为重要。

生涯教育的目的是让中学生尽早认识自我，体验学习对个人的意义。让学生能在中小学期间就对自己的兴趣、爱好、个性、能力有所了解，知道自己是"谁"，要成为"谁"。知道自己在哪里，未来要去哪里，对自己的兴趣和长处有清晰的认识。学生在了解社会、自己、职业的过程中，把自己在校的学习和未来的生涯发展联系起来，知道自己以后将从事什么职业，并对这一职业及其涉及的专业进行一些探索和研究，能够及早根据自己感兴趣的职业目标，从知识、技能和综合素质方面锻炼自己的职业竞争力。这样的生涯教育如果有职业道德的赋能，将使得学生的职业生涯规划更为完整，将使生涯教育更有实效，更加完美。（杨忠健，2012）

当前由于中考和高考制度的改革，学生从初中开始就面临着选科、选学和选考问题，初中生的选科直接影响高中后的选考和大学的专业选择，生涯规划不再是学生个体的困惑，而是关系所有学生未来如何找到适合自己的专业和职业、更好地适应社会的问题。因此学校将生涯指导的工作提前到初中阶段。学校依据什么指导学生选科、选学， 以及如何更科学、有效地指导，成为当前学校生涯教育的迫切问题。面向所有学生的生涯教育，不可能只靠生涯教育课程和生涯教师来实施和完成，而是需要学校将生涯教育纳入学校的整体工作中，与学校的育人目标和课程资源进行整合，进行顶层设计，系统构建，才能真正发挥生涯教育的育人和指导功能，为所有学生的发展提供有效的帮助。

二、学校生涯教育的新形态

我国的生涯教育起步较晚，开始于20世纪90年代末，通过高校的心理咨询中心和大学生就业指导中心，针对大学生开展就业指导。而在中小学开展生涯教育活动，更是近十多年才起步，开始是在北京、上海、江浙等地的少数中学开设生涯选修课，随后陆续开展以生涯为主题的社团活动、社会实践活动，以及生涯戏剧、生涯小品等多样化的校区活动。北京市2013年开始使用高中生涯教材《高中生涯规划与管理》，将生涯课作为高一年级的必选课，每周1课时。2015年后，生涯教育的形态逐渐从单一的生涯教育课程，走向班会课、学科渗透、综合实践活动、研究性学习、假期社会体验、高校访学、游学等多样化、多元化的学校教育形态，实施生涯教育的主体也从学校的生涯课教师，扩展到班主任、学科教师，以及家长、学长和社会各界人士。近年来生涯教育逐渐受到学校和家长的重视，不仅因为学生面临着选科、选学、选考和大学填报志愿等现实问题，而且还因为生涯教育将学校教育与学生当下的学业和未来的职业紧密联系，唤醒了学生的生涯规划意识，激发了学生的自主性，使学生树立了自己的人生理想和目标，强化了学习的动机，增强了学习的主动性和积极性，提升了学生的综合素质，为学生的终身发展提供指导，逐渐形成了系统、综合的大生涯教育系统，也融入了学校的整体办学理念和教学管理体系中。

（一）区域化顶层设计

生涯教育联结学校、社会和家庭，是系统教育，需要整合和调动社会资源，因此需要进行顶层设计。区域化顶层设计是推动生涯教育在学校有效开展

和实施的有力保障。（见图2-1）

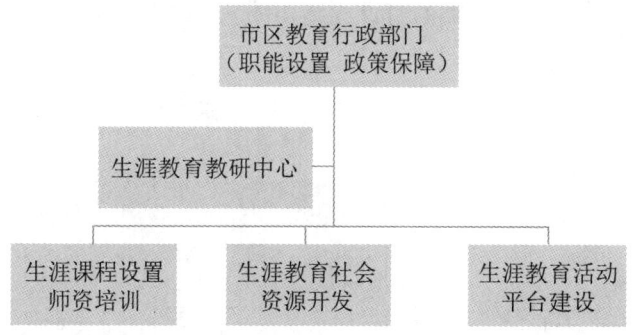

图2-1　生涯教育区域实施组织架构图

　　在北京和上海等大城市，还形成了区级教育主管部门统筹开发和配置生涯社会资源势态。如由区级教育部门投入经费，调动社会各行业开发多样化、多形式的生涯体验课，建立学生生涯参观和体验基地，为学生搭建职业体验平台，为学生定期定点开放企事业单位、科研院所，为各学校提供生涯体验活动的菜单，学校可以在网上为学生购置合适的职业体验活动，学生可以根据自己的兴趣和需要选择体验的行业和工作种类。让学生走进真实的社会行业，体验不同职业的岗位要求、工作性质和特点、职业的素养和核心价值，从而增强学生的职业价值观，将感性的认识与理性的选择有机融合，提升他们生涯选择和决策的能力。

　　在《上海市教育委员会关于加强中小学生涯教育的指导意见》中提出了生涯教育的总目标：构建大中小幼有机衔接，内涵丰富、科学适切的生涯教育内容体系；形成以学生发展需求为导向，形式多样、注重体验、讲求实效的生涯教育服务体系；建立市区校三级联动，学校家庭社会三位一体，资源配置多元、管理机制完备、评价激励有力的生涯教育保障体系，增强中小学生生涯规划的意识与能力，培养自尊自信、积极向上的个性品质，促进学生的健康成长与终身发展。

　　（二）构建学校生涯教育体系

　　生涯教育不是单一的生涯教育课程，而是学校教育体系的一个有机组成部分，融入学校管理、课程、教育活动的方方面面。只有学校进行统筹规划和合理设计，才能调动学校的教育力量，利用学校的教育教学途径和手段，将生涯教育纳入学校的课程和教育活动中。图2-2是北京师范大学朝阳附属中学（简称"北师大朝阳附中"）的生涯教育课程结构图①，从中可以看出学校将生涯教育纳入学校整体课程体系中。

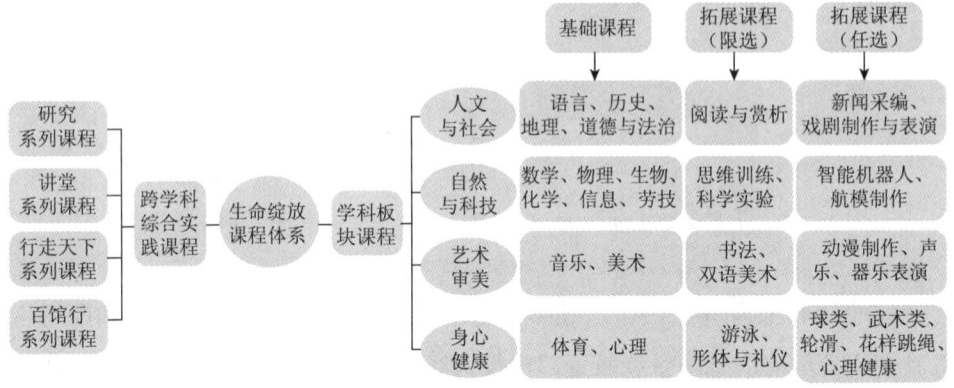

图2-2　北师大朝阳附中生涯教育课程结构图

（三）以系列生涯主题班会课为抓手

在实施生涯教育时，班主任和心理教师的角色是不同的。心理教师有专业的学科背景，可以对学生感兴趣的生涯主题进行深入的个体辅导和团体辅导，在学校层面，心理教师在实施生涯教育的过程中更多地承担了引领者和培训者的角色。班主任作为班级的组织者和管理者，每天都有机会和学生接触，对学生的生涯需求更了解，在生涯教育中主要是引导、对话、引进资源、创造机会、解决问题。具体来说，班主任实施生涯教育主要有两种方式：一种是外显的方式，例如，生涯主题的班会课，挖掘学生家长和学长的资源，开设家长讲堂和组织学长切身分享活动，组织学生参加生涯主题的社会实践活动等；另一种是内隐的方式，例如日常的师生对话、班级文化建设、对班级中日常发生的问题的处理等。因此，班主任要想开展生涯教育，需要具备以下知识和能力。

·能够辨识学生的基本能力、性格特点、学习风格等个体差异，实施个性化辅导，帮助学生进行自我探索的能力。

·能够把握学生的生涯需求，通过班会课、社会实践等形式对学生进行生涯辅导的能力。

---

① 引自北京市2017年生涯指导实践创新现场会资料。

· 能够制订长期的班级辅导目标，设计系列化生涯教育方案的能力。

· 树立积极、正确的生涯理念和信念，并能够将生涯教育的理念融入对学生的个体辅导、班级管理和班级文化建设中的能力。

区（县）级教育行政部门或师资培训机构可以针对班主任群体，设计"提升班主任实施生涯教育能力"的专题培训课程体系（见图2-3）。可以采用多元化的培训形式，如专题讲座、问题沙龙、体验式学习、实践观摩、课题研究、在线指导等。

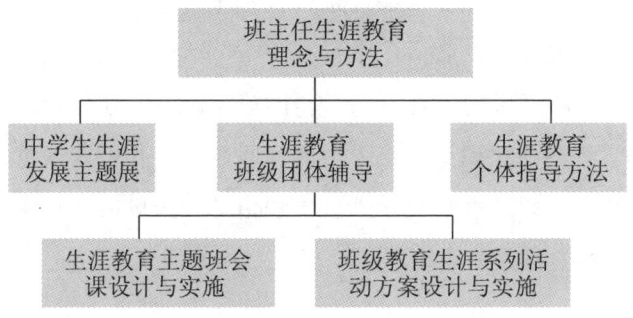

图2-3　班主任生涯教育培训课程模块

围绕生涯指导的班会课主题也丰富多彩，涉及学生学习、生活、人际交往、自我探索、生涯定向指导、自我管理指导、生涯学习成果分享等。

生涯班会课的主题设计调动了班主任开展生涯教育的积极性，也激发了班主任开展生涯教育的创造性。例如，一位初中班主任围绕生涯教育设计了一学期的系列班会课的主题。

· 我的未来不是梦——人生规划。

· 我与众不同——能力、兴趣及人格特质的探索。

· 我的人生价值——谈工作价值观的澄清。

· 职业万花筒——如何搜集升学及职业资料。

· 我的未来谁主宰——如何决定自己的未来。

· 老王卖瓜，自卖要自夸——求职履历表的撰写技巧。

· 主管见我，一见钟情——求职面谈技巧。

· 超越自我——工作中的阻碍与适应。

班会课的主题与学生的需要和发展紧密结合，而且生动有趣，深受学生喜欢。班会课通常以学生为主体，整体活动都由学生自主实施，教师只是配角。学生围绕着班会课的主题，设计出多姿多彩的活动形式，有小品、有辩论、有讨论、有角色扮演，学生参与的范围大，体验性的成分多，所以对学生的影响较为深远，触动也较大。

（四）各学科教学关联生涯理念

近年来，通过学科教学渗透生涯理念，引导学生理解学科与未来的职业和工作的关联，了解学科的职业发展前景，也是非常好的生涯教育途径。通过在学科教学中渗透生涯教育，激活了学科教学与生活的关联，充分利用了学科教师的教学优势。学科教师通常在自己学科的第一课，或在新知识点的情境导入环节中，将本学科或新知识点与当下生活和职业的关联引入课堂，激发学生的学习兴趣和热情。可以通过情境导入、学法指导、选科指导、学科与生活、学科与职业等在学科中渗透生涯教育。

三、初中生涯教育的目标与内容

（一）初中生涯教育目标设定的依据

初中生涯教育是针对处于成长和探索阶段的初中学生的生涯发展而进行的有目的、有计划的教育。初中生涯教育的理念主要是建立在生涯发展理论基础之上的。根据人的身心发展特点与规律，人的一生可被划分为几个可预测的阶段，且每个阶段都具有不同的发展任务和发展重点，需要完成特殊的发展主题和任务。金斯伯格将人的职业发展过程分为空想阶段、尝试阶段和现实阶段三个阶段。（吴薇 等，2005）他认为职业选择的经历是从模糊的空想走向现实的。

空想阶段（11 岁以前）：个体希望快点长大成人，憧憬引人注目、令人激动的理想化职业。这种职业向往的情感色彩很浓，带有很大的冲动性和盲目性，十分不稳定。空想阶段对应着我们的小学和幼儿园阶段。

尝试阶段（11—17 岁）：这个阶段与青春期同步。这个阶段包括由兴趣、能力、价值观分别起主导作用的三个时期。十一二岁是兴趣期，在考虑未来职业时，个人的兴趣占优势；十三四岁为能力期，个体逐渐认识到自己独立完成工作的能力与职业的关系；其后是价值期，个体开始认识到职业的社会价值，并试图把兴趣与能力统一到开始形成的价值体系中去。这是职业形成最重要的阶段。（王亚歌 等，2008）初中阶段正处于这一阶段。因此，初中阶段生涯教育的目标和内容应围绕着初中学生的发展与生涯需求展开。

现实阶段（17—22岁）：这一阶段个体即将步入社会，能够客观地把自己的职业愿望或要求，同自己的主观条件、能力，以及社会现实的职业需要紧密联系和协调起来，寻找适合自己的职业角色。这一时期个体所思考的职业不再模糊不清，而是有具体的、现实的职业目标，表现出的最大特点是客观性、现实性、讲求实际。

初中阶段的生涯教育侧重于生涯探索。主要通过初中生涯教育课程与活动实施，促进学生拓展自我认识，培养合作能力、学习能力和生活适应能力。以初中学生综合素质评价为指导，以综合实践活动为载体，结合高中学校校园开放日、中等职业学校职业体验日等活动，促进学生对高中阶段学校的了解，拓展学生对社会分工、职业角色的体验与认识，初步形成生涯规划的意识与能力。

（二）初中生涯教育目标

1. 初中生涯教育总目标

初中生涯教育目标就是借助生涯教育活动促进初中生正确认识自我，形成生涯探索与生涯规划的能力。在这一总体目标的指导下，初中生涯教育目标可以扩展为：以课堂教学为支撑，在生涯教育理念与学校现有课程相融合的过程中协助个体发展。

2. 初中生涯教育具体目标

具体目标包括自我认知、生涯探索、生涯规划三个方面。三者的关系见图2-4。（王亚歌 等，2008）

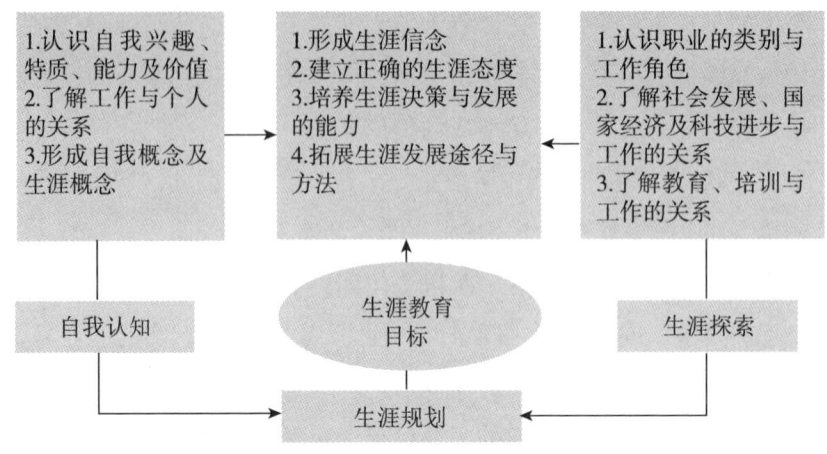

图2-4　自我认知、生涯探索与生涯规划三者关系图

3.初中生涯教育课程目标

有学者根据课程的三维教学目标，从情感态度与价值观、知识与技能、过程与方法三个维度出发，设计了初中职业生涯教育的具体目标。（覃章成，2014）

（1）情感态度与价值观。通过职业生涯教育，使学生具有自我意识、生涯意识和生涯规划意识；使学生认识到自我的重要性，增强自信心，接受自己的独特性；使学生具有对职业世界的好奇心和正确的职业价值观；使学生认识到职业准备和职业生涯规划的重要性；使学生具有规划职业生涯的责任感和解决职业生涯问题的自信心。

（2）知识与技能。通过职业生涯教育，使学生了解和掌握人格独特性、职业多样性、人职匹配性、职业生涯阶段性、职业生涯发展规划性等中心概念；了解和掌握人格与职业之间的关系、教育与职业之间的关系、工作与社会需求和社会功能之间的关系、职业生涯中不同角色之间的关系；使学生了解和掌握自我认识、自我管理、职业探索、职业抉择、职业生涯规划等技能。

（3）过程与方法。通过职业生涯教育，使学生学会分别从自己和他人的视角认识自我；使学生学会从不同的途径收集、整理、分析、评价、交流职业信息；使学生学会和掌握对不同的职业生涯阶段的角色、任务、重要性进行分析和判断；使学生学会和掌握对职业生涯规划方案的展示、评价、管理。

上述三个层面的目标中，各目标之间相辅相成、互为条件和基础。在教学活动中，要引导学生在学习职业生涯知识、规划职业生涯道路的过程中，实现情感态度与价值观、知识与技能、过程与方法三者之间的有机融合。

4. 初中生涯教育阶段目标

生涯教育是系统的教育过程。初中三年，学生的认知、心理和能力都在不断地发展与变化。所以初中各阶段生涯教育的具体目标也应根据学生的认知特点和身心发展特点进行系统设定。相互之间应该有衔接、有逻辑、有递进，这样既不至于重复，也利于促进学生的发展。初中生涯教育的内容主要通过生涯课、班会课及学科课程与综合实践活动课程等形式呈现。各科教学内容具有相对独立性，应设立能够指导各科教学与综合实践活动课程内容所能达到的生涯教育阶段指标，才能了解、挖掘并呈现蕴含在其中的生涯教育内容。表2-1是我国台湾地区九年义务教育中初中生涯教育分段能力指标对照表。

表2-1　初中生涯教育分段能力指标对照表

阶段	第一学习阶段（初一至初二年级）	第二学习阶段（初二至初三年级）	第三学习阶段（初三年级）
自我认识	发现自己的长处及优点	认识有关自我的观念，了解工作对个人的重要性	探索自我的兴趣、能力、价值观及人格特质 了解自己的能力、兴趣、特质所适合的发展方向
生涯觉察	激发对工作世界的好奇心 对成长和变化的重要性的认知	认识不同类型的工作角色 了解工作世界的分类及工作类型 了解及使用生涯信息的技巧	了解教育的机会、特性及与工作间的关系 了解工作与学习之间的关系 了解社会发展、国家经济及科技进步与工作的关系
生涯规划	觉察自我应负的责任，发展尊敬他人工作的意识	觉察如何解决问题及做决定 培养互助合作的工作态度 培养规划及运用时间的能力 培养工作时人际互动的能力和技巧	学习如何寻找并运用职业世界的数据及资料 培养正确的工作态度及价值观 发展生涯规划的能力，培养解决生涯问题的自信与能力等

初中生的生涯发展可分为三个学习阶段，且每个阶段对应的能力指标是不同且具体的。在每个年级段，生涯教育的指标彼此有重叠和衔接，这一方面源于学生认知与能力发展的个体差异，学生的成熟度不同，另一方面也源于学生的生涯发展任务不同。在目前中考改革的背景下，学生的选科和选考已经提前到初中阶段，初二年级就会面临选科问题，初三年级就会面临初中毕业是上普通高中还是上职业技术学校的选择问题，因此生涯的意识及规划能力会直接影响学生今后的职业发展和生活方式。

（三）初中生涯教育内容

初中阶段的生涯教育内容是围绕初中生涯教育的目标和初中生的生涯发展任务来设计的。初中阶段学生急需解决的生涯发展问题涉及学习、升学、交友、理想等方面。这些问题既是学生成长的困惑，也是生涯发展的主题，影响学生未来的职业和生活。因此，初中阶段生涯教育的内容围绕着自我认知、生涯探索和生涯规划三个方面进行。具体从以下三个方面展开。（王亚歌 等，2008）

1. 自我认知

自我认知是生涯发展的前提，它是"现实自我""自我概念"与"理想自我"三个层面的整合，主要以"自我概念"为核心形成对自己的认识与看法。个人对"我是谁""我是什么样的人"等问题的探索汇集起来所形成的即是个人的自我概念。

具体内容包括：学会如何将自己的兴趣、爱好、特长以及能力与职业类型相联系，形成自我的职业导向，增强生涯发展的信心。

2. 生涯探索

生涯探索，是指个体在生涯发展上必须考虑职业对个人要求的条件及职业的基本情况，例如职业的概况、需求以及附带的社会地位、社会角色等。

具体内容包括：第一，认识各种职业都具有价值与意义；第二，认识在校学习的课程所具有的价值与对未来生涯的贡献；第三，认识职业分类和各类职业的独特性，如所需的教育训练、工作情境与时间、接触的人与事、专业规范以及一般智能等；第四，收集、分析、归纳当前社会就业概况，了解各种职业的条件或形态会因社会变迁而改变；第五，了解职业训练和就业辅导，选择几种适合的或可能的职业做初步的尝试，以期有更具体、明确的认识等。

3. 生涯规划

生涯规划，是对个人生涯发展的指引，生涯规划所涉及的具体内容旨在促进个体与生涯规划有关的基本能力的形成。

具体内容包括：第一，培养个体对自己负责及正确的工作态度，主要表现在培养遵守纪律的习惯，培养规划及运用时间的能力，养成珍惜时间的观念以及有规律生活、学习的良好习惯，提供各种不同的共同作业，要求学生担任不同的工作并学会合作；第二，学习如何解决问题及做决定，主要表现为能够觉察生活中的问题，并在能力所及的范围内处理问题，培养面对困难或问题的心理适应能力和心理承受能力，了解自己的弱项及善用自己的优势；第三，认识现阶段的就业需求，探讨如何正确地获得就业信息，学习如何撰写履历表、自传以及学习求职面试的技巧；第四，学习如何做生涯抉择与生涯规划，包括了解生涯规划的意义与功能，学习做生涯抉择的技巧，培养初步的生涯规划能力，对喜好的职业所需的准备做资料搜集与深入探讨，认识有关职业信息的主要来源，认识社区重要的就业辅导机构与教育机构，学习制订个人的学习、教育和训练计划，树立终身学习的观念等；第五，为升学做充分的准备，包括参观、访问各类学校，并搜集资料，比较、分析不同类型学校的特点与入学条件，探讨如何选读适当的学校，探讨有效升学、参加甄选与考试的策略。

（四）初中生涯教育实施途径

1. 融入学科教学

将生涯教育融入学科教学，需要各学科教师了解并扩展现有教学目标和内容，将本学科教学中的生涯资源充分挖掘和利用起来。如本学科知识的专业特点，与未来职业工作的关系，本学科领域的职业人物，本学科领域学习、研究及从事相关工作需要的具体能力要求，本学科知识与生活的关联，等等。将学科领域中的这些与生涯相关的资源充分挖掘出来，融入生涯教育之中。同时也将生涯的元素，如能力、性格、职业知识、对世界的了解以及做决定的技巧等，融入学科教学活动中，配合现有课程设计课堂教学。

2.融入综合实践活动课程

综合实践活动课程是基于学生的直接经验、密切联系学生自身生活和社会生活、体现对知识的综合运用的课程形态，也是新的基础教育课程体系中设置的必修课程。它以学生的直接经验或体验为基础进行开发与实施，旨在克服当前基础教育课程脱离学生生活以及现代社会和科技发展的倾向，是在学生直接经验的基础上对学科知识的综合运用，强调学生动手操作与亲身体验。综合实践活动旨在促使个体获得亲身参与实践的体验和经验，形成从自己的生活经历中主动发现问题并独立解决问题的态度和能力，发展实践能力和对知识的综合运用、创新的能力，养成合作、分享、积极进取等良好的个性品质。由此可以看出，综合实践活动课程与生涯教育的目的具有一致性，因而学校综合实践活动课程是初中阶段生涯教育实施的主要途径之一。（王亚歌 等，2008）

3.开设生涯教育课程

生涯教育课程具有专业性、系统性和科学性等特点，是其他生涯教育形式无法替代的。因生涯教育课程大多由专业心理教师或接受过生涯教育系统培训的班主任执教，他们可以较系统地为学生传授生涯知识，通过活动体验，唤起学生的生涯意识，提升学生的生涯规划能力。从初一入学到初三毕业，可以有序地开设"我是谁""人生导航""生涯试探""生涯准备"和"生涯规划"等课程，形成生涯教育的系统知识。

四、高中生涯教育的目标与内容

高中阶段是个体发展的重要阶段，根据舒伯的生涯发展阶段划分，普通高中学生处于探索阶段，生涯发展任务是使职业偏好逐渐具体化、特定化，并最终形成明确的职业偏好。高中阶段的教育应该是"准定向基础教育"。普通高中由于其特殊的教育使命，相对于其他类型的高中阶段教育，在职业生涯教育的深度和广度上有一定区分度。总体上要求全部普通高中学生接受全程的、综合的、有计划的、系统的职业生涯教育，符合国家和当地的社会职业状况，确保全体学生接受职业生涯教育课程和获得个体需要的个别指导。

（一）高中生涯教育目标

学生的职业意识和职业兴趣，不能等到毕业填志愿时才开始临时发掘，而应从入学开始逐步培养。职业适应能力和职业决策能力的培养，更不是短期内能够完成的。学生形成了职业意识，就会开始考虑职业方向，规划自己的职业生涯，并为职业理想而努力。学生具备了职业适应能力和职业决策能力，就能适应未来社会职业发展变化的新挑战，独立自主地发展职业生涯。这种教育的定位使学生对职业或专业方向的选择和发展，不再是盲目的、偶然的，而是主动的、系统的。

（二）如何确定高中生涯教育课程的目标与内容

可依循课程设计的一般原理，依据生涯理论，从学习者需要、社会现实需要以及学科专家建议三个方面加以考虑。目前，生涯教育在我国还未发展成为一门成熟学科，更无从事生涯教育的专业师资，一切尚处于摸索阶段，因而有关生涯教育课程目标及内容的确定，主要以生涯教育理论、学习者需要、社会现实需要为依据。高中阶段的学习者在此年龄阶段有怎样的身心发展特点，需要具备哪些有关生涯发展的知识和技能，以及要形成何种能力、情感态度与价值观等都是在设计课程目标及内容时需要逐一考虑的，而这一切又必须置于分析社会现实需要的前提之下。

从课程内容来看，生涯教育主要围绕三个方面展开，包括：自我认知与技能，以职业发展为核心的知识、技能、态度与价值观，以人生发展（即个人发展、职业发展、社会发展三方面的有机结合）为核心的知识、技能、态度与价值观。这三方面是生涯教育内容架构的三根支柱，缺一不可，在生涯教育中同等重要且相辅相成。此外，生涯教育课程内容在高中的不同年级阶段会有所区别和侧重，层层递进，以解决学生可能遇到的实际问题为目标，并根据社会的发展需要适时对内容进行调整。

从课程目标来看，生涯教育注重学生认识自我、团队协作、职业、人生规划等领域的诸种能力的培养，其中独立精神及能力、终身学习能力、创新意识及能力的形成与发展，是当前社会和学校在个人培养目标中着力提倡的，特别是在我国普通高中实施新课程方案以来，有关个人生涯发展的能力的培养任务日渐紧迫，这也反映出了在高中阶段实施生涯教育的重要性与必要性。

（三）高中生涯教育目标的构成

高中生涯教育目标一般包含自我发展目标、生涯探索目标和生涯管理目标三个部分。

第一，自我发展目标旨在帮助高中生正确认识自身的能力、兴趣、需要、情感态度与价值观，培养社会责任感。

第二，生涯探索目标旨在培养高中生对多种类型职业的认识能力和判断能力。

第三，生涯管理目标旨在辅导高中生结合自身特点和社会需求确定正确的人生目标，做出科学的生涯决策。

（四）高中各年级段生涯教育课程内容设计

高中各年级段生涯教育课程内容设计包括课程核心、课程地位、教学目标、教学内容、具体内容、教学方法（见表2-2）。

表2-2　高中各年级段生涯教育课程内容设计

年级 因素	高一年级	高二年级	高三年级
课程核心	自我认知探索	职业行为认知探索	职业与自我链接
课程地位	正确认识自我是职业生涯教育的关键，引导学生逐步关注职业生涯，将自我认知与未来职业生涯挂钩	了解职业、了解社会的职业基础课是职业生涯教育的基础与核心	鼓励学生把职业理想和学科学习挂钩，激励学生出色地完成学业，为走向职业生涯做准备
教学目标	引导学生自主、客观、准确地认识自我。引导学生主动制订一个学习计划来发展自己的优势能力	目的是帮助学生尽早了解职业内涵和职业基本精神，确立正确的职业观	引导和帮助学生为升学和就业做好心理和必备能力的准备
教学内容	（1）人格（职业人格测评） （2）兴趣（职业兴趣测评） （3）能力（职业能力测评）	（1）引导学生认识职业行为对个体的意义 （2）职业群认识	（1）基于升学的指导 （2）基于就业的指导

续表

年级 因素	高一年级	高二年级	高三年级
具体 内容	（1）价值观 （2）需求 （3）期望 （4）学习风格偏好 （5）生活方式偏好 （6）工作环境偏好	（1）职业意识 （2）职业理想 （3）职业道德 （4）职业群特点 （5）职业需要的素质	（1）了解高校情况 （2）了解专业设置 （3）了解就业趋势 （4）了解职业市场 （5）走向社会的心理准备
教学 方法	课堂讲授，心理量表测试，活动分享交流	课堂讲授，心理量表测试，职业体验，信息链接	现场观摩，职场招聘模拟，资源拓展

五、高中生涯教育课程的设计与实施

（一）生涯教育课程的定位

生涯教育课程是实施生涯教育的主要途径和载体。生涯教育课程是指独立开设的有关生涯教育的课程，重点是向学生讲解生涯规划、生涯与人生、职业与社会等方面的基础知识和基本理念，唤起学生进行生涯规划的意识，提升学生生涯管理与决策的能力。通过实施生涯教育课程，保证学校生涯教育有计划、有目的、有组织地进行。

生涯教育课程是指通过正规教学的形式，由生涯教育教师担任教学工作，全面系统地向学生传授生涯知识，帮助学生探索自我，了解职业世界，合理地规划自己的人生。

（二）生涯教育课程设置的依据

生涯教育课程的设置是根据生涯发展阶段的理论，指导学生完成各个时期的生涯发展任务。这类课程面向全体学生，课程内容具有基础性，课程的教学计划具有长期性，贯穿于各个学年阶段，课程依据学生的年龄和年级水平制订课程目标，并使各个阶段的课程目标之间保持连续性。为帮助学生实现不同阶段的发展任务，生涯发展指导课程选择一系列适应不同水平的活动和学习材料帮助学生的生涯发展。

高中生涯教育课程的设计同时应根据高中学生成长和发展面临的升学、

就业等问题，以层层递进的方式设置进高中各年级，应注意与之前的初等教育阶段以及后续的高等教育阶段和工作世界保持连贯性，做好承前启后的衔接工作。特别在课程目标、内容等方面，要体现课程内容的针对性和灵活性。

生涯教育课程的最终价值是让每一位学生适应并胜任社会所赋予的各种角色，因此，生涯教育课程在兼顾学生身心特点、课程本身逻辑性的同时，还要考虑社会的诸多因素，如家庭因素、社会需要因素以及教育政策变化等因素，如中高考改革、高校招生改革，社会职业变迁等，在变动不定的社会背景下，做到与社会生活实际紧密结合，及时对生涯教育内容做出调整与完善。

（三）生涯教育课程的内容

目前在我国只有发达城市的一些学校在高中阶段开设了生涯规划的课程。高中生涯教育的主要内容包括：了解生涯知识、进行生涯探索、学会生涯规划。

了解生涯知识，主要是为了唤醒学生的生涯意识，让学生了解什么是生涯规划，为什么要做生涯规划，自己处在生涯发展的哪个阶段，哪些问题属于生涯发展问题。

进行生涯探索包括探索自我、探索职业、探索环境三个方面（见图2-5）。探索自我是让学生充分认识自己的价值观、能力、兴趣、性格，并根据这些探索初步确立自己的专业选择和职业目标。探索职业是学生通过探索职业与体验职业，亲身感受自己是不是真正喜欢并适合这样的职业，并在此过程中培养学

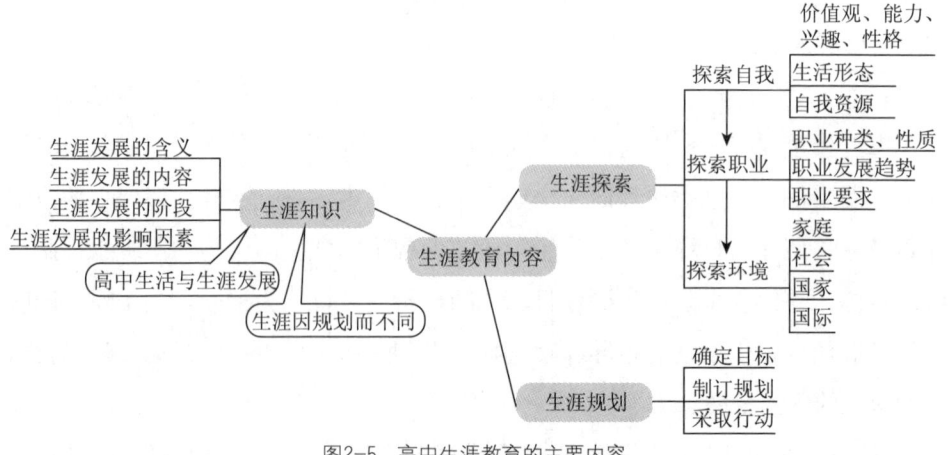

图2-5 高中生涯教育的主要内容

生查找信息、分析问题、解决问题、与人交往以及适应社会等方面的能力。探索环境是学生通过社会实践活动、走访社会人物或亲朋好友，了解社会的需要，将自己的追求与家国情怀相联结，这样才能顺应社会的发展需要。

学会生涯规划是让学生了解影响职业决策的因素，知道做职业决策的步骤，并能够根据自己了解的相关信息做出科学的决策。

（四）高中生涯教育课程的形式

高中生涯教育课程以班级或年级为教学单位，有明确的生涯主题，通过生涯活动，让学生参与、体验、领悟，促进自我了解以及对大学专业和职业的认知，逐渐明晰未来职业选择的方向，提高生涯决策能力，从而实现学生生涯发展的目标。在实践中发现，在生涯教育活动课中，学生喜爱且教育效果明显的活动形式有：（1）生涯探索活动。主要是各种热身游戏。（2）生涯电影课堂。通过电影中人物的故事来领悟职业选择和人生发展。（3）量表测试。采用专业的心理量表软件和测量工具让学生了解自己的兴趣、性格、气质、能力和价值观类型，以及与职业的匹配程度，引导学生扬长避短，科学地规划自己的生涯，充分挖掘自己的潜能。这些形式和途径也是心理健康教育的主要形式。

第二节　美国、加拿大及我国台湾地区
高中生涯教育课程

✳ **情境导入**

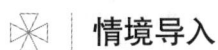

一个具有科学家潜质的孩子[①]

大约十年前，有一位移民美国的同学打电话给我，说她正在读小学五年级的儿子被鉴定为具有科学家潜质，因此学校每周要为他的儿子专门开设两节培

---

① 该案例为笔者身边的真实案例。

养科学家的资源课。当时听到这个消息我很惊讶。因为我很了解这个孩子，他说话非常晚，不善言谈，很少说话，小学三年级之前一直在国内读书，学习成绩并不好，尤其是语文和外语。四年级他的母亲才将他接到美国。

十年后笔者在美国见到了已经上大学四年级的这个孩子，正如当年预测的那样，这个孩子考上了美国一所著名的工科大学的化学专业，正沿着工程化学家的职业之路发展。他很喜欢自己的专业，学业很努力，并利用暑期在一家全球500强的核能公司实习。他说自己属于操作技术型的科学家。现在这个孩子已经大学毕业，在美国著名的化学研究所工作。他的母亲告诉我，在美国，小学时就会对孩子未来的兴趣和能力倾向进行评估，会给孩子未来的职业发展提出建议。

[思考]这一案例给我们什么启示？生涯教育在孩子一生的发展中起到了什么作用？我们通过什么来预测一个孩子未来的职业发展？

一、美国高中生涯教育课程

（一）美国高中生涯教育课程内容

美国高中的生涯教育课程在课程内容、教育目标、课程类型等方面都已形成一套相对成熟的模式。课程内容全面综合，包括自我概念，职业、教育、经济的概念与技能，行为主体的感觉，信息处理技能，与人的关系，对劳动的态度与评价六个方面。

（二）美国高中生涯教育目标

美国高中生涯教育的目标与生涯教育课程的内容相对应，分别是：自我概念的成熟及应用，专心实行有关职业的计划、应用，解决问题的技能，理解劳动场所中集体行动的力量，接受以劳动为目的的训练。在课程类型上，除了正式的生涯教育课程，还有融入了生涯教育理念的学术课程，以及以满足学生对某些技能的特殊需要为目的的特殊生涯指导课程。

（三）美国高中生涯教育的课时

生涯教育课程在美国高中课程体系中地位较高，开设于每个年级并有固定学时，一般每周1—2学时。此外，美国还通过立法手段给予生涯教育课程顺利开展的外部保障，美国各州都颁布了相关法律，规定生涯教育课程的设置细则以及生涯教育者的资格条件，并拨出专款用来改善和推进学校的生涯教育工作。

（四）美国高中生涯教育的指向

美国高中的生涯教育有三个明确的指向：一是为学生进入大学选择专业和学校做准备，二是为学生将来从事某种职业做准备，三是为学生未来的人生做准备。

美国佛罗里达州的沃卢西亚县（Volusia）主要依靠两个重要的文件来落实他们的生涯教育课程。其中一个文件是《学生形象资料评估卡》，记录了学生的个性、学习方式和职业爱好；另一个是《职业领域指南》，介绍了当地的五个职业领域，并涵盖了职业选择、价值、必要的技能以及与每一个职业领域相关的学校活动。这样使每个学生都能做到"知己知彼"，准确为自己的人生定位。

（五）美国生涯教育翻转课堂教育案例

美国马根戴维高中（The Magen David High School）采用简历驱动的方式开展生涯教育，设置了丰富的课程，有必修课，也有选修课，还开设了丰富的社团活动，甚至颠覆了学校的管理机构和部门设置，被称为简历驱动的翻转课堂教学改革。

例如：围绕着学生如何撰写自己的简历，他们开设了相应的教育课程。

1. 学生简历涉及的内容

根据简历内容的要求，驱动学生在高中三年有目标地发展。（见图2-6）

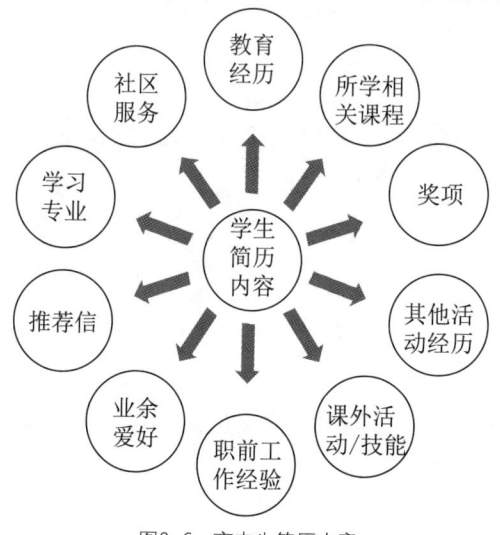

图2-6　高中生简历内容

2. 为学生开设必修课和选修课

9年级开设专业入门课和3门选修课；10年级开设专业基础课和3门选修课；11年级和12年级选择与专业相关的大学选修课程以及与所选专业有关的犹太法律课程，如下列课程。

- 会计
- 商务
- 建筑
- 美术
- 技术
- 计算机编程
- 工程

- 健康科学
- 心理
- 社会工作
- 法律
- 教育
- 新闻
- 烹饪

3. 学校设立多种社团俱乐部（见图2-7）

俱乐部和活动强调领导力和团队协作，学校还规定了每学期学生参加俱乐部的小时数。

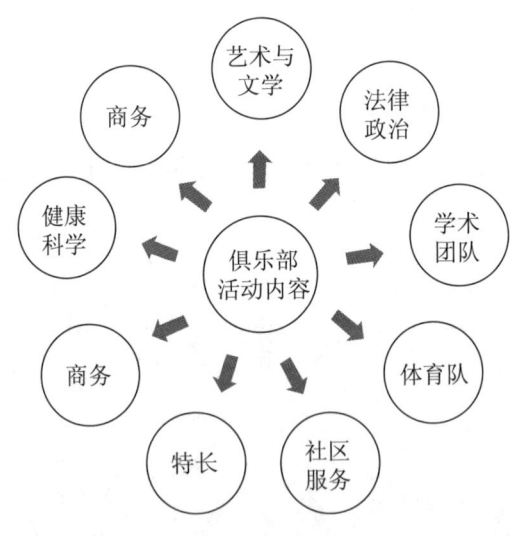

图2-7　高中社团俱乐部内容

4. 学校的管理机构围绕着学生生涯发展设置（见图2-8）

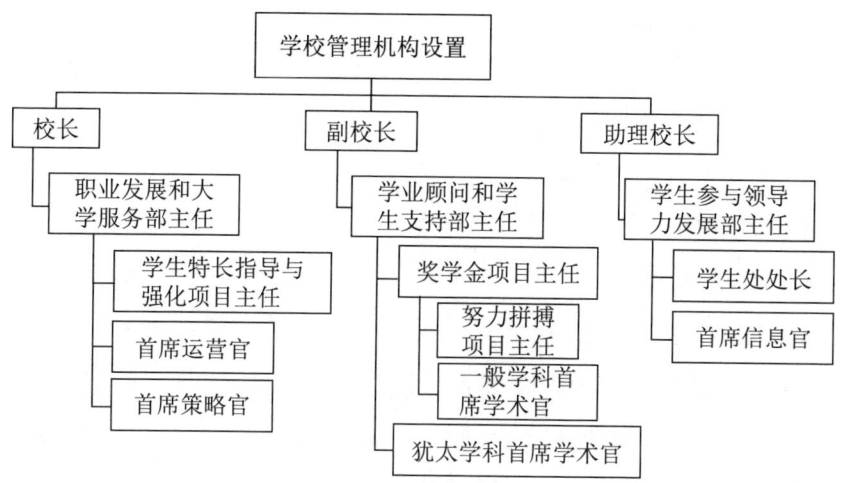

图2-8　学校管理机构设置

5. 学校注重学生的价值教育（见图2-9）

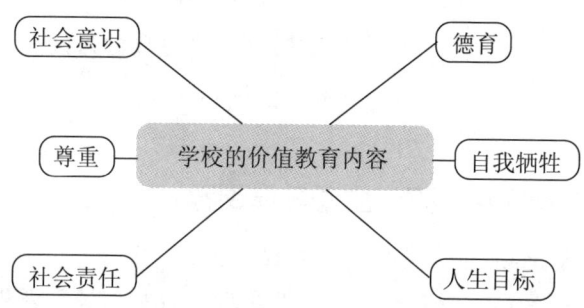

图2-9　学生价值教育内容

6. 学校职业生涯教育的七项教育目标

（1）强化学术研习，给学生更有意义的学习体验。

（2）为每一名学生的成功提供支持。

（3）丰富学校生活，开发学生兴趣领域。

（4）培养学生对学校、社区、文化和人类的奉献精神。

（5）培养学生成为一代领导者。

（6）使学生在更大的社区、学校或职场成为合作者。

（7）确保建立可持续发展的学校模式，并能世代延续。

7.提升学生能力的八项学习目标

（1）意识、动机、投入参与。

（2）与教学内容有关的能力。

（3）与教育内容有关的能力 。

（4）沟通能力。

（5）批判性思维。

（6）创造性地解决问题的能力。

（7）公民意识、理财能力、环境可持续发展力。

（8）人格培养、责任意识、适应力、品德素养。

8.学校针对各年级开设的生涯指导性课程

学校的生涯教育内容非常系统、全面，以学生终身发展为目标，以简历任务为驱动，采用翻转课堂的形式，设置多样化的课程内容供学生选择性学习，以学生参与、体验社团活动促进学生发展，以价值教育为核心，通过设置具体的生涯教育目标，提升学生进入未来社会的核心素养。

二、加拿大安大略省高中生涯教育课程

（一）加拿大安大略省高中生涯教育课程内容

加拿大安大略省在中学开设的"职业生涯教育与指导"课程在中学课程中处于核心地位，目的是为学生将来在复杂、变革的世界中生活做准备。课程内容围绕学习技能、个人的知识与管理技能、人际的知识与技能、机遇的探索、为变革做准备五个方面。

（二）加拿大安大略省高中生涯教育的教育目标

教育目标与五个方面的内容一一对应。

（1）培养学生获得基本的学习与思维的技能和策略，帮助学生形成自我导向的终身学习所需的习惯和技能。

（2）培养学生评价与描述自己的优势和兴趣的能力，确定工作和生活目标，进行有效的学习、生活、工作规划以及获得成功的个人管理技能。

（3）培养学生发展进行有效沟通、团队合作、领导所需的知识与技能。

（4）培养学生发现、处理、评估、整合、呈现信息的能力。

（5）以培养学生的多方面兴趣为目标，尽可能地建立一种广泛的课程体系，以满足学生多方面兴趣发展的需要，为学生将来可能从事的职业做出充分准备。同理，生涯教育的重要价值之一就在于传授、培养学生关于职业的知识和能力，针对未来职业的不确定性以及当前高中新课程培养目标对学生形象的界定，开设生涯教育课程时首先应为学生创设一个宽泛多元的目标体系。

（三）加拿大安大略省高中生涯教育的具体课程

加拿大安大略省高中生涯教育的具体课程包括学习策略、职场生涯研究、发现职场等（见表2-3）。（杨燕燕，2005）

表2-3　加拿大安大略省9—12年级生涯教育指导课程表

年级	课程名称	课程类型	课程代码	学分	先决条件
9	学习策略1：在中学获得学习成功的技能	开放	GLS1O	1.0	无
			GLS1O（特殊教育）		校长推荐
10	职业生涯研究	开放	GLC2O	0.5	无
	发现职场	开放	GLD2O	1.0	无
11	设计你的未来	开放	GWL3O	1.0	10年级的职业生涯研究
	领导与同伴支持	开放	GPP3O	1.0	10年级的职业生涯研究
12	高级学习策略1：在中学后获得学习成功的技能	开放	GLS4O	1.0	10年级的职业生涯研究
			GLS4O（为有IEP[①]的12年级学生修订）		校长推荐
			GLS3O（为有IEP的11年级学生修订）		校长推荐
	驾驭职场	开放	GLN4O	1.0	无

———————————

① IEP 指 Individual Education Plan（个人教育计划）。

其中，9年级的"学习策略1：在中学获得学习成功的技能"主要探究学习策略，教会学生改善学习策略以提高他们的学习成绩，尤其是读写算、交流与规划的能力等。10年级的"职业生涯研究"主要探究学生在中学后的各种学习选择；"发现职场"主要是让学生通过在学校、社区的实际经历以及对工作场所的参观、体验形成对工作的理解，找到自己感兴趣的职业。11年级的"设计你的未来"是为学生进入中学后的工作、教育或培训做准备；"领导与同伴支持"是培养学生的领导能力与合作能力。12年级的"高级学习策略1：在中学后获得学习成功的技能"是让学生学会评估并通过一定的技巧提高自己的学习效果。

另外，学生需要考察有关就业以及中学后教育或培训的学习要求，并为之制订发展计划。"驾驭职场"要求学生通过真实的工作体验，探索感兴趣的职业，并制订今后的规划，同时还要考察平稳地转移到中学后目标所需的资源与支持。

三、我国台湾地区高中生涯教育课程

我国台湾地区实行九年一贯制生涯教育课程，自上而下地推行生涯教育课程。早在20世纪70年代，生涯教育课程开始进入学校，旨在帮助学生扮演好学习者与工作者的角色。台湾地区对生涯教育理论进行了本土化的演变，并制定了在高中阶段推行生涯教育的基本策略及内容。

（一）我国台湾地区高中生涯教育基本策略

1. 学校本位

配合九年一贯课程精神，规划学校本位的生涯教育实施计划，采取自下而上的方式，由学校主动提出，教育行政机关依据经费额度予以补助，以推动生涯教育。

2. 全面实施

针对高中全体学生全面实施生涯教育，并引导他们做好个人生涯规划，为下一阶段的出路辅导奠定良好的基础。

3. 弹性多元

在九年一贯课程架构下规划生涯教育，让教师充分认识生涯教育的重要性，成为各校规划课程实施计划的核心理念。

（二）我国台湾地区高中生涯教育基本内容

1. 生涯教育的理念

生涯的选择不仅仅是一个组别、一个校系的选择，而是过什么样的生活、成为什么样的人的选择。

2. 生涯教育理论依据

生涯金三角理论（见图2-10）。该理论包括三个要素：学生自我认识、社会与环境的关系、教育与职业探索。

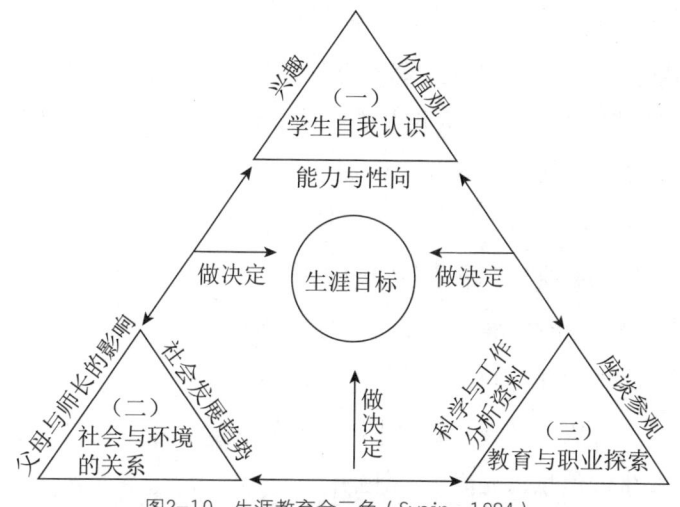

图2-10　生涯教育金三角（Swain，1984）

我国台湾地区高中阶段的生涯教育包含下列主要内容：

（1）自我觉察与试探。

（2）生涯觉察与试探。

（3）生涯规划。

（4）生涯教育各阶段的任务。

高一探索：以自我觉察，试探和产业初探为主要教学内容。通过生涯教育课程、心理测验、系列讲座、学生经验分享、寒暑假大学营队、生涯网站等途径，探索自己的性格、气质、兴趣、能力、价值观，进行职业探究。

高二定向：以生涯类群的探索为主，并继续协助学生做自我探索。生涯定向初探，通过学习适应、多元入学渠道、定向初探、毕业准备等完成初步定向。

高三统整：以统整自我和工作世界的相关信息为主要内容，协助学生建立生涯档案，并做好生涯规划。统整两年的生涯准备，实现认同校系的目标。通过繁星推荐、个人申请、考试分发三条生涯渠道途径实现学生的升学和生涯准备。

（三）我国台湾地区高中生涯教育课程的基本目标

普通高级中学选修科目"生涯规划"课程欲达成的目标如下：

（1）了解个人发展与生涯规划的关系。

（2）丰富学生生涯相关资源与生涯规划基本技能。

（3）引导学生进行个人与生活环境的探索与决定。

（4）培养宏观及具有前瞻性的生涯态度与信念。

（四）我国台湾地区高中生涯教育课程所要培养学生的核心能力

普通高级中学选修科目"生涯规划"课程欲培养的核心能力如下：

（1）了解个人成长历程与生涯发展的关系。

（2）分析个人特质与潜能。

（3）探索个人特质与生活角色间的关系。

（4）关注高中教育发展、学习内涵与生涯路径。

（5）了解大学生涯与职业生活间的关系。

（6）了解人力资源供需与职业生活的相关信息。

（7）统整生涯信息以完成生涯评估。

（8）运用决策技巧以规划行动方案。

（9）演练并实践生涯抉择。

（五）我国台湾地区高中"生涯规划"课程计划

表2-4以高一年级为例，展现了我国台湾地区高中"生涯规划"课程计划。

表2-4　我国台湾地区综合高中一年级必修"生涯规划"课程计划

主题	主要内容	课时数
一、成长历程与生涯	个人的成长历程发展阶段与任务	2
二、自我探索	1.自我特质 2.能力与兴趣 3.价值观 4.情绪管理 5.自我悦纳	2

续表

主题	主要内容	课时数
三、心理测验解释与应用	1.心理测验介绍 2.心理测验实施 3.心理测验解释与应用	2
四、生涯角色	1.生涯角色的定义与内涵 2.性别角色与生涯发展	2
五、学习档案	1.学习档案概念 2.学习档案设计 3.学习档案实际操作	4
六、职场探索	1.认识工作世界 2.职场变动与人力供需 3.职业生活及职业伦理	3
七、升学路径探索	1.路径类别 2.路径选择	3
八、生涯抉择	1.生涯抉择的意义 2.生涯抉择的助力与阻力	2
九、学程简介与选择	1.学术学程内涵与生涯道路 2.专门学程内涵与生涯道路 3.适性选择学程	16
备注	各校可在高一下学期开展生涯课程，有利进行学程试探及分化辅导	

我国台湾地区的生涯教育主要通过融入各领域教学、规划为"弹性课程"的正式课程、运用综合活动学习领域的教学以及规划全校性的相关活动四种主要方式实施。

我国台湾地区的生涯教育将生命教育、两性教育与生涯教育相结合，以班级辅导和专题辅导为主要形式。

我国台湾地区的生涯教育由三方面的老师承担。学校实施老师班级负责制，每个班有三位老师负责——生涯辅导老师（导师）、教官、班主任，各自职能不同。每个年级的生涯课由生涯辅导老师承担。每位生涯辅导老师负责15个班，隔周上课，平时辅导，每个学期至少与每个学生谈话一次。班主任也适时做些辅导。生涯辅导老师可以由心理健康教师担任，但必须修满生涯学分才可以上岗。也可以是其他科老师修满心理、生涯共计32学分的课程后持证上岗。

第三节 生涯教育课程的教学设计

生涯教育课程是学校实施生涯教育的主要方式。目前在国内大多数区域，生涯教育还没有被正式列入学校常规的教学计划中，没有固定的课时，没有成型的教材，也没有系列化的教学设计，承担生涯课的教师基本是半路出家，或是从心理教师岗转型，或是由学科教师或班主任担任，没有系统地学习过生涯教育的理论，缺乏生涯教育的理论沉淀，实践的经验也不丰富，生涯教育的方法和辅导技术也多是借鉴学校心理健康教育的模式。基于这样的现实，如何根据自己学校的教学条件以及自身的情况，针对学生的需求，有计划地设计好生涯教育的课程，是对生涯教育实施者的巨大挑战。

一、如何定位生涯教育课程目标

课程主题的确定需要围绕课程目标来进行，在进行整体设计的时候，我们需要思考：通过生涯规划教育教学，我们要达到什么目标。

从具体的课程目标看，不同于其他学科的教育目标，生涯教育目标应更多地立足于引导和促进学生适应未来的社会。三维教学目标是知识与技能、过程与方法、情感态度与价值观。在生涯教育中可能更多地注重后两个目标，特别是第三个目标，这类目标具有多维性、多元性的特点，需要教师在教学设计中更好地理解和把握。

生涯教育课程目标的定位依据

生涯教育课程目标的定位依据有相应的政策依据、生涯理论依据和学生依据。

一是政策依据，教育部颁布的《中小学心理健康教育指导纲要（2012年修订）》（简称《指导纲要》）将生涯教育内容纳入初中和高中的心理健康教育任务中。《指导纲要》针对初中要求："把握升学选择的方向，培养职业规划意识，树立早期职业发展目标；逐步适应生活和社会的各种变化，着重培养应对失败和挫折的能力。"针对高中主要要求："在充分了解自己的兴趣、能力、性格、特长和社会需要的基础上，确立自己的职业志向，培养职业道德意识，进行升学就业的选择和准备，培养担当意识和社会责任感。"

《北京市中小学和职业学校心理健康教育工作纲要（试行）》也指出："帮助学生确立面向未来的发展抉择，树立正确的人生观和职业价值观；正确认识自己的兴趣、能力、性格、特长，在了解社会发展需要的基础上，逐步明确自己的职业兴趣和发展方向；帮助学生掌握择业技巧，提高自主抉择能力，学会承担责任，做好升学或就业的心理准备。"

二是生涯理论依据。生涯教育要遵循教育的规律和学生发展的规律，因此要以生涯理论、发展心理学理论和教育心理学理论为依据。从生涯理论来看，主要依据舒伯的生涯发展理论、霍兰德的职业兴趣理论、克朗伯兹（Krumblotz）的生涯决定社会学习理论、生涯建构理论等。从发展心理学理论看，主要依据埃里克森自我发展的八个发展阶段理论、需要理论、自我决定理论等。从教育心理学理论看，主要有社会建构理论、认知信息加工理论、多元智能理论等。因此要上好生涯教育课程，需要教师掌握扎实的生涯理论与心理学理论，才能在课堂上准确把握基本概念、梳理知识脉络、驾驭知识体系。

三是学生依据。不同发展阶段的学生的心理需要不同，如初中生和高中生面临的生涯发展主题就不同。学生在发展的不同阶段面临的困惑和心理需要也不同。如初一学生一入学就面临初中生活适应和学习方式的转型与变化问题，而高二学生要面临选科与选考问题，高三学生则面临报考大学和选择专业等问题。生涯课是要解决学生现实生活和未来生活中的生涯选择与决策问题，所以课程的定位要根据学生的需要来确定。

二、如何确立生涯教育课程主题

（一）生涯教育的主题设定

生涯教育离不开这三个环节：了解自我，了解外部世界，做出选择。生涯教育课程主题基本围绕生涯意识、生涯探索和生涯规划三个方面进行（见图2-11）。

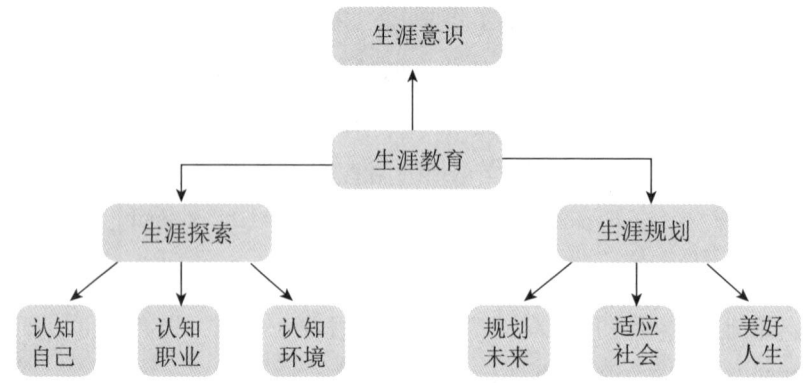

图2-11 生涯教育的三个模块

从目前北京市《高中生涯规划与管理》教材中确立的主题看，主要划分了四个模块十二个主题。通过生涯规划的意义、自我探索、环境探索、生涯规划与管理四个单元，开设了十二节生涯教育专题课。第一单元生涯规划的意义包括了解生涯规划的意义和高中生活对未来的影响两个专题，第二单元自我探索包括对兴趣、性格和价值观的探索三个专题，第三单元环境探索包括对社会、家庭与自我、职业世界和大学与专业的探索三个专题，第四单元生涯规划与管理包括积极的生涯信念、如何选择、生涯蓝图设计、如何管理目标和实施计划四个专题。这些主题的确立，基本概括了生涯教育的主要内容，与目前高中学生的发展需求较为吻合。从课程开设的实施过程看，也为高中生涯教育一线教师提供了课程主题设计的指南。

（二）如何设计生涯教育具体主题

在围绕生涯教育的模块设计具体的生涯教育主题时，需要教师根据自己学校课程设置的时限和条件，以及学生发展的需求来整体设计，有选择地实施。确定生涯课的具体主题和目标前，生涯教师一般要做学情调研，通过设计问卷或访谈，了解学生中真实发生的事件反映出的问题，来生成生涯课的主题和课程资源。否则课程的主题就会过于空泛，不符合学生的需要，很难促进学生积极参与，也很难调动学生的情感体验。

（三）如何呈现主题的内涵

在选择一个主题后，教师要对课程主题的核心概念、相关理论、背景知识、教学资源进行整体梳理和把握。

首先是核心概念界定，教师需要对课题的核心概念进行文献检索，可以通过中国知网或百度学术进行查阅，也可以通过专业的心理学教材和其他相关书籍进行学习，教师需要准确把握和理解核心概念。比如能力探索这一主题，教师要准确把握什么是能力？能力有哪些类型？能力对一个人的学业和未来职业会有什么影响？教师要理解这些基本的问题，才能很好地驾驭知识的体系。

其次是找到呈现主题知识的载体和方法。如何将知识生动地在课堂中呈现出来，并调动学生的认知参与、调动学生的情感体验、让学生动脑和动手，将陈述性知识转化为程序性知识，让学生理解、会用？这就需要教师借助一些教学手段和方法来呈现知识，让学生有感性的认识和体验。如讲到"职业兴趣"，可以借助霍兰德的职业兴趣岛的活动，让学生参与分组活动，了解自己的职业兴趣，未来想从事什么类型的工作，想过什么样的生活。

三、如何组织生涯教育课程内容

主题确定以后，围绕学生的现实生活世界和未来生活世界，进行课程内容的组织。通过下列案例，我们来分析教师如何充分利用电影题材来进行生涯教育活动。

 教学案例说明 [①]

电影是浓缩、升华了的人生，是典型化、艺术化的。电影是学生非常喜爱的艺术，是一种特别好的生涯教育形式。如何从电影的题材中挖掘生涯教育的课程资源，结合学生的生涯主题，引导学生思考和讨论，进行生涯教育，是值得广大教师深入研究的一项课题。北京师范大学附属实验中学开设电影生涯课堂，深受学生的喜爱，取得了非常好的教学效果。下面截取了北京师范大学附属实验中学任维兵老师的一节电影生涯课教学设计。任老师通过影片《中国

———————————

① 该教学案例由北京师范大学附属实验中学任维兵老师提供。

合伙人》设计生涯教学活动，从电影主题选择、情节选取、人物性格与命运变化等电影元素中，提炼出不同的人该如何对待人生、对待友情、对待事业，以及对待失败、对待爱情等人生的重大课题和生涯教育的关键问题，引导学生对话、辩论、观点交锋，思考、澄清生涯教育中的一些问题，学生参与其中，各抒己见，课堂气氛非常活跃。

❋ | 案例描述 |

《中国合伙人》电影课堂公开课说课资料

（一）教学目标

三维教学目标"轻知识习得""重能力形成与情感体验"。

（1）通过引导学生立体式思考、借鉴电影中人物的生命生涯历程，培养学生对自我认知和职业领域信息的深度整合能力，提高其生涯成熟度。

（2）学生在内省、交流并接受老师指导的基础上，建构合理的生涯知识，形成积极的人生观，并通过共鸣氛围的营造，使学生的个体体验行为辐射为群体行为，进而就正确的人生观、价值观达成共识。

（二）教学方式

依托电影课堂的体验式生涯教学。[①]

体验式生涯教学包括三大主要因素。

教学载体：生涯探索的活动与情境。

教学形式：学生的参与、体验、分享。

教学目的：促进学生思考与思想升华。

（三）教学重点与难点

（1）体验电影角色的生涯历程，借鉴、反思自身实际经历，提高生涯规划

---

① 体验式生涯教学是指通过创设生涯问题或活动的情境，提供适宜的生涯探索项目与讨论式的对话机会，让学生参与到生涯探索活动之中，学生在经历生涯探索活动之后，分享自己的心得体会，体验、反思自己所面临的生涯问题，教师在此基础上进行点拨和辅导。

认知和生涯成熟度。

（2）辩证思考、交流电影故事情节呈现的生涯发展内涵，正确对待"失败""友谊""学会内省""自我认知"等维度，初步形成正确的人生观和价值观。

（四）教学内容结构

（1）开放式、生成性地选择教学内容，教师选择了电影中的四个片段，主题包括"失败""友谊""改变""自我认知"。

（2）整合多元的教育资源：电影资源、俞敏洪访谈。

（3）技术优势：通过问题应答器统计数据，分析和挖掘统计结果的教育价值。

（4）教育升华：形成对于"文学与艺术价值"的正确认知，提升学生的人文素养。

第一，任老师的这节课是一个由浅入深的指导过程，我们强调在生涯教育过程当中给予学生引导，但是这个引导并不是一上来就要给学生一个很明确的方向引导，而是让学生逐步通过体验、分享，由浅入深地让学生分析对人物的印象、经历、语言行为，进而深入理解人物的性格，他们的价值观、人生目标、决策的思考。这种引导过程，一方面是帮助学生认识电影中人物的生涯发展，实际上也是给他们一种思考方法，帮助他们思考怎么在现实中对自己的榜样、偶像进行分析和学习，进而对自己的语言行为、性格各方面进行分析、挖掘，最终做出决策。

第二，观影后，再让学生从现实角度去思考，到底怎样衡量成功和失败，是以外部的物质、金钱、名誉、权力来衡量，还是一个人对外做出的贡献（包括对家庭、社会的贡献，对社会公益的责任意识）来衡量。

第三，从决策的角度，一个人在决策的时候应该考虑哪些因素，成冬青面对自己被学校开除的这种人生转折点的时候，他是如何决策的？他的决策难道仅仅因为后面那个女生的一句话吗？他的决策是在于他对自我的一种把握和对社会需求的认识。做决策的时候，要考虑自己的内在特质、性格、价值观、为人处事的能力，同时要考虑社会的需求和发展，所以他的决策应该是综合各种因素的决策过程。

第四，关于这部影片，任老师引导学生思考如何对待友谊。电影中的三个主要人物是大学的同班同学。他们如何走到一起，成为成功的合伙人？影片强调了团队合作的意识，一个成功的团队，需要有付出意识、服务意识、分享意识、规则意识，只有合作，才能建立深厚的友谊和合作关系。这节课让学生着重分析、把握、提炼如何进行团队合作，建立友谊，形成团队的关键要素。

第五，如何通过电影中的片段对学生进行价值引导。生涯教育强调对学生做积极的价值引导，给学生正能量。在影片中，三个合伙人创办了"新梦想"公司后出现了利益上的争端，为了互相制衡，成冬青提出搞股份制，对公司的利益与责任进行划分，友情与商业合作发生了冲突。在生涯课堂中需要引导学生思考现实中的朋友和合伙人的角色有什么不同，我们和朋友相处的方式与商业合伙人的方式有什么不同，意识到人际交往过程中角色的变化。

四、如何筛选生涯教育课程资源

课程资源是达成课程目标的重要保证，课程资源的有效开发和合理利用直接关系课程实施的成效。因此，课程资源的筛选非常有必要。

课程资源包括校内课程资源和校外课程资源。校内课程资源，除了教科书以外，还有教师与学生不同的经历、生活经验和不同的教学策略学习方式，这些都是非常宝贵的课程资源。校外课程资源，主要包括校外图书馆、科技馆、博物馆、网络资源、乡土资源、家庭资源等。

生涯教育课程资源主要指有利于实现生涯教育课程目标的各种资源，如何利用好课程资源是设计生涯课的重要环节。

（一）课程资源筛选原则

1.围绕课程目标

课程资源的筛选，要紧紧围绕课程目标进行，与教学目标对应。目前许多学校的生涯课都是由心理教师承担。心理教师往往会按照心理课的模式，根据一节课的流程导入2—3个课程资源。大多数教师喜欢利用网上的音乐和视频资源（如榜样人物或新闻事件）引入课的主题，这些资源往往能激发学生的兴趣，调动学生学习的热情，起到很好的作用。或在课程的结束阶段，利用这些资源深化课的主题，效果也很好。有的教师也喜欢用热身活动导入课的主题，但要注意的是，选用的资源一定要紧扣教学目标，否则会出现活动很热闹，但与主题关系不大的现象。

2. 与学生日常生活密切相关

最好的课程资源往往来自学生日常生活中的问题或真实情境中的片段。这些资源往往最能激发学生的学习积极性，调动学生积极参与。如教师在课前做问卷调查，将收集的有代表性的问题作为课堂主题导入或引发学生思考和讨论，或采用学生现场采访的声音、视频作为课程资源导入，效果都非常好。

3. 符合学生认知和心理发展特点

课程的资源一定要符合学生的发展特点。有些资源很好，但过于浅显，对于小学生或初中生可能适合，但对于高中生就过于肤浅。如探索自我的活动，有的老师采用如何认识自己的身体特征、性别特征的课程资源导入到高中生的生涯课堂中，显然过于浅显，很难从更深的层次引导学生探索自己的兴趣、能力与职业性格特征。

4. 富有积极的教育意义，同时也要有美学价值

选择课程资源时，一定要注意课程资源的正向积极作用。如一位生涯教师在讲人生时，用苍蝇的一生来导入，同时又用沉重的十字架来说明人生规划的价值与意义，虽然课程资源与主题吻合，也富于教育价值，但课堂气氛让学生深感压抑和不舒服，缺乏美感。

5. 价值导向正向多元

选择课程资源时要注意价值观的导向，既要正向，符合社会的主流价值观，具有家国情怀，同时也要注意文化的差异和多元的价值观。如很多老师都采用了渔民与企业家的对话故事来导入人生的终极目标，来说明渔民不奋斗就获得了企业家奋斗一生才有的生活。但每个人人生的过程与轨迹是不同的，不能说企业家的价值追求有错。而在引入欧美资源时，也要注意中西方文化与价值观的差异。

6.少而精，不喧宾夺主

在一节课中要围绕主题设计课程的流程模块，根据课的模块要求，选择课程资源，有时引入的课程资源过多，占用了课堂的主体时间，让学生深入体验和分享交流的时间过少，这样反而达不到很好的教学效果。

（二）如何利用课程资源

课程资源开发前要思考三个问题。

第一，想要什么资源？围绕主题与学生的认知发展水平和身心发展特点来选择。

第二，能有什么资源？充分利用身边的优势资源，如学生自身的资源、学校及学校周边丰富的社会环境资源、学生家长资源、网络视频资源等。

第三，能用什么资源？根据教师所在学校或课堂的教学条件来选择生涯资源。

例如，围绕"了解职业"这个专题，北京师范大学附属实验中学充分利用名人资源，聘请俞敏洪到校结合电影《中国合伙人》为学生讲人生、讲职业选择。而有些边远的农村学校则可以更多地利用网络、电影等资源，也可以充分利用学生自己收集或创设的资源。我们曾听过一节生涯课，老师选用的是北京电视台播放的有关《哈利·波特》的作者坎坷人生经历的影视资料，效果非常好。有的老师将学生自发采访的身边人物或发生的真实事件作为课程资源，效果也很好。

✖ ❘ **案例**

我们在石景山古城中学观摩了一堂别开生面的生涯规划课。参与课程活动的有学校校长、高校研究生、公司职员、家长、教育专家。这堂课充分调动了学校领导、社会团体、家长、校友和在场专家的资源，场面宏大、内容丰富，既模拟了职场招聘的场面，也将兴趣、能力、升学、高考志愿、专业选择及健康、友情、爱情等价值观选择融入这场职业生涯规划的活动中。学生在短短的四十分钟内，似乎经历了人生的选择、拼搏、奋斗的过程。学生参与活动后的反思，以及与校长、家长的对话，充分说明这堂课带给学生的收获是多元的，对学生内心的触动也是深刻的。

案例分析

充分调动各方资源。这是一场大型的生涯教育活动，这样的活动需要学校领导全方位的支持，需要强大的团队支持才能完成。石景山古城中学是北京市生涯教育的示范校，有着多样的生涯教育实践探索。学校领导对生涯教育高度重视，亲自领导并参与活动，同时石景山古城中学有一支较强的生涯教育的专业教师团队，所以能够整合团队的力量来综合设计这一场生涯教育大型活动。这种活动需要充分地挖掘学校、社会、家庭的资源，调动各方力量才能完成。

活动的内容非常丰富。从学校、社会、家庭，到考场、职场、社会场，从单纯的学生生活，到紧张激烈的考场拼搏和商场竞争，从健康到生、老、病、死的抉择，从鸿运当头到厄运从天而降，林林总总，模拟了许多场景，在短短的四十分钟内，学生似乎经历了半个人生，虽然是模拟，但也紧张万分。活动多而不乱，紧张有序，场场接力，既有个体，也有团队，既有享受，也有付出。在有限的生命单元中，选择不同寻常的人生，确实让学生们过了把瘾。可见生涯活动设计者高超的设计能力和活动组织能力。

各方人士的参与。各方人士与学生一同分享感受，让学生听到了不同的声音。校长、家长、企业总裁、大学生、研究生及不同的职场人士的反馈及感受对学生的触动特别大。这种生涯教育的活动其实已经远远超越了课堂，延伸到社会、家庭，学生的收获也大大超过了单一的生涯教育课堂所给予他们的。

有些活动内容和环节的设计值得商榷。如灾难从天而降这一环节。有位学生两次抽到了这一环节，模拟灾难降临到她的身上。在活动分享时她感受到了不幸，心情很沉重。建议在生涯活动中尽量少设置这类环节，以免给学生造成心灵阴影和消极暗示，给他们带来心理压力。

五、如何设计生涯教育课程活动

（一）课程活动设计的原则

遵循的原则：贴近生活，生动有趣，富有教育意义。

1.活动设计要贴近生活

杜威认为，最好的教育就是从生活中学习、从经验中学习。新课程标准极力倡导教学内容应是学生平时熟悉的、喜欢的，要贴近学生生活，符合学生特点。

2.活动设计要生动有趣

兴趣是一个人完成某项任务或活动的内部驱动力。在设计活动时，坚持趣味性原则很重要。设计的活动有趣味，学生有兴趣，才会积极参与。

3.活动设计要有基本的价值取向

生涯教育的课程会涉及理想、信念、价值观、兴趣、爱好等带有倾向性的选择和判断，有些是内隐的，需要通过一定的活动投射出来，这些活动的设计需要教师独具匠心，需要创意，但活动的本意和出发点要为主题服务，而且不能违背基本的价值和常理。

❋ 案例说明

这是在北京市某所中学举行的一节公开教学课。教师选择了价值观专题进行教学设计，在实施教学前，教师对如何把握教学的主题深感困惑：一是如何理解价值观；二是如何通过活动将内隐的价值观投射出来，让学生通过活动来澄清；三是在价值观的探析中如何判定合理、正确的价值观，如何用多元的视角引导学生理解和选择不同的价值观。

（二）价值观活动设计误区

✳ | **案例分析** |

教师在价值观的教学活动中通常会设计两个活动，第一个活动是飞机失事，第二个是价值观拍卖。

第一个活动：一架飞机正在航行，飞机上载着国家总理、科学家、商人、作家、医生、农民、教师等，每个人都显得很重要。此时，飞机遭遇故障，必须扔下一人减轻机身重量，以确保飞机安全，问：扔下谁最合适？教师试图通过这一活动导入价值观的思考。但这一活动本身就违背了对人的生命权的最基本的尊重。在生命面前，不存在高低贵贱之分，人与人是平等的，不能以一个人的职业或身份来决定人的生存权利。所以这一活动放在价值观的探析中不够恰当。

第二个活动：教师设计的是价值观的拍卖活动。把亲情、友情、荣誉等标上300—500元的价格进行拍卖。价值观是指一个人对周围的客观事物（包括人、事、物）的意义、重要性的总评价和总看法。一方面表现为价值取向、价值追求，凝结为一定的价值目标；另一方面表现为价值尺度和准则，成为人们判断事物有无价值及价值大小的评价标准。虽然一个人的价值观可以使他对诸事物的看法和评价在心目中有主次、轻重的次序排列，但价值观不能等同于金钱，而且很多事是难于用金钱去衡量的。所以采用这一活动也有不妥之处。

（三）价值观取向的多元化与个性化

在教学活动中，教师采用了学生身边的事例来说明不同的价值观会导致不同的抉择。如一个高三的学生因家庭变故，放弃了自己最初的高考志向，而选择离自己家比较近的高校，以照顾家人和减少家庭的压力。这种以身边的案例来引发学生探讨的活动，贴近学生的实际，能够引发学生深入思考理想与现实的冲突和抉择。

思考与练习 ————————————————————————

1. 借助上面呈现的生涯规划教学案例，思考下列高中生涯教育教学设计的问题。

（1）如何选择高中生涯教育指导课程主题？

（2）如何架构高中生涯教育指导课程内容？

（3）如何设计高中生涯教育指导课程活动？

（4）如何筛选高中生涯教育指导课程资源？

（5）如何组织高中生涯教育指导课程过程？

2. 根据生涯教育课程的结构，选择下列生涯教育的主题进行教学设计，在教学设计过程中反思、概括并提炼教学设计的思路。

（1）如何设计、唤醒生涯意识课程？

（2）如何设计价值观导向课程？

（3）如何设计自我探索课程？

（4）如何设计职业探索指导课程？

（5）如何把选择文理科与填报高考志愿嵌入课程？

【参考文献】

北京教育科学研究院，2013，高中生涯规划与管理[M].北京：北京出版社.

北京师范大学附属实验中学，2015.高中生涯规划[M].北京：北京师范大学出版社.

陈娜，2007.英国：注重中学生涯教育[J].上海教育（1）：38.

崔树军，2009.职业生涯规划案例教学方法[M].北京：知识产权出版社.

谷峪，2006.日本的职业生涯教育及其启示[J].职业技术教育（10）：81-84.

Inkson，2011.理解职业生涯：九种你必须了解的职业隐喻[M].高中华，译.北京：中国轻工业出版社.

教育部教育发展研究中心基础教育研究室"农村中学实施职业生涯教育"项目组，2006．职业生涯教育实验中期调研报告[J].国家教育行政学院学报（1）：79．

里尔登，伦兹，桑普森，等，2010.职业生涯发展与规划[M].侯志瑾，等译．3版．北京：中国人民大学出版社.

李金碧，2005.生涯教育：基础教育不可或缺的领域[J].教育理论与实践（7）：15-18.

李亦桃，2005.美国生涯教育初探：对我国普通高中教育的启示[D].重庆：西南师范大学.

罗汉书，2005.职业生涯教育的国际经验剖新[J].教育发展研究（7）:42-45.

奥西普，菲茨杰拉德，2010.生涯发展理论[M].顾雪英，姜飞月，等译.4版.上海：上海教育出版社.

覃章成，2014.初中职业生涯教育课程的开发[J].教育理论实践（29）：

43-45.

沈之菲，2000.生涯心理辅导[M].上海：上海教育出版社：3.

孙一峰，1997.生涯教育：来自第六届国际生涯教育研讨会的报告[J].甘肃教育（1）：22-24.

王焕勋，1995.实用教育大词典[M].北京：北京师范大学出版社：816.

王黎明，2004.美国中学的生涯规划[J].教学与管理（2）：78-80.

王亚歌，谢利民，2008.基础教育生涯发展课程实施初探[J].宁波大学学报（教育科学版）（2）:11-15.

吴薇，刘继亮，2005.大学生涯的自我规划与管理[J].中国大学生就业（18）:8-9.

杨婧，2007.从美国生涯教育的经验看我国普通高中生涯教育及其课程设置[D].天津：天津师范大学.

杨燕燕，2005.加拿大安大略省中学《职业生涯教育与指导》课程述评[J].比较教育研究（12）：73-77.

杨忠健，2012.学校生涯教育中道德赋能的三种可能[J].中国德育（1）：14-16.

张纪元，2012.中学生职业生涯规划教学设计[M].北京：北京师范大学出版社.

朱永新，许庆豫，1999．当代日本中学生与教育[M].苏州：苏州大学出版社.

MUNRO J，2007.Fostering internationally referenced vocational knowledge: A challenge for international curricula [J].Journal of Research in International Education，6（1）：67-93.

第三章
如何做生涯规划

□ 课程结构图 □

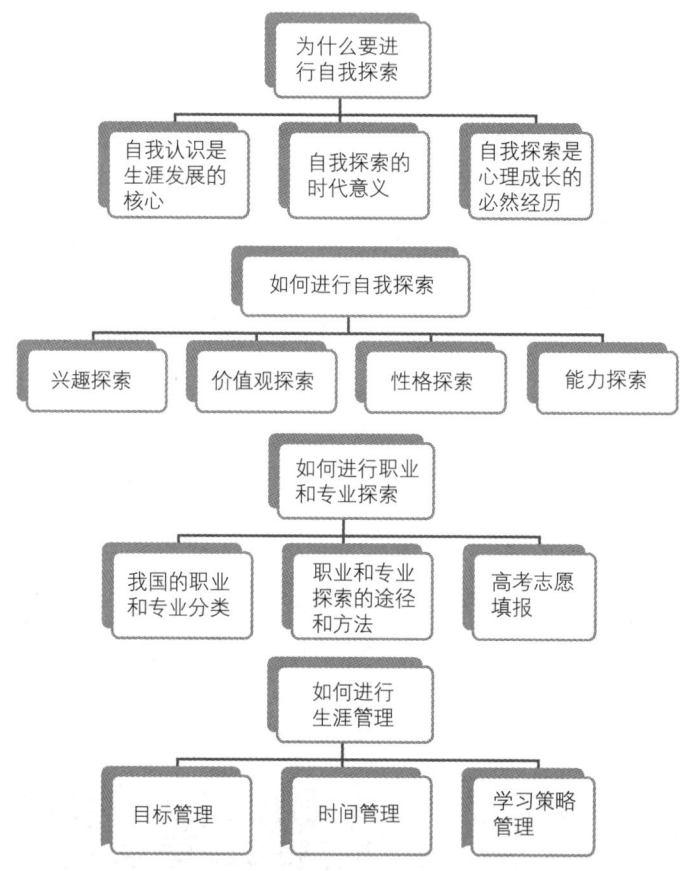

第一节　为什么要进行自我探索

情境导入

他应该走哪条人生路？①

乔林是一名高二男生，他初中时在重点中学就读，由于中考成绩不太理想，升入一所普通高中。他对自己的期望一直很高，所以高一期间心无旁骛地学习，一心想在高考中打个翻身仗。但升入高二以来，他却感到越来越迷茫。乔林的爷爷奶奶都是高校的教授，爸爸在政府部门工作，妈妈在金融行业工作，全家人都有很体面的工作，对他的职业期望也各不相同，爷爷奶奶希望他成为高校的科研工作者，爸爸希望他考公务员，妈妈希望他将来搞金融，而且所有家人都能为他提供很好的职业资源。对于乔林来说，资源太多也带来纠结，还有一年就要报考大学了，自己应该报考哪所大学的哪个专业呢？今后应该从事哪种职业呢？现在应该做些什么准备呢？他对自己的生涯发展感到很困惑、很茫然。

案例中，高中生乔林的问题本质上是如何"认识自己"的问题。

当今中学生所处的时代与我们以及我们的父辈有天壤之别。在计划经济时代以及改革开放初期，人们对自己的生涯没有多少选择的余地，职业或工作是由政府来安排的，人们从小到大被灌输"要做一枚敬业的螺丝钉""干一行爱一行""祖国哪里需要，我就到哪里"的价值观……。这使得大部分人忽视甚至否认自己内心深处的需求、愿望、兴趣等，而是选择服从组织的安排，按照外界的标准按部就班地工作。当今中学生生活的时代是市场机制较为完善、价值多元化的时代，人们对职业和生活方式的选择空间大大地扩展，而且随着信

① 该案例由北京师范大学附属实验中学教师宋飞提供。

息时代的到来和网络科技的发展，社会的变化日新月异。面对这个复杂多元、瞬息万变的社会，人们有更多的选择自由，也更容易随波逐流或迷失方向。那么，人们应该如何定位自己呢？解答这个问题的关键在于厘清"我是谁""我将何去何从""我的兴趣是什么""我想成为什么样的人""我想要的生活方式是怎样的"等关乎自我的诸多问题。也就是说，只有澄清自我、认识自我，才能在社会中找到自己安身立命的位置。

一、自我认识是生涯发展的核心

在古希腊德尔菲神庙上镌刻着这样一个神谕——"人啊！认识你自己"。智慧的古希腊人早就深刻地意识到，要把握自己的人生，须先认清自己。中国也有句经典名言："人贵有自知之明。"可见，认识自己是全人类的一个古老命题。

从人的毕生生涯发展的视角来看，通过自我探索来认识自己是生涯发展的核心。自我认识与生涯发展过程中各种角色的关系就好比珍珠项链的绳子和珠子。自我认识是串起各种生涯角色的那条绳子。如果一个人对自己没有清晰的认识，那他的人生将是随波逐流的，或者是漫无目的、杂乱无章的。这种人生状态会使个体逐渐丧失意义感和价值感，损害主观幸福感，甚至会导致严重的焦虑、抑郁等心理健康问题。因此，当我们要做生涯规划的时候，首要任务就是澄清自己的需求和条件，比如，我的梦想和兴趣是什么？我希望将来成为什么样的人？我当前迫切的需要是什么？我的能力如何？等等。只有对有关"我"的这个问题做出了深入的探索和认识，再探索外部世界，诸如了解社会中的各种职业、就业市场供需状况、社会发展趋势等才是有意义的，也才有助于我们获得健康幸福的人生。

正如美国库克大学前校长黄天中在《生涯规划：理论与实践》中所总结的："当我们试图为自己规划出一条人生坦途时，最基本也是最重要的便是从事自我整理、自我澄清等了解自己的工作，凭借对自己能力（智力与性向）、价值观、人格（个性）、兴趣及生涯成熟度等的了解，我们才能寻找或开发适合自己的职业、工作、职位及生活形态，以享受生命的成就与尊严，并对整个社会有所贡献。"（黄天中，2007）[38]

二、自我探索的时代意义

自我探索之于生涯规划的重要性，与当今时代和社会的进步是分不开的。就拿我们国家来说，自改革开放以来，经济蓬勃发展，人们的生活水平有了很大的提高，当今的中国社会已经不是过去那个物质短缺的社会，80后、90后，乃至00后们的精神世界和内心需求与他们的父辈有了巨大的差异。正如习近平总书记在十九大报告中所提出的，我国社会的主要矛盾已经不是"人民日益增长的物质文化需要同落后的社会生产之间的矛盾"，而是转化为今天的"人民日益增长的美好生活需要和不平衡不充分的发展之间的矛盾"。与物质文化需要相比，人民美好生活需要的内容更广泛、更多元。它不仅包括物质需要这些"硬需要"，还包括在此基础上衍生的获得感、幸福感、安全感和尊严、权利等具有主观色彩的"软需要"。生于00后的中学生们，绝大多数没有物质匮乏的人生体验，成长于"硬需要"得到充分满足的生活环境中，他们在规划职业生涯时不会像父辈一样将"找一份有保障的、稳定的工作"看得那么重要，而是渴望"追逐梦想"、寻求"自我实现"，来满足较高层次的需求。他们学习和升学的目标不会仅仅停留在改变生存状况，而是希望展现自己的优势，实现自己的梦想，或者为社会做出贡献，过有尊严、有价值的生活。实现这些目标的关键，在于个体是不是清楚地了解自己的需求、能力、愿望、价值观等。正因为如此，我们要通过各种教育实践活动尤其是体验式的活动，来引领学生探索自我、澄清自我、管理自我、完善自我。

三、自我探索是心理成长的必然经历

（一）埃里克森关于心理发展的八阶段理论

美国著名心理学家埃里克森提出人一生的心理发展可分为八个阶段，个体在每个阶段都会面临一个关键的发展需求，由于这些发展需求必须在人与环境的互动过程中得以满足，因此被称为"心理社会冲突"。这些"心理社会冲突"解决的程度与人们如何认识自己和评价自己有很密切的关系。（见表3-1）如果每个阶段的发展需求都得到满足，那么个体会顺利发展到下一个生命阶段，反之发展就会停滞或倒退。

在这八个人生阶段中，第五个阶段是青春期。埃里克森认为，青少年所面临的发展需求是建立"自我同一性"。他认为自我同一性的建立源于个体脱离父母时所做的努力，个体要摆脱对父母的依赖，自己决定持什么样的价值观、追求什么样的生活目标，是一个人成为有创造力的、幸福的成年人的关键一步。自我同一性的建构包括明确你是谁，你的价值和你选择的未来生活方向。为了建立自我同一性，青少年需要通过各种途径（比如内省和角色尝试）对自己的兴趣、性格、价值观进行探索，并对过去和现在的自己进行整合。建立了自我同一性的个体具有稳定的、一致的自我，而无法建立自我同一性的个体对自我的认识和感受缺乏稳定性和一致性，因而会面临角色的混乱。埃里克森还创造性地提出了"同一性危机"这个概念，用来说明现代文明社会中所存在的价值观和社会准则的多元化，以及家庭对孩子生活的支配和扭曲等情况，很容易让青少年产生迷茫和选择的冲突，很多青少年在试图建立自我同一性的过程中经历过混乱、冲突、挣扎和痛苦。

表3-1　埃里克森的心理发展八阶段

生命阶段	心理社会冲突	特征
婴儿期（0—1岁）	信任vs. 不信任	当婴儿受到温暖、持续的照顾时，就能建立起信任感；缺乏照料或照顾不够则会产生不信任感
童年早期（1—3岁）	自主性vs. 羞怯和怀疑	当鼓励儿童探索自我和环境时，自主感得以发展。当儿童的探索受到抑制时，则会产生羞怯感和怀疑
童年中期（3—5岁）	主动性vs. 内疚感	当鼓励儿童进行各种各样的尝试时，他们的主动性就得到了促进。如果父母嘲笑孩子或过度批评他们，就会使他们产生内疚感
童年晚期（6—12岁）	勤奋vs. 自卑	当儿童受到表扬时，他们就会获得勤奋感。当他们所做的努力被认为是不充分的或差劲的时，他们会产生自卑感
青春期（12—18岁）	自我同一性vs. 角色混乱	处于这个阶段的个体要面临的一个关键问题是"我是谁"，拥有可靠和整合的特性的个体被认为是达到自我同一性的；无法建立稳定和统一特性的个体会面临角色混乱
成人早期（18—40岁）	亲密vs. 孤独	处于这个时期的个体所面临的关键问题是建立一种承诺的亲密的人际关系。这个过程出现失败将导致孤独

续表

生命阶段	心理社会冲突	特征
成人中期 （40—65岁）	生殖vs.停滞	个体是社会中能够进行生产的成员，为社会做出贡献，为未来创造人口。这可以通过工作、志愿努力和抚养孩子来实现。与之相反是停滞，它的特征是个体过度关心自己的幸福或认为生活是无意义的
成人后期 （65岁以后）	完整vs.绝望	完整是指当个体回头看自己所经历的生活时会有满足感。这使他们能够有尊严地面对死亡。如果遗憾成为主导，那么个体会感到绝望

（二）建立自我同一性是自我探索的关键

尽管在埃里克森的理论中，建立自我同一性的需求是青春期的关键特征，然而事实上，建立自我同一性的需求在人生的各个阶段都是存在的，只是在青春期，这种需求表现得最为强烈。如果无法成功地建立自我同一性，那么个体就会感觉到角色混乱，自我出现分裂，人生失去方向感和独特性。这时，青少年会出现各种心理问题和行为问题。个体早期几个生命阶段的顺利发展会为自我同一性的建立打下良好的基础，但是青春期是自我同一性建立的关键期。一般而言，直到青少年晚期和成年期，自我同一性才逐步形成。在当代复杂而多元的社会条件下，青少年需要经历自我探索的过程，包括重新审视童年期主要在父母的引导下形成的自我概念，将之与在青少年期日渐增多的同伴互动中形成的新特性、能力和志向相结合，再整合成一个稳定的、一致的自我，才能形成稳定的自我同一性，同时也才能获得身体、心理和人际关系方面的幸福感。

由于自我探索程度的不同，青少年会呈现出不同的自我同一性发展状态。詹姆斯·玛西亚采用临床访谈研究，依据埃里克森理论中关于青少年自我探索行为的两个主要指标：探索（exploration）和付诸行动（commitment），对青少年的同一性发展过程做出评价，并将同一性划分为四种状态（见表3-2）：同一性获得（identity achievement）、同一性延缓（identity moratorium）、同一性早闭（identity foreclosure）、同一性扩散（identity diffusion）。（谢弗，2012）

表3-2 青少年的四种同一性状态

同一性状态	描述	举例
同一性获得	同一性获得是指经过一番积极的探索并做出选择，形成了明确的价值观和人生目标，并且会付诸行动去践行价值观，努力实现目标。处于同一性获得状态的人心理健康，行为前后一致，知道自己的前进目标	老师问陈璐："你是一个女孩子，选择编剧这个专业，将来是不是不够稳定啊，很难在事业单位找到工作吧？"陈璐回答说："确实不容易找到稳定的工作，不过我真的特别喜欢创作，而且我的优势是思维缜密又不缺乏创意，我觉得这个专业能让我的潜能充分发挥出来。这就是我想要的生活。"
同一性延缓	同一性延缓的意思是"延迟或原地踏步"。处于这一状态的人还没有决定要付诸行动。他们仍在积极探索和积累知识，参加各种活动，尝试各种角色，不断反思并修正想法，希望找到引导其生活的价值观和目标	同学问："你高中毕业后上大学要选什么专业？"王旭回答说："这个问题我想了很久，我最喜欢的专业是历史，不过这个专业可能不容易找工作，收入也比较有限，我还要再考虑考虑。"
同一性早闭	同一性早闭者没有经过反复探索就接受了权威人物（父母、教师或恋人等）替他们选择的价值观和人生目标，并付诸行动	当被问到是否重新考虑一下自己选的高考志愿时，张聪说："不用了，我们家是金融世家，我的家人都希望我将来进入金融行业工作。"
同一性扩散	同一性扩散者还没有思考如何解决同一性问题，没有计划将来的生活方向，没有目标，也没有形成清晰的价值观，同时他们也没有像同一性延缓者那样通过对自我和环境的积极探索来澄清自己的目标与价值观	有人问张晶晶："你为什么要考研？"她想了想说："我也不知道，我还不想工作，不考研就得去工作。考上了再说吧。"

　　自我同一性的形成是一个漫长而曲折的过程，有多种途径。大多数人是从同一性扩散或同一性早闭发展到同一性延缓状态，再走向同一性获得状态，也有少数人从同一性获得或同一性延缓状态回到同一性扩散状态。青少年在不同领域的同一性状态很可能是不同的，这些领域包含职业、性别角色、人际关系、意识形态等。有的人在职业领域可能很早就明确了自己的目标和理想，处于同一性获得状态，可是在性别角色领域可能还完全没有考虑过自己的需求和

追求的目标，仍处于同一性扩散状态。

处于同一性早闭或同一性扩散的人在生涯发展过程中往往表现出适应困难。同一性早闭的人往往与家庭的关系太过紧密，害怕遭到具有控制欲望的父母的拒绝，因此他们未经探索、尝试和深思熟虑，就把父母或他人的价值观和信念内化，他们的思维方式教条化，缺乏灵活性。他们一旦离开父母或生活环境发生较大的改变，就很有可能进入同一性扩散或同一性延缓状态。

长期处于同一性扩散状态的人是痛苦的。他们不知道自己应该何去何从，也不愿意通过积极的探索和尝试来确定人生方向，任由自己无目的地漂泊。他们回避谈论个人的决定和个人问题，相信运气和命运，做出的反应常受到当前情境压力的影响。他们在时间管理、学业领域、职业选择和发展，以及建立亲密关系方面遭遇种种困难，最终变得情绪压抑和缺乏自信，对未来充满了无助感。他们中的一部分人可能会卷入违法犯罪活动，与社会脱轨。

综上所述，在价值和选择多元化的现代文明社会，自我探索是一个人心理成长不可或缺的经历，没有经过一番自我探索的历程，一个人是无法建立成熟的自我同一性的。青春期的学生，恰逢身心巨变的发育高峰期，同时面临升学或就业的人生抉择，他们处于自我同一性建立的关键期，这也是自我探索的关键期。本章第二节将详细阐述如何进行有效的自我探索。

第二节 如何进行自我探索

情境导入

高考志愿填报的困惑

一位负责高校招生咨询的老师说："在每年高考志愿填报咨询的过程中，学生们问得最多的就是专业。学什么专业好？什么专业毕业后能找到好工作？

哪些专业毕业后能获得优厚的薪资待遇？他们渴望从我这里得到一个可以承诺未来的答案，而当我问他们对什么专业有浓厚兴趣的时候，他们却常常一脸茫然。"

在面临生涯决策时，很多学生是从询问上面的这些问题开始的。然而，专业和职业的种类林林总总，尤其是在我们所处的这个科技飞速变化、生活日新月异的时代，每天都不断有新的职业产生，同时行业的沉浮更替也很快。今天报酬丰厚的行业十年后也许就已是无人问津，"变化"也许才是唯一不变的真理。淹没在这些庞杂而充满不确定性的职业和专业信息中，常常让面临生涯决策的人们感到无所适从和难以抉择。

然而，如果你对自己足够了解，知道自己喜欢什么，不喜欢什么，知道自己适合做什么，知道哪些东西对自己是重要的，就能缩小你所需要的职业和专业信息的范围，从而避免把时间和精力浪费在那些对你而言不重要，或是与你的兴趣能力不符的职业上。事实上，多数未能谋得自己理想工作，未能实现自己理想生活的人之所以失败，不是因为他们缺乏对专业、职业和人才市场的了解，而是他们根本不了解自己。

"我是谁"的问题是贯穿我们一生的重要问题，对自己做真实的评估也可能是我们一生中最难的事情。即使我们不做生涯决策，最终也必须对这个问题的答案负责。

在生涯规划和生涯决策中，最为核心的自我知识包括：兴趣、价值观、性格和能力。兴趣表明我喜欢做什么。价值观表明我看重什么。性格表明我适合做什么。能力则表明我能做什么。生涯规划中的自我探索主要包括：兴趣探索、价值观探索、性格探索和能力探索（见图3-1）。下面我们将逐一讨论该如何对自我的这些方面进行探索。

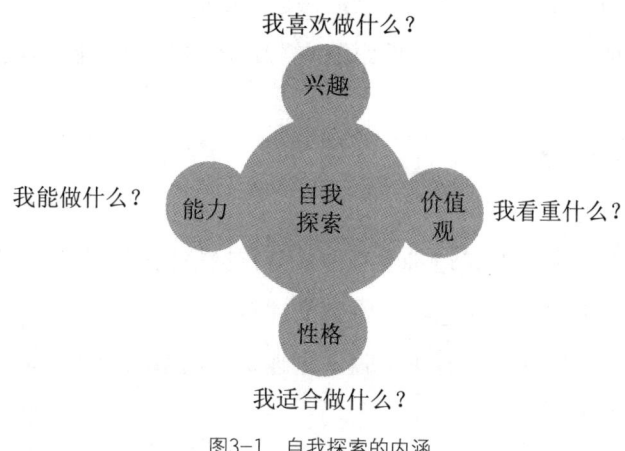

图3-1 自我探索的内涵

一、兴趣探索

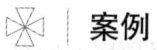 **案例**

职业畅想的迷思

某中学高二年级的生涯教育课上，老师引导学生们规划自己未来的职业。林军站起来说："我从小就特别喜欢踢足球，未来我想当一名职业足球运动员，希望有一天能带领国家队打入世界杯决赛。"同学中有人为他鼓掌，也有人露出不可置信的神情。晓露分享说："我最大的兴趣是旅行。我每年寒暑假都会和我父母一起出去旅行。所以我未来想做一名导游，高考的时候我准备报考与导游相关的专业。这样，我以后在工作的同时就能顺便旅行了，一举两得。"她话音刚落，就有同学附议道："我也喜欢旅行，我也准备做导游！"

思考：

（1）如果你是他们的老师，你会建议他们把自己的这些兴趣作为未来的职业方向吗？为什么？

（2）你认为什么样的兴趣可以考虑作为职业方向？

（3）如果有些学生还不确定自己的兴趣，该如何引导？

请先试着回答上述问题，然后跟随本书，运用有关兴趣的概念和理论进一步厘清你的想法。

（一）什么是兴趣

1. 兴趣的概述

兴趣是指人力求认识和趋向某事物并与积极情绪相联系的心理倾向。当个人对某事物有兴趣时，会对它产生特别的注意力，对该事物感知敏锐、记忆牢固、思维活跃、情感深厚、意志坚强。兴趣是人们活动的重要动力之一，是活动成功的重要条件。

兴趣具有动力性和情感性的特征。兴趣总是指向特定的话题、任务或活动，是建立在真实目标的基础上的，这是其动力性的体现。兴趣也表现为一种积极的情绪状态，人对有兴趣的东西会表现出极大的积极性，并产生肯定的情绪体验，例如集中注意力，充满好奇心、愉悦感。

在生涯规划中，还有一个常用的概念就是职业兴趣，职业兴趣是指人们对某种职业活动具有的比较稳定而持久的心理倾向。它是一个人探究某种职业或从事某种职业活动所表现出来的特殊个性倾向，它使个人对某种职业给予优先的注意，并具有向往的情感。职业兴趣是人们进行生涯规划的重要指针之一。

2. 影响兴趣的因素

个体的兴趣发展会受到很多因素的影响，概括说来，主要包括以下因素。

（1）活动或任务的特征

活动或任务的新奇性、流畅性、复杂性、挑战性等特征都会激发个体的兴趣。例如，在阅读活动中，描写生动、人物鲜明、充满悬念、情节跌宕起伏、结构完整连贯的文本更容易激发个体的阅读兴趣。同时，生动新奇的插图也会增加注意和唤起，提高个体的阅读兴趣。

（2）个体因素

个体的技能与活动难度的匹配是激发和维持个体兴趣的重要因素。心理学家米哈里·契克森米哈赖（Mihaly Csikszentmihalyi ）的心流理论（Flow

Theory）提出，当高技能的个体将精力完全投入难度与技能相匹配的活动中时，常常会体验到一种被称为"心流"的心理体验（契克森米哈赖，2009）[32-33]。这是一种人们全情投入时所获得的贯穿全身的感觉，是一个人完全沉浸在某种活动当中，无视其他事物存在的状态，也就是人们常说的喜欢和投入某种事物到废寝忘食的状态。

个体对于活动或任务价值的理解也影响个体兴趣的维持，并在情境兴趣向个体兴趣的转化中起到重要作用。由于个体参与活动的初始兴趣在情境刺激下很容易被激发，随着对活动任务价值的理解，个体会持续要求参与活动，这就起到了维持情境兴趣的作用。如果情境刺激能得以维持，个体就能继续参与活动并理解其价值，个体兴趣就会发展出来，即产生了个人兴趣。因此，理解学习材料的实用性（任务价值）、认识到材料与个人生活有关，能够帮助个体维持其学习兴趣。

（3）环境支持

美国心理学家德西和瑞恩（Deci & Ryan）提出的自我决定理论认为，活动过程中给予个体自主、胜任和归属感的支持能够促进个体提升该活动的内部动机。（Deci et al., 2000）[233-235]

首先，活动中给予个体的自主性会影响个体的兴趣维持。自主性本身就是兴趣的一项基本特征。已有研究发现，当给予个体选择机会时，个体对活动会感兴趣、更投入、有更高的坚持性，并有更多的愉悦感受。对于人们感兴趣的、自发性的活动提供外部奖励，反而会减少活动参与者的积极性。德西认为，当人们对某项活动感兴趣时，会遵从自己的兴趣，自然自发地参与这些活动。对这些活动提供外部的奖励、威胁、监视、评价或最后期限，都会让人们感到自己的行为是受控的，从而改变对自己行为的归因，并发展出外部动机，从而削弱对该活动的兴趣。

活动过程中的反馈会影响个体在活动中的胜任感，从而影响个体的兴趣。大量的关于反馈的研究发现，与无反馈相比，积极而清晰的反馈能够增强个体对某项活动的兴趣，消极反馈则会削弱个体的兴趣。除了积极反馈以外，其他能够帮助提升个体胜任感的条件，例如榜样、帮助提升技能、成功体验等都有助于兴趣的维持。

对个体活动过程中的归属感的支持也会影响个体的兴趣。当人们处于安全的、接纳的关系情境中时，更容易对该活动产生兴趣。例如，当学生感到老师温和地关怀，往往会更喜欢该老师的课，即所谓"亲其师，信其道"。

✦ 体验练习

兴趣探索

请拿出一张白纸，可以放点让你感觉放松的轻音乐，想一想：你喜欢做的事情有哪些？做哪些事情的时候，你会乐此不疲？你有一直向往却没有实现的事情吗？把它们一一写在纸上，请尽可能地写10—20件这样的事情。

（二）兴趣与生涯规划

1. 兴趣与职业

兴趣是最好的老师。兴趣可以使人集中精力去获取相关的专业和职业知识，去专注地、创造性地完成一项活动，而且不需要付出太多的意志努力。当一个人对某种专业或职业有浓厚的兴趣时，他就能发挥自身的积极性，积极地学习相关知识，搜集和整合相关的各种信息，积极思考，大胆探索，并增强克服困难的意志。在这些学习和工作的过程中，常常伴随愉悦感和成就感等积极的情绪体验。诺贝尔奖获得者丁肇中先生曾说过："任何科学研究，最重要的是要看对自己所从事的工作有没有兴趣，换句话说，也就是有没有事业心，这不能有丝毫的强迫……比如搞物理实验，因为我有兴趣，我可以两天两夜，甚至三天三夜待在实验室里，守在仪器旁。我急切地希望发现我所要探索的东西。"

相反，如果一个人对自己的职业完全不感兴趣，则很难调动起积极性，也就不可能出色地完成任务，并且完成任务的过程中常常会伴随很多消极情绪，比如厌烦、沮丧等。工作对于他而言不是一件快乐的事情。如果按照一天工作8小时计算，除去睡觉、吃饭的时间，人有一半以上的时间在工作。如果工作不能给你带来幸福感，那怎么能期望拥有一个幸福的人生呢？事实上，工作质量的高低决定了生活质量的高低。工作对于人生的意义绝不在于衣食住行，它更是我们实现理想的途径，是使我们生活幸福的重要前提。

兴趣根据其稳定性、来源和发展水平的不同可以划分为不同种类。在指导学生进行生涯规划时，我们需要帮助学生对自己的兴趣加以澄清和探索，因为不同种类的兴趣与生涯决策的关联程度是不一样的。学生在以兴趣决定生涯目标时，往往容易盲目和冲动，缺少必要的探索。下面，我们就兴趣的不同类别一一加以阐述。

2. 情境兴趣与个体兴趣

兴趣可以根据其稳定性和持久性划分为两类：情境兴趣和个体兴趣。（何旭明，2010）

情境兴趣是指活动或任务的特征对个体产生吸引力，进而激发个体产生一种即时性的、趋向于该活动或任务的、积极的心理状态。

个体兴趣是指随着时间的迁移而不断发展的、相对稳定持久且与某一特定主题或领域有关的动机取向、个人倾向、个人偏好。

情境兴趣与个体兴趣都会提升个体的注意力、认知力、持久性，二者都具有情感的成分，并且都是指向环境中的特定内容的。但是二者在稳定性、持久性、情感反应等方面有所不同。个体兴趣发展缓慢，但较为持久，伴随着相关知识的积累以及价值的认同。情境兴趣是在即时情境下被激发，对个体的知识和价值观的影响可能并不持久。另外，在一些情境下，情境兴趣可能还会包含一些消极情绪。例如，蛇这种动物可能会让人们体验到消极情绪，但仍然会让一些人觉得有趣。

个体兴趣与情境兴趣之间也存在着相互作用。针对某个领域的稳定的个人兴趣能够帮助个体应对一些与兴趣相关但枯燥的事情，而个体兴趣最初可能也是由情境兴趣激发的，并由情境兴趣最终发展成为个体兴趣。

在生涯规划时，要区分自己的兴趣是稳定的个体兴趣，还是一时的情境兴趣。

3. 职业兴趣与消费兴趣

当中学生面临生涯选择的时候，常常存在各种各样的困惑：我的兴趣非常广泛，选择如此之多，以致无所适从；我的兴趣非常模糊，以致无法把握自己的真实感受。兴趣有很多种，有的是业余爱好，有的是职业兴趣。在面临生涯选择时，要对职业兴趣和消费兴趣加以区分。

消费兴趣是从产品或服务中获得享受，职业兴趣则是从过程中获得乐趣，并具有在市场上兑换价值的潜在可能性。画家能够在创作的过程中享受创造的乐趣和激情，这与我们欣赏画作的愉悦感是不同的。欣赏画作是一种消费兴趣，可以通过参加画展或购买画作来实现。

消费兴趣不一定能够转化为职业兴趣。例如，我们喜欢阅读，并不意味着我们喜欢从事出版业，作为读者的阅读和作为编辑的阅读是两种不同的概念。同样，我们喜欢吃巧克力，并不意味着我们喜欢从事巧克力的制作工作；我们喜欢看电影，也并不意味着我们一定要从事电影拍摄或电影发行工作。

4. 兴趣的发展与职业

兴趣的发展一般会经历有趣、乐趣、志趣三个阶段。（燕国材，1991）（见图3-2）

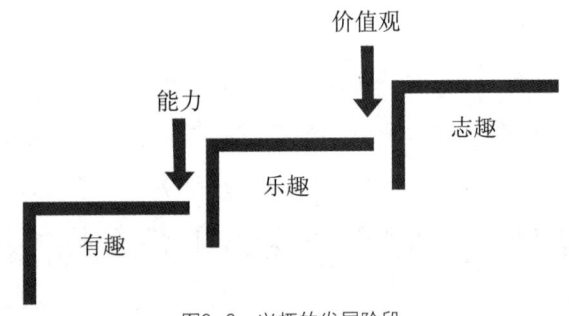

图3-2　兴趣的发展阶段

有趣是兴趣发展的第一阶段，往往短暂易逝，非常不稳定。处于这一阶段的兴趣常常与人们对某一事物的新奇感相联系。

乐趣是兴趣发展的第二阶段。在这一阶段中，人们的兴趣变得专一深入起来。美国心理学家德西和瑞恩（Deci et al., 1985）[235]提出，在活动过程中获得的胜任感是人们在活动中感受到乐趣的重要条件之一。因此，要从有趣发展到乐趣，必须发展出相应的能力。

志趣是兴趣发展的第三个阶段，当乐趣同社会责任感、理想、人生价值、奋斗目标结合起来时，乐趣就变成了志趣。因此，要从乐趣发展到志趣，需要有匹配的价值观。当兴趣发展到志趣的阶段，常常会与个人的生涯选择建立密切的联系。

 体验练习

兴趣探索

在上一个体验练习中，请你写下了一些你感兴趣的事情。现在，请根据本节中对兴趣的分类，对你的这些兴趣加以区分：这些兴趣中，哪些是个体兴趣，哪些是情境兴趣？哪些是职业兴趣，哪些是消费兴趣？它们都处于兴趣的哪个发展阶段呢？

 案例解析

职业畅想的迷思

在教学案例中，高二的学生林军设想的未来职业是职业足球运动员，晓露因为喜欢旅行希望将来能成为一名导游。我们需要和学生一起分析他们的兴趣。从兴趣的几个发展阶段，我们知道兴趣要发展到志趣的阶段，需要发展出相应的能力和价值观。林军作为一名高二学生，他的足球方面的技能和身体素质是否符合一名职业足球运动员的要求？如果不能，那么把职业足球运动员作为未来的职业可能就有些不切实际。对晓露而言，旅行是一种消费兴趣，而导游是一种职业兴趣，二者之间有着很大的差别。消费兴趣不一定能够转化成职业兴趣。可以建议晓露对导游这一职业进行探索和尝试，并拓展自己的职业探索范围，在探索中逐步明确自己的职业兴趣。

（三）兴趣探索的途径

1. 内省

学生还不清楚自己的职业兴趣，那么指导学生对自己的职业兴趣进行探索就很有必要了。内省是最为重要的一种探索方式，因为在这个世界上，没有人比自己更清楚自己的梦想、体验和感受。下面的一些探索活动可以帮助学生探索自己的兴趣。

◎回忆

回忆过去的经历能够帮助人们判断自己的兴趣，增进自我觉察。下面我们通过一个练习进行体验。

体验练习

从回忆中发现兴趣

请拿出一张白纸，根据以下问题回忆你的经历，把答案写在纸上。

（1）教育：在上过的所有课程中，你最喜欢（或最讨厌）的课程是什么？为什么？你最喜欢的老师是谁？为什么？你担任过哪些职务？你喜欢哪些职务？不喜欢哪些职务？为什么？

（2）业余和休闲活动：列出你参加过的社团、你的爱好、娱乐活动和健身运动。在这些活动中，你最喜欢的活动是什么？你感到最满意、最自豪的是什么？这些活动跟某种职业有关吗？

（3）父母和其他重要他人：你父母从事过哪些职业？你对他们的职业感兴趣吗？为什么？

（4）童年兴趣：小时候你梦想成为什么样的人？那时你最主要的兴趣是什么？为什么？你对哪些仍然有兴趣？为什么？

（5）职业：你有哪些曾经感兴趣的职业？无论这些职业看起来多么的离奇和荒唐，想一想，这些职业的哪些方面吸引着你？

（6）特别的经历：回忆几件让你感到特别快乐的经历，这些经历的哪些地方让你感到如此快乐？你有没有因为全神贯注做某件事情而忘却了时间？是什么事情让你如此专注？

◎愿望

兴趣反映了人们趋向于某种事物的心理品质，因此我们内心深处的愿望能够折射出我们的兴趣。

 体验练习

从愿望中发现兴趣

写下你希望自己常常从事的活动、你理想的职业、你的梦想。练习时你可以闭上眼睛，让自己的思绪自由徜徉。如果可能，请尽力在纸上写出15件、20件或25件事情。

（1）你希望自己常常从事的活动有哪些？有哪些你一直希望从事但还未做过的活动？对于每一项活动，问自己"它与职业或工作是否有关"。

（2）你最想从事的职业有哪些？这些工作的哪些特征吸引着你？

（3）你理想的工作是什么样的？具有什么样的特征？

（4）你最近的梦想是什么？有与职业有关的内容吗？

2.幻游

除了内省以外，幻游也是探索职业兴趣的一种有效途径。通过生涯幻游，让人们在身心放松的状态下，运用想象力和创造型思维，遐想自己理想的工作是什么样子的。例如：理想的工作是什么样的工作性质？你乐于在工作中使用或发展出什么样的技能？希望有怎样的工作环境？与什么样的人在一起工作？在做生涯幻游练习时，可以先不考虑现实问题，不去想难题和障碍。通过这样的幻游练习，老师可以帮助学生找到他的兴趣点。

使用幻游的探索方式，能够调动我们负责直觉思维的右脑，绕过负责理性思维的左脑，让我们内心深处对于未来生涯的直觉期待浮现出来。

✳ **教学案例**

生涯幻游

老师引导学生进入生涯幻游，指导语必须读得缓慢而温柔，在提问的地方要有停顿。

"请大家找一个你坐着最舒服的姿势，闭上你的眼睛，全身放松。我们一起来做几个深呼吸，吸气……呼气……吸气……呼气……想象一下，现在是十年后的某一天，这是一个清晨，你站在自己的房子里，正在考虑要穿什么衣服去上班。窗外阳光很好。你最后决定穿什么衣服？想象一下你正站在镜子前装扮自己，让自己穿着得体。现在，你准备去上班。你是在家里工作吗？如果不是，你的工作单位是在哪里？你如何去到那里？现在你正走进你工作的地方。停下来想象一下这个地方：它看起来怎么样？那儿有些什么人？他们在做什么？现在，你开始工作了，你做了哪些事情？你是跟别人一起工作吗？你跟他们交谈吗？现在，该吃午饭了。你在哪儿吃午饭？跟谁一起？你们都谈论些什么？现在吃完午饭，你接着回到工作中来，完成这一天的任务。下午你都做了哪些工作？和上午的工作有什么不同吗？你离开单位前做的最后一项工作是什么？一天的工作结束了，这一天你感到满意还是沮丧？为什么？现在，如果你准备好了，请睁开眼睛，静静地坐一会儿。"

接下来，让学生回想他的幻想，在纸上写下在幻游过程中所联想到的任何职业角色。（Morgan et al., 1977）

3.霍兰德兴趣类型探索活动

霍兰德的生涯理论将人格特质分为六种类型：现实型、研究型、艺术型、社会型、管理型和传统型，同时将职业环境也对应地划分为这六种类型，认为人们都尽量寻找那些能运用自己的技术、体现自己的价值、能在其中扮演令自己愉快的角色的职业。例如，一个现实型的人会尽力去寻找现实型的职业，这样的倾向反映了一个人的职业兴趣。下面的教学案例就是运用霍兰德的生涯理论来探索职业兴趣。

✠ 教学案例

<hr>

六个岛

（1）创设情境：假如你需要去一个小岛待一年的时间，可供选择的岛屿有六座。仅凭自己的兴趣按一、二、三的顺序挑选你最想前往的岛屿体验"生涯度假计划"。

代表艺术型职业环境的A岛：美丽浪漫的岛屿，有很多美术馆、音乐厅、街头雕塑和街边艺人，弥漫着浓厚的艺术文化气息。居民保留了传统的舞蹈、音乐与绘画，许多文艺界的朋友都喜欢来这里寻找灵感。

代表传统型职业环境的C岛：现代有序的岛屿，岛上建筑十分现代化。居民个性冷静保守，处事有条不紊，善于组织规划，细心高效。

代表管理型职业环境的E岛：显赫富足的岛屿，岛上经济繁荣，处处可见高级饭店、俱乐部、高尔夫球场。岛上居民善于经营和贸易，来往者多是企业家、经理人、政治家、律师等。

代表研究型职业环境的I岛：深思研究的岛屿，岛上有多处博物馆、科技馆、图书馆等。岛上居民喜欢学习、研究，常有机会与来自各地的科学家、哲学家、心理学家交换心得。

代表现实型职业环境的R岛：充满自然气息和民族特色的岛屿，岛上生态保护得很好。岛上居民以手工见长，自己种植果蔬、修缮房屋、制造工具、制作手工艺品，喜欢户外活动。

代表社会型职业环境的S岛：温暖友善的岛屿，岛上居民个性温和，待人友善，互助合作，重视教育，充满人文气息。

（2）组织学生讨论选择岛屿的理由。

（3）引导学生在充分澄清自己的兴趣的基础上，找到自己的霍兰德职业兴趣代码，了解自己的职业兴趣。

在组织学生进行这样的探索活动时，有几点容易出现的问题需要注意。

（1）在解释结果时要以学生选择岛屿的原因为依据，不能只根据选择岛屿的结果一概而论。例如，有的学生选择艺术岛，并不是因为自己喜欢艺术，而是因为在这里可以兜售自己的产品或服务（如律师），没有同业竞争。

（2）注意区分消费兴趣与职业兴趣。学生的选择可能反映的是他的消费兴趣，而非职业兴趣。一个人喜欢去美术馆、音乐厅并不意味着他也喜欢美术和音乐的创作。要注意帮助学生在讨论中澄清自己对岛屿的选择是出于职业兴趣还是消费兴趣。另外，在情境创设时，如果设计的岛上逗留时间很短，可能会激发学生更多的消费兴趣。

4. 量表

如果学生完全不清楚自己喜欢什么样的职业，那么一些评估职业兴趣的心理量表能够提供一些建议供参考。比较知名的兴趣量表有：《职业适应性测验》、《斯特朗职业兴趣量表》（*Strong Vocational Interest Blank*，SVIB）、《库德职业兴趣问卷》（*Kuder Occupational Interest Surrey*，KOIS）等（详见第五章）。

（四）兴趣培养

1. 培养广泛兴趣

在中小学阶段，要让学生意识到自身的优势和兴趣是一个范围、范畴，而不是一个具体的点，要学会培养广泛的兴趣，在可能的范围内尝试不同的兴趣。通过自己的亲身实践体验，加深对兴趣的理解。但是也要注意不要过于分散自己的精力。在中心兴趣的基础上培养广泛兴趣。

2. 将兴趣发展成特长

如果仅仅只是对某种事物感兴趣，但并不擅长，那么这样的兴趣还不足以作为生涯选择的重要依据。从兴趣的发展阶段来看，停留在有趣阶段的兴趣是很不稳定的。只有在持续的投入中不断提高自己的能力，将兴趣发展成为自己的特长，这样的兴趣对生涯选择才是有意义的。

3. 将兴趣发展成为职业兴趣

要让学生意识到，与生涯发展关系更直接、更紧密的是职业兴趣。要在自己的兴趣的基础上探索可能的职业前景。这就要求学生要多接触社会，积极参加社会实践，将自己的职业兴趣培养付诸实践，在实践中发现自己的兴趣、检验自己的兴趣，将自己的兴趣发展成为真正的职业兴趣。

4. 坚持自己的兴趣

在面临生涯选择时，学生容易受到家长期望和社会风气的影响，倾向于选择所谓的有"钱途"的专业。现在的时代瞬息万变，行业的发展变化非常快，一个行业的兴盛到衰落常常不过一二十年甚至数年的时间。没有永恒的"热门专业""好就业专业"。也许刚上大学的时候是热门专业，谁能保证在毕业的时候还是热门专业呢？就算毕业的时候是热门专业，谁能保证工作几年后还是热门专业呢？只有坚持自己内心的志趣，才能在瞬息万变的社会中"以不变应万变"。

二、价值观探索

（一）什么是价值观

1. 价值观概述

价值观是人们关于事物重要性的观念，是依据客体对于主体的重要性对客体进行价值评判和选择的标准。人们对价值观的理解和定义并不完全统一。西方心理学家克拉克洪（Kluckhohn）在20世纪50年代从操作层面对价值观的各种定义进行了整合，把价值观定义为："一种外显或内隐的，有关什么是'值得的'的看法，它是个人或群体的特征，影响人们对行为方式、手段和目标的选择。"（张敏 等，2012）这一定义的影响较为深远。

价值观具有以下特征：（1）价值观是一种信念。（2）价值观是人们追求的目标，由此引发相应的行为。（3）价值观是超越具体行为和情境的。（4）价值观是一种标准，指导人们选择对行为、事件进行评估。（5）价值观系统是按照价值观的相对重要性进行顺序排列的。个体的价值取向排列顺序存在差异，每个人的价值观都具有自身的独特性。（6）权重不同的多种价值观共同引导人的行为。（张敏 等，2012）

20世纪70年代，罗克奇（Rokeach）将价值观分为终极价值观和工具价值观两个层面。终极价值观是指人们关于最终想要达到的目标的信念，如舒适的生活、成就感、世界和平、世界美丽、幸福、智慧、内心和谐等。工具价值观是人们关于实现目标的手段的看法，如雄心壮志、心胸开阔、乐观、诚实、助人、坚持信念、有想象力、独立、负责、自律等。（Rokeach，1973）[358-361]

2. 影响价值观的因素

价值观是个体在社会化过程中逐渐形成的，个体的社会化程度、经历、扮演的社会角色等都会影响个体价值观的形成。总体来说，影响价值观的因素可以分为两类：个体因素和环境因素。

个体因素包括：性别、年龄、受教育程度等。价值观的性别差异研究发现，男性更具自我增强的价值观，更重视追求成就、权力；女性更具自我超越的价值观，更重视世界大同、慈善。年龄和受教育程度也会影响个体的价值观。研究发现，随着年龄的不断增长，人们会更倾向于追求安全、遵从、传统等，而较少追求刺激、享乐。而随着教育经验的增加，个体会更倾向于追求开放、刺激，而降低传统、遵从、安全等价值观的重要性。

相对于个体因素而言，人们更加关注影响价值观的环境因素，包括家庭因素、学校因素和社会因素。

影响价值观的家庭因素有很多，包括：家庭结构、家庭经济状况、家庭教育、父母的价值观、父母受教育程度等。青少年的价值观形成是其社会化的一个过程。家庭作为儿童社会化的主要因素，为儿童价值观的发展提供了重要环境。价值观在父母与子女之间的纵向传递为社会价值观的延续提供了基础。父母的言行和价值观念会对青少年的价值观形成产生耳濡目染的影响。

学校的教育和管理活动对青少年的价值观形成也起到了潜移默化的影响作用。学校的办学理念、规章制度、教育内容、校风班风、文化氛围、教师素质、师生关系等都会影响青少年关于什么是重要的、什么是"值得的"的看法。

影响价值观的社会因素很多。首先，社会的变迁和改革会对人们的价值观产生了重要影响。市场经济的快速发展极大地推动了我国经济发展和社会进步，同时也对人们的思想观念和生活方式产生了很大的冲击。市场经济的社会变革为人们的价值观带来了一些积极的影响，也产生了一些消极的影响。积极的影响，如勇于进取、人生理想更贴近现实、追求个人正当利益、追求成就等。消极的影响也不容忽视，如拜金主义、功利化等。其次，是大众传媒的影响。大众传媒包括：电视、网络、电影、通俗期刊和读物（书籍）、报纸、广播、音像制品和各种电子出版物等。在现代社会里，人们通过接触各种传媒获取信息、认识社会、沟通交流，因此大众传媒对人们的价值观有着非常重要而深远的影响。大众传媒通过向个体提供多元价值观选项、引导价值取向、左右价值判断，最终影响甚至代替个体做出价值选择。最后，人际交往活动也是影响价值观的社会因素之一。尤其对于青少年而言，同伴的影响对其社会化起着举足轻重的作用。

（二）价值观与生涯

1. 价值观的引领作用

价值观就是生活的意义所在。哪些东西对你来说是重要的？你想实现什么样的人生价值？价值观为我们的生活提供了方向。没有追求、没有意义、缺少目的与价值的生活将使我们变得消沉和绝望。学会理解自己的价值体系是一个可能需要花费一生时间的过程。

大多数关于价值观的思考主要基于这样的角度：哪些东西对我来说是重要的？我对生活有何索求？除此之外，我们还可以从另一个角度来思考这个问题：经此一生，我想为世界留下什么人都要面临死亡的问题。对于死亡的恐惧是人类文明发展的一种原动力。为世界留下一些痕迹，度过精彩的人生，是人类对自身存在意义的追求，也是生涯规划的源起。问问自己：我想让这世界因为我来过而有哪些不同？在我离开这个世界之前，我会为这个世界奉献什么？问题的答案也就是我们的价值观。弄清楚这些，我们就能成功地探索到一种目标明确而且富有意义的生活。

2. 工作价值观

工作价值观是人们对待工作的信念和态度，或是人们在工作中表现出来的一种价值倾向，它是个人价值观的一部分，也是个人价值观在工作上的体现。

工作价值观通常都是与某种职业紧密相连的，并且工作价值观也可以作为个人和工作之间进行匹配的基础。例如，创造性对你来说是一项重要的工作价值，建筑师、设计师、广告创意等工作就是以创造性为显著特征的，而独立、变化、旅行、被认可和有影响力则被认为是记者这一职业的工作价值。当你认为某项很重要的价值在一项职业里缺失的时候，就会出现职业错位。

舒伯提出15种价值观：智力激发、利他主义、经济报酬、变动性、独立性、声誉、美感、同事关系、安全性、生活方式、监督的关系、工作环境、成就、管理、创造性，并据此编制了《工作价值观量表》（*Work Values Inventory*, WVI），具有广泛的影响（宁维卫，1996）。阴国恩（2000）等人对大学生的工作价值观进行了调查，提出了十种工作价值观：充分发挥能力、收入、自主、创造性、稳定、地位名声、成长为领导者、帮助他人、同他人合作、冒险。

人们必须区分价值观的优先次序，因为一个职业不可能满足人们所有的重要价值观。在生涯决策中，个体的价值观体系，即个体各个重要价值观之间的相容与和谐程度，与个体最看重的价值观同样重要。例如，"高收入"和"稳定"这两种价值观常常不相容。

 **体验练习**

工作价值观探索

步骤一：产生"要素"（职业名称）

（1）选取工作名称：准备9张名片大小的白纸，每张白纸写一个职业名称。请列出3种你最喜欢的工作名称、3种你不喜欢的工作名称以及3种你比较熟悉的工作名称。

（2）填写工作名称：在空白的"生涯方格"上方，由左到右，分别写出3种你喜欢的工作名称、3种你不喜欢的工作名称以及3种你比较熟悉的工作名称。最后一项列出"你所向往的工作"，这仅仅是一个理想工作，不必有名称。

（3）评定工作名称的顺序：看看你写在方格上面的10个工作名称，以你自己的喜好程度，最喜好的写上1，第二喜好的写上2，依次写下去。

步骤二：产生"建构"（生涯想法）

（1）看着方格上方的9个工作名称，从其中任意选出3个来。

（2）仔细想想看，在这3个工作中，是不是有哪两个工作在某一方面是相似的，而且这个特性刚好与第3个工作不同。

（3）把刚刚想到的特性组合，不喜欢的特性写在左边，喜欢的特性写在右边。这些特性越多越好，直到想不出新的为止。

（4）将这3张卡片放回原来的9张当中，随意再抽取3张，然后重复上述步骤。

（5）透过不同的工作名称产生建构，到最后，建构会一再地重复出现，表示出现的建构是自己内心常常出现的想法。当不再有新的想法时，可以开始进行分数评定。

（6）针对这些生涯想法，以5点量表的分数给10个工作打分数（见表3-3），5表示最喜欢，1表示最不喜欢。10个工作当中，最后一个"向往的工作"是个有趣的设计，这个工作不必有具体的名称，却可以反映出自己心目中生涯建构的重要性。（金树人，2007）[112-115]

表3-3 生涯选择方格

你对工作的喜好顺序										
不喜欢的特性	中学教师	公务员	医生	导游	会计师	记者	公司文员	清洁工	自由职业者	向往的工作	喜欢的特性
收入低											收入高
不稳定											稳定
时间不自由											时间自由
……											……

感悟思考

· 在体验了这一活动后，你有什么感悟？

· 你对生涯方格技术在中学生涯教育中的应用有什么想法？

（三）价值观探索的途径

1. 价值观排序

对各种重要的价值进行排序，能够帮助你澄清自己的价值观。

✳ **体验练习**

价值观排序

以下几个主要的方面对人生来说都很重要。问题是，哪一个（哪几个）方面最能吸引你？

（1）思想：人类的思想是否是你最关注的？你是否想给这个世界留下更多的知识、真理和观点？

（2）躯体：人类的躯体是否是你最关注的？你是否希望这个世界因你来过而变得更加完整、完美和健康，让更多的伤口愈合，让更多的人富有活力、衣食富足？如果是这样，关于人类的躯体，你希望能做哪些方面的努力呢？

（3）感官：人类的感官是否是你最关注的？你是否希望这个世界因你来过而变得更加美丽呢？如果是这样，你会沉醉于哪一种美呢？

（4）情感：人类的情感是否是你最关注的？你是否希望这个世界因你来过而充满更多的爱和同情呢？如果是这样，你爱的是谁，同情的是谁？爱的是什么？同情的是什么？

（5）意志或良知：人类的意志或良知是否是你最关注的？你是否希望这个世界因你来过而变得更加高尚、公正和真实呢？如果是这样，具体是在人类生活的哪个领域呢？

（6）精神：人类的精神是否是你最关注的？你是否希望这个世界因你来过

而充满更多的精神、信念、同情、宽容？

（7）幸福：你是否希望这个世界因你来过而充满更多的感恩、互助、笑声和欢乐？如果是这样，你希望为这个世界贡献些什么特别的幸福呢？

（8）财物：你是否希望这个世界因你来过而留给世界更多的财物呢？如果是这样，具体是在哪些方面呢？

（9）地球：你是否一直牵挂我们所居住的星球？当你离开这个世界时，你是否希望这个世界因你来过而多了一份对地球的呵护，多了一份对地球或宇宙的探索而不是利用，多了一份对地球的关注？如果是这样，具体是哪些方面呢？

对上述这些关注方面进行排序，就可以知道你最看重的生命价值是什么了。排在前三位的就是你最想实现的生命意义和目标。（鲍利斯，2010）[160-161]

2. 价值观澄清

如果就一项已知的价值观，你能够对下面的7个问题都回答"是"，那么就可以确定这项价值对你很重要。

（1）我是否对这一价值感到骄傲（或珍视、爱护）？

（2）我是否愿意公开维护这一价值——也就是说，在别人面前公开地为它辩护？

（3）我是否是在考虑了其他的价值之后才选择了这项价值的？

（4）我是否考虑到了表达这项价值的后果？

（5）我是否是自主地选择了这项价值——也就是说，没有其他任何人和其他任何事情把这项价值强加给我？

（6）我是否已经按照这项价值去行动了呢？

（7）我是否依照这项价值前后一贯地行动或者重复某种行为模式？（Lock，2006）[288-289]

上述这7个问题不仅是确定价值观的方法，也是澄清价值观的步骤，分为三个阶段。对第1、2、3个问题的回答是价值观澄清的第一个阶段——选择价值观；对第4、5个问题的回答是价值观澄清的第二个阶段——评估价值观；对第

6、7个问题的回答是价值观澄清的第三个阶段——按价值观行事。

3. 量表测评

常用的价值观测评工具包括舒伯编制的《工作价值观问卷》，由来自北美、亚洲和欧洲的职业心理学家组成的工作重要性研究协会（Work Importance Study）开发的《价值观量表》（*Value Scale*）等（详见第五章）。

三、性格探索

（一）什么是性格

1. 性格的概念

性格（character）一词源于拉丁文"xpaktńp"，意指经由雕刻所留下的印痕，后来用它来表示人被"雕琢"了的特点。"性格"常常容易与"人格"的概念相混淆。人格与性格是相互联系而又略有区别的概念。心理学家在使用人格一词时，一般强调的是个人精神的和心理的各种特征的总体，而性格常侧重于伦理的、价值的方面。奥尔波特（Allport）认为，性格是评价的人格，而人格是降低评价的性格。

在我国的心理学教材中，一般把性格定义为："表现在人对现实的态度和行为方式中的比较稳定的和独特的心理特征的总和。"（高玉祥，2007）[146]

一个人如果在各种场合总是表现出热情诚实、与人为善、遇事坚毅果断、勇于担当，这种对待现实的稳定态度和习惯化了的行为方式所表现出来的心理特征，就是这个人的性格。而那些在一时情境下的行为表现则不能视为性格。例如，一个人处理事情通常很果断，偶尔表现出优柔寡断，那么优柔寡断就不能被看作此人的性格特性，而果断则是他的性格特征。

总之，作为性格的态度和行为方式，是具有一定的跨时间和跨情境的稳定性的。

2. 性格的成分

性格是由多种心理成分交织在一起构成的。通常将性格的结构划分为四种成分：态度特征、意志特征、情绪特征、理智特征。

（1）态度特征。性格的态度特征是一个人对人、对事、对己所采取的一贯性的稳定的态度。根据对象，可分为对待他人和社会的态度的性格特征（热情、同情、助人、诚实、正直、礼貌、冷漠、自私、孤僻、虚伪等）、对待劳动和工作的态度的性格特征（勤劳、尽责、认真、节约、懒惰、粗心、奢靡等）和对待自己的态度的性格特征（如自信、谦虚、自卑、自负等）。

（2）意志特征。性格的意志特征是指自觉调节自己的行为，并与克服困难相联系的心理特征，包括自觉、盲从、独断、坚定、执拗、动摇、果断、优柔、冒失、自制、任性、勇敢、怯懦等。

（3）情绪特征。性格的情绪特征是指一个人在情绪强度方面、情绪稳定性方面、情绪的持久性方面以及主导心情方面所体现的性格特征。在情绪的强度方面，有的人情绪强烈，不易于控制；有的人则情绪微弱，易于控制。在情绪的稳定性方面，有的人情绪波动性大，情绪变化大；有的人则情绪稳定，心平气和。在情绪的持久性方面，有的人情绪持续时间长，对工作学习的影响大；有的人则情绪持续时间短，对工作学习的影响小。在主导心境方面，有的人经常情绪饱满，处于愉快的情绪状态；有的人则经常郁郁寡欢。

（4）理智特征。性格的理智特征是指表现在感觉、知觉、记忆、思维和想象等认知方面的个人特点。在感知方面，有的人能按照一定的目的任务主动地观察，有的人则易受环境刺激的影响；有的人倾向于细节加工，有的人倾向于整体加工。在记忆方面，有主动与被动之分；有善于形象记忆与善于抽象记忆之分等。在思维方面，有的人善于分析，有的人善于综合；有的人好奇心强、善于发现问题，有的人对事物缺少好奇心；有的人乐于钻研，有的人则不求甚解。在想象方面，有的人想象力丰富，有的人想象力贫乏；有的人怀抱理想，有的人沉湎于空想。

3. 性格与气质的关系

气质就是我们平时说的"秉性""脾气"。对于气质类型的研究为广泛的实践领域所重视。关于气质类型有很多种划分方法，其中，从古希腊沿袭下来的四种气质类型最具有生命力。

（1）胆汁质。无论是高兴还是忧愁，体验都非常强烈。脾气急躁，情绪爆发后，又很快平息。思维敏捷，但有粗心大意不求甚解的倾向。精力旺盛，富有活力，易冲动。从神经活动的强度、平衡性和灵活性这三个方面来看，胆汁质的人神经活动强，且不平衡，不可遏制。

（2）多血质。情绪易表露，也易变化。思维动作敏捷，易接受新事物，活泼好动。容易适应新环境，喜欢交往，但缺乏毅力，粗枝大叶。从神经活动的强度、平衡性和灵活性这三个方面来看，多血质的人神经活动强，神经过程属于平衡型，灵活性高。

（3）黏液质。情绪兴奋性较弱，情绪稳定，经常心平气和，沉着冷静。喜欢沉思，进行任何工作前都会做细致考虑。能坚定执行已做出的决定，自制力强。不容易习惯新工作和新环境。从神经活动的强度、平衡性和灵活性这三个方面来看，黏液质的人神经活动强，神经过程属于平衡型，灵活性低。

（4）抑郁质。情感较少外露，但对生活中遇到的挫折体验却很强烈，且持续时间较长。对事物反应有较高的敏感性，善于察觉细节。不喜与人交往，有孤独感。从神经活动的强度来看，抑郁质的人神经活动弱。

虽然在日常生活中可以遇到这四种气质类型的鲜明代表，但大多数人都是接近于某种气质类型，同时也具有其他气质类型的特点。

在日常生活中，对人所表现的某些性格特征和气质特征有时难以区分，因此，这两个概念常常被混淆，但二者是有区别的。

首先，气质和性格在生理基础与机制上有差异。巴甫洛夫认为，气质是以神经过程的特性以及由此组成的高级神经活动类型为其生理基础的，在很大程度上受先天因素影响。性格则是先天的神经类型特点在生活经验影响下形成的动力定型，这表明性格还受后天因素影响。

其次，二者在表现形式和表现范围上有差异。近现代心理学一般是从心理活动的广泛意义上使用性格一词，认为性格特征和人的生活内容相联系，既包括人对现实态度的特征，也包括情绪、意志、认知的特征。而气质则被认为突出地表现在情绪方面的特征。已有研究发现相同气质类型的人可以形成互不相同的性格特征。

最后，性格和气质的发生与发展也并不总是同步的。大量的观察表明，初生婴儿最早发展起来的是与神经系统特征直接相关的一些气质特征，而性格则是随着儿童自我意识发生、发展而发生和发展的。由于气质较多地受生物因素制约，因此，变化较难、较慢。而性格是在后天的长期生活实践中形成的，具有一定的可塑性。它比较稳定，但也不是一成不变的。

（二）性格与职业

情境导入

适合自己的就是最好的

在一次老板们的聚会中，一位老板说："我有三个员工的工作状态都不好，我准备炒掉他们。"

另一位老板问："他们的工作状态怎么不好了？"

"一个整天嫌这嫌那，吹毛求疵；一个杞人忧天，老是害怕工厂有事；还有一个整天在外面闲荡。"第二个老板听后想了想，就说："既然这样，你就把这三个人给我吧！"

第二天，这三个员工就去新公司报到了。新老板开始分配工作：喜欢吹毛求疵的人负责质量管理；害怕出事的人负责安全生产管理和安全保卫；整天在外闲荡的人，负责商品宣传，整天在外。这三个人不禁大为振奋，兴冲冲地走马上任。

过了一段时间，这三个人的工作表现都非常出色，公司的业绩也大幅上升。

每个人都有自己独特的性格，每种性格都有其适应的职业。把不同性格的人放在不同的岗位上，用人所长，才能发挥出最大的作用。适合自己的才是最好的。

1. 性格差异与职业

性格是个体对现实的稳定的态度和习惯化了的行为方式。两千年前，哲人赫拉克利特曾道，"性格决定命运"。美国著名心理学家威廉·詹姆斯（William James）也曾说过：播下一种思想，收获一种行为；播下一种行为，收获一种习惯；播下一种习惯，收获一种性格；播下一种性格，收获一种命运。一个人的性格与他的生涯发展有着密切的关联。

由于不同职业要求人们扮演的角色存在差异，因此不同职业所要求的理想人格特质也是不同的。美国心理学家斯腾伯格（Sternberg）对九个专业（生物化学或医科大学预科、化学、经济学、英语、历史、数学、音乐、政治学和心理学）的270名大学生进行性格测试，结果发现英语和音乐专业的学生具有美学方面的偏好、有情绪失调的严重倾向、拒绝商业和科学活动。化学和数学专业的学生对科学、机械、量化活动具有兴趣，避免参与那些美学的、商业的接触和社会服务活动，对人际交往不感兴趣。生物化学、医学和心理学专业的学生具有强烈的科学态度与助人兴趣，追求权力和声望。

每个人都有与众不同的性格特质。性格与职业的最佳匹配能使我们成为更有效的工作者。同时，人的性格形成既有先天的遗传因素，也有后天的环境影响，它既有稳定性，又有可塑性。因此，我们在进行生涯规划时，要认真分析自己性格的优点和局限，并根据自己未来想从事的职业对性格特质的要求，有针对性地完善自己的性格。

2. MBTI与职业

荣格认为人的心理活动有四种基本机能：思维、情感、感觉和直觉。迈尔斯和布利格斯（Myers & Briggs）根据荣格的观点将人格划分为四种维度：外倾—内倾、感觉—直觉、思维—情感、判断—直觉，并提出了《迈尔斯 – 布利格斯类型指标》（*Myers-Briggs Type Indicator*，MBTI）。

外倾（E）—内倾（I）维度：该维度描述的是心理能量的不同指向。外倾（extraversion）是指我们的注意力和能量主要集中于外部的人和事，内倾（introversion）则是将自己的注意力和能量集中于内部的世界。

感觉（S）—直觉（N）维度：该维度描述的是不同的信息提取方式。感觉（sensing）型的人倾向于通过自己的五官来获取有关环境的事实和现实，他们是实际的，需要获取精确的信息，着眼于现在；直觉（intuition）型的人则习惯于通过想象、无意识等超越感官的方式来获取信息，他们更注重事情的含义、象征意义和潜在意义。

思考（T）—情感（F）维度：该维度描述的是对事物做决策或判断时所采用的不同方式。思考（thinking）型的人习惯于通过分析数据、权衡事实来做出符合逻辑的、客观的结论和选择；而情感（feeling）型的人则习惯于通过自己的价值判断来做决定。

判断（J）—知觉（P）维度：该维度描述的是与外界交往或适应过程中所采取的不同生活方式。判断（judging）型的人会通过思维和情感去组织、计划、调控自己的生活，他们喜欢将事情管理得井井有条，习惯过一种井然有序的生活。而知觉（perceiving）型的人倾向于用感觉和直觉的方式去对事物做决定，喜欢自发、随意地处理问题。

通过MBTI能够测查16种人格特征。每种人格由4个字母代表，如ESFP代表的是这样一种人：外倾（E），习惯于通过感觉（S）来获取信息，依据情感（F）来做决定，主要通过直觉（P）的方式来与外界发生联系。

MBTI理论进一步认为，不同人格类型的人会适合和偏好不同的职业环境。例如，具有ESFP人格特征的人适合的职业是：保健服务、销售工作、设计、交通工作、管理工作、机械操作、办公室工作。偏好的工作环境是：注重现实、行动取向、活泼、精力充沛、和谐、以人为本、舒适。

（三）性格探索的途径

1. 我眼中的自己

在性格的自我探索中，自我评价是重要的探索途径之一。常用的自我评价方式有言语描述和自画像等。

言语描述是指用词语或句子来描述自己的性格。下面是一个具有代表性的教学案例。

✠ **教学案例**

这就是我

由学生在白纸上完成20个句子，以"我是一个……（形容词）的人"的形式来写，想到什么就写什么，完全取决于自己对自己的感觉，针对列出的每项特质，找出至少一个事例来佐证。完成后，可以与同伴分享。

一般在完成这个练习时，学生大抵会从积极、消极等不同层面来进行自我解读。老师在引导学生进行分享和反思时，可以引导学生看到自己的不同侧面，全面澄清每个人的自我觉察与自我陈述，以辩证的态度看待自己。

除了言语描述的方式，还可以通过自画像的方式，以图画的形式描述自己。通过自我意象来探索自我。每幅自画像背后的自我都是一个秘密，一段历程，一幅场景，一个特质。通过作画过程和对画像的解读，每个人都会对自我衍生出许多新的认识和了解。这些新的自我认知会帮助我们更加了解自己的特质、优势及限制等，从而更好地诠释和展现属于自我的完整生命。

2. 别人眼中的我

除了客观、真实地评价自己以外，了解别人眼中的自己也非常有意义。相关的研究发现，人们对自己性格特质方面的评价与他人的评价具有很高的相关性。例如，一个健谈的、好交往的、随和的人倾向于认为自己是外向的，也被他人评价为外向的。一个工作和学习很认真、很勤奋的人倾向于认为自己是踏实尽责的，也往往会得到他人相似的评价。

与陌生人相比，朋友和家人对个体的性格评价与个体对自身的评价之间的相关性更高。对于潜藏的特质而言，这一点更为明显。例如，尽管陌生人能很好地判断你的社交特征，但只有你的家人和朋友才能了解你是一个多么好奇的人。

另外，性格特质的价值高低也会影响他人评价和自我评价之间的一致性。越是理想的性格特质，自我—他人评价的一致性越低。研究发现，对不存在价值高低的特质，人们对自己的评价是相当准确的。但当某种特质是很多人心中的理想特质时，自我评价的准确性就会出现问题。这种时候，了解他人眼中的自己对客观准确地认识自我就显得更为必要了。

3. MBTI的应甲

《迈尔斯－布利格斯类型指标》（MBTI）是当今世界上应用较广泛的人格测评工具。目前，MBTI 被广泛用于自我了解和发展、生涯设计及职业发展指导、团队建设、管理领导培训等领域（详见第五章）。

四、能力探索

（一）什么是能力

1. 能力概述

一般认为，能力是顺利实现某种活动所必需的并直接影响活动效率的一种心理特征。我们平时所说的能力一般包含两方面的内容：一是对某项活动或任务已经达到的现有成就水平；二是个体所具有的潜力和可能性，即我们常说的潜能。

能力总是和某种活动相联系，只有在活动中才能表现出人的某种能力，也只有在活动中才能发展能力。例如，一个有写作能力的人只有在写作活动中才能表现出自己的能力，写作能力的发展也是在大量的阅读和写作的活动中发展出来的。

但是，在活动过程中所表现出来的并不都是能力。例如，稳定的情绪状态和耐心也会对活动的效率产生一定的影响，但它不一定直接影响活动的效率，并不是实现活动所必需的，不属于能力的范畴。而在写作活动中，语言表达能力是直接决定写作效果的心理条件。

知识并不等于能力。生活中经常出现的"高分低能"的现象揭示了这一点。一个人能在考查知识水平的考试中获得高分，却不能解决现实生活中的实际问题，这说明知识和能力是有区别的。但是，知识是能力的基础。知识是人脑对客观事物的主观表征，包括陈述性知识和程序性知识。陈述性知识是"是什么"的知识，程序性知识是"如何做"的知识。人们在活动的过程中需要知识的指导，例如，电气工人在维修电器时需要了解电器的工作原理、有关电的物理常识、维修操作的基本流程等知识。因此，知识是能力基本结构中不可或缺的组成成分。

技能也不等同于能力。技能是人们通过练习而获得的动作方式和动作系统，包括操作技能和心智技能。技能也是能力结构的基本组成成分。而只有那些能够广泛应用和迁移的知识与技能才能转化为能力。能力不仅包含了一个人现在已经达到的成就水平，还包含了一个人所具有的潜能。

2. 能力的种类

能力的分类有很多种，不同的能力理论对能力的分类和结构的看法不同。常见的能力分类将能力分为一般能力和特殊能力。

一般能力是指完成不同种类的活动中都需要的能力，如：记忆力、抽象概括能力、观察力等。我们平时所说的智力就是相对一般能力而言的。

特殊能力是指在某种专业活动中所表现出来的能力。例如，音乐家感受音乐节奏的能力、对旋律和音符的辨别能力等。

美国心理学家霍华德·加德纳提出的多元智能理论认为智力是由七种相对独立的智能组成的，后来，他又确认了第八种智能。

（1）音乐智能：用音乐进行思维的能力，即能敏锐地辨别各种不同的音调并能牢记于心，理解音乐中情感因素的能力，以及将之进行运用的能力。

（2）身体－动觉智能：把身体和心智联合起来实现完美的身体活动的能力。身体－动觉智能高的个体善于控制身体运动，善于运用身体动作表达思想和情感，能够灵巧地操作物体。

（3）逻辑－数学智能：包括数学运算及逻辑思维的能力，不仅包括数字，还包括能够让人们理解各种抽象关系，解决逻辑问题。

（4）语言智能：运用本族语言或其他语言，以表达思想与理解他人的能力。语言智能的关键能力涉及感知或生成口语与书面语、通过语言进行交流与表达思想，以及对语言细微意义的敏感度等。

（5）空间智能：包括认识环境、辨别方向、准确地感知视觉世界，以及表示空间信息的能力。

（6）人际交往智能：善解人意，与人有效交往的能力，对别人的情绪、脾气、动机和倾向性能够做出准确察觉和回应的能力。

（7）自我认知智能：对自己的内心状态敏感、认识自己的优点和缺点，并善于运用这些信息来调整自己的行为、计划，导引自己的人生的能力。

（8）自然观察智能：区分生物（动植物）以及对于自然界其他特征（如云、岩石构造等）的能力。在消费领域也涉及自然观察智能，如对汽车、鞋子等产品的辨别能力。某些科技领域的模式识别也会运用到自然观察智能。

根据多元智能理论，每个正常人都在一定程度上拥有其中的多种智能，只是不同的个体拥有不同智能的程度不同、智能的组合方式不同。

（二）能力与职业

在未来的职业生涯中，能力常常是用人单位特别感兴趣的部分。从生涯规划的角度来看，从中学阶段起就应开始有意识地发展和锻炼学生适应未来职业的能力。不同的职业需要的能力不同，但是有些基本的能力在各种职业中都会涉及，是工作中的一般基本能力，这些基本能力能够从一种工作中迁移到另一种工作中，或是从一种生活角色中迁移到另一种生活角色中。

美国佛罗里达州立大学的生涯剖面图系统（Frorida State University Career Portfolio System）列出了九种能转化到任何工作中的一般基本能力（Lumsden et al., 2001）。

（1）沟通能力：包括阅读、书写、编辑、倾听、陈述和人际方面的能力。课堂内外强调沟通的课程和活动、写作、口头表达的活动和练习等都与沟通能力有关。

（2）创造力：创造力包括许多不同领域的技能，例如艺术、文学、科学等。

（3）批判性思维：包括诸如在某种情境或组织中找出问题，全面思考问题，通过研究搜集证据，评估解决问题的各种方法，最终得出结论，找到解决方法。

（4）领导能力：为团体制订目标并指明方向的能力。担任班级、社团、小组或某项活动的领导角色能帮助发展中学生的领导能力。

（5）生活管理能力：包括诸如时间管理这类能力，既指长期的项目、活动，也指日常生活的时间管理，还包括适应变化的能力、管理财务的能力。

（6）社会责任：包括尊重个体和文化差异，发现他人身上令人钦佩的品质。社会责任与良好的公民身份相联系。

（7）团队合作：包括为团队做出贡献，承担团队责任，或是促进团队成员互相合作，彼此协商。

（8）技术/科学技能：技术/科学技能与社会科学、自然科学领域的经验有关，常见的技术/科学技能之一是计算机的应用。

（9）研究/项目开发能力：包括为解决问题而发现和使用信息的技能与决策技能。

这些基本能力对于各行各业都是必需的，在中学阶段培养这些基本能力对于未来职业的适应和发展很有意义。除了发展这些基本职业能力以外，还要注意特殊能力的培养。这就要在个人兴趣的基础上，将兴趣进一步发展为特长。兴趣要与能力的发展相结合，才能指引职业发展的方向。兴趣是生涯发展的动力，能力是生涯发展的保证。兴趣表达了一个人的偏好，而能力则表明他是否能够胜任。

能力会受到遗传的影响。每个人都有先天的遗传优势和不足，识别自己的优势并积极地利用它们，是发展能力的重要途径。对于缺陷和不足，也可以通过强烈的成就需要去征服、补偿和改变。历史上不乏战胜身体缺陷的例子。这表明，能力也受到主观能动性的影响。

环境也会塑造能力。一个天生具有音乐才能的人在没有音乐的环境中是不可能发展起音乐能力的。除非是在活动中，否则能力就是潜在的、未表现出来的。因此，要发展中学生的一般职业能力和特殊能力，需要设计、组织丰富多彩的学生活动，为学生的能力发展提供平台。

（三）能力探索的途径

1.能力故事

当被问到"你有哪些能力"的时候，有些人会感到茫然，不知道自己具有哪些方面的能力。那么，能力探索就很有必要了。能力故事能够有效地帮助人们通过回忆自己的成就识别自己的能力。对于学生而言，这些能力故事来源于学习、学校生活、课外活动、爱好、志愿者经历、家务劳动等方面。

体验练习

写下你的能力故事

（1）回想一件你做过的让你觉得愉快和有成就的事情，写下来。

一般来说，写的每一则能力故事都应当包括这样几个部分：希望实现的目标、面临的困难或障碍、逐步叙述你所做的事情、对结果的叙述、对结果的定量评估。

（2）分析故事，识别出自己的一些技能。

下面是一个例子。

表3–4 能力故事与所识别的技能

能力故事	所识别的技能
竞选副班长	
上学期班干部评选时，我竞选了班长，有4个人竞选这一岗位，竞争还是很激烈的。我跟班里的同学交谈，告诉他们我对于这一岗位的设想。我在竞选演说中承诺：当同学遇到困难的时候，我会提供帮助。当同学与老师之间的沟通有困难时，我会协助沟通。而且，我保证会组织一次舞会。最后，我赢得了这次竞选	说服能力 建立良好的人际关系 敏锐地觉察别人的需要 建设性地给予同学支持 领导能力 语言表达能力

（3）继续写能力故事，然后进行能力分析。请完成7个能力故事的分析。

（4）模式分析和排序。在多个能力故事中，有些能力经常出现，说明这些能力你经常使用，这也往往是你最擅长的技能。将这些能力按照出现的频率进行排序，就可以对自己的能力有一个俯瞰式的了解。除了频率排序以外，还可以看一看哪些能力是你最看重的，按你的看重程度进行排序。

2.《一般能力倾向测验》

《一般能力倾向测验》（*General Aptitude Test Battery*，GATB）可测评10种与职业密切相关的能力因素。该测验不仅在美国被广泛应用，还被多个国家引进。我国也有研究者对该测验进行了修订，并用于中学生的生涯指导（详见第五章）。

第三节　如何进行职业和专业探索

一、我国的职业和专业分类

（一）职业分类

职业分类是指以工作性质同一性为基本原则，运用一定的科学手段，通过对全社会就业人员所从事的各类职业进行分析和研究，按不同的职业性质和活动方式、技术要求及管理范围进行划分和归类。《中华人民共和国职业分类大典》（简称《大典》）将我国职业归为8个大类，66个中类，413个小类，1838个细类（见表3-5）。这部《大典》是我国首部具有国家标准性质的职业分类大全，《大典》参照国际标准职业，从我国实际出发，按照工作性质同一性的基本原则，对我国社会职业进行了科学划分和归类，全面客观地反映了现阶段我国社会职业结构状况，填补了我国职业分类的一项空白。

表3-5 我国职业分类

类别号	类别名称	类别编码	中类	小类
第一大类	国家机关、党群组织、企业、事业单位负责人	1（GBM 0）	5	16
第二大类	专业技术人员	2（GBM 1/2）	14	115
第三大类	办事人员和有关人员	3（GBM 3）	4	12
第四大类	商业、服务业人员	4（GBM 4）	8	43
第五大类	农、林、牧、渔、水利业生产人员	5（GBM 5）	6	30
第六大类	生产、运输设备操作人员及有关人员	6（GBM 6/7/8/9）	27	195
第七大类	军人	7（GBM X）	1	1
第八大类	不便分类的其他从业人员	8（GBM Y）	1	1

（二）专业分类

按照教育部高等教育司所编的《普通高等学校本科专业目录和专业介绍（2012年）》，我国高校的专业分类共有12个学科门类，分别是哲学、经济学、法学、教育学、文学、历史学、理学、工学、农学、医学、管理学、军事学。学科门类下设80个一级学科（不含军事学），358个二级学科。（见表3-6）

表3-6 我国高校专业分类

序号	学科	科别	类别
1	哲学	人文社会科学	文史类
2	经济学	人文社会科学	文史类
3	法学	人文社会科学	文史类
4	教育学	人文社会科学	文史类
5	文学	人文社会科学	文史类
6	历史学	人文社会科学	文史类
7	理学	自然科学	理工类
8	工学	自然科学	理工类
9	农学	自然科学	理工类
10	医学	自然科学	理工类
11	管理学	人文社会科学	文史类
12	军事学	自然科学	理工类

二、职业和专业探索的途径和方法

（一）网络资源

在与生涯指导教师交谈时，我们经常听到这样的困惑："学生问我关于职业和专业的前景，想听听我的建议，但是我对很多职业和专业也不熟。而且，现在职业更新那么快，我怎么给他建议啊？"教师受到自身专业限制，不会对所有的职业和专业都有了解。在帮助学生进行职业和专业信息的搜集时，更重要的是给学生提供搜集信息的渠道。如今，很多信息都可以在网上搜到。下面是一些常用的网络资源。

（1）阳光高考网（教育部高校招生阳光工程指定平台，http：//gaokao.chsi.com.cn），在该网站可以查到下列信息。

①我国高校的学科专业目录，开设某一专业的院校。

②各院校往年的录取分数线。

③各院校的招生计划。

④各院校的基本信息。

⑤各院校学生对本校生活条件、环境的满意度。

⑥各院校学生对本校本专业办学条件、教学质量、就业情况的满意度。

⑦各院校的优势专业或特色专业。

（2）各高校网站。

可以登录各高校的网站，了解更多关于各高校和相关院系的信息。

（二）采访职业人和实践体验

许多人常常从表面现象来判断一个职业的好坏，看到某个职业很风光，看到从事这个职业的人的收入水平比别人高，自己的价值趋向就开始倾斜了。当人们无法真实了解自己的内在需求时，外在的东西就会注入其中。几乎大多数人在选择第一份职业的时候，都对这份职业所包含的内容了解甚少。人们往往不是从职业的角度，而是从旁观者、消费者的角度来理解。他们对职业的理解往往停留在想象的层面，想象职业带来的浪漫和刺激，想象工作过程中的激情。必须对感兴趣的职业进行充分的了解，再来决定自己的取舍。那些在书本上描绘的以及自己想象的种种美妙的职业，一旦从个人角度近距离审视它，也许会魅力尽失，变得不那么吸引人了。如同买衣服一样，我们买衣服不是因为它挂在商店橱窗里光鲜亮丽，而是穿在身上也十分漂亮。同样，职业也不是给他人看的，而是能够给自己带来切身利益的。因此，采访正在从事这一职业的人，多层面地了解职业本身的实际情况，是非常必要的。

实践活动

采访职业人

（1）指导学生列出自己感兴趣的职业，并写下自己可以采访到的职业人。

（2）列出采访提纲，可包括以下内容。

①你是如何投身于这份工作的？

②你最喜欢它什么？

③你最不喜欢它什么？

④现在的职位需要承担什么样的责任和义务？

⑤每天的工作内容大概是什么样的？

⑥这份工作要求个人做怎样的配合？（例如，一周的工作时间、压力、工作的复杂性、人际关系等）

⑦你的同事都是什么样的人？

⑧这个领域的成功人士必须具备什么样的专业知识？普通员工需要具备什么样的专业素养？

⑨根据你注意到的，说说这个行业的佼佼者都具备何种人格特质。

⑩这份工作需要具备什么样的技术、能力以及资格（教育程度、专业训练、经验、证书、执照）？

⑪估计一下，刚进入这个领域的新人，起步底薪是多少？

⑫如果我的能力属于中等，工作时间的前五年，我可以赚到多少钱？

⑬这个职业的未来发展趋势如何？会有什么样的变化？

⑭在我学了四年和这个专业相关的课程后，找工作是否困难？

⑮如果我是您的孩子，您愿意继续鼓励我从事这个职业吗？

（3）有几点需要注意。

①在所关注的职业领域里，不要只采访一个人。个人的经历往往过于主观，不具有代表性。如果你得到的是一些不利的消息，不要立刻打退堂鼓，再找一些从事这一职业的人多了解一些信息，可能会得到不一样的答案。

②不要只采访这个领域的成功人士。成功人士往往容易将这个行业看得相当简单，洋溢着乐观主义精神。因此，除了成功人士外，还要采访一些基层的工作者或者是这一领域的失败者。

除了与行业内人士交谈，如果有机会，还应该跟随他们，看看这份工作实际包括什么内容。与感兴趣的职业相关的单位联系，看看能否有实习的机会，哪怕只有一天。这样的实践体验能够让你对该职业的工作内容有更切身的体验。这样的实践体验很重要。因为有些工作看起来有趣而体面，实际情况可能并非如此。

总之，要让学生认识到，他是在做自己生命中最重要且影响最深远的一项决定。因此，在采取行动之前，要多花点时间探求职业世界的真相。

除了鼓励学生主动去采访职业人、参加实践体验外，学校也可以组织一些活动或提供一些资源，帮助学生进行职业探索。例如，组织专门的职业人演讲和访谈，也可以利用家长会的机会对家长进行职业访谈。

三、高考志愿填报

故事导读

两届状元

2013年，辽宁省文科状元刘丁宁被香港大学录取，并获得了72万元全额奖学金。她谈到自己的报考想法时，表示曾想报北大中文系，但在听家长和老师的意见后，决定去香港大学。然而，新学期开学仅一个月，她却选择从香港大学退学，返回辽宁本溪复读，希望追求更纯粹的国学，圆梦北大中文系。对于这个出人意料的决定，她表示自己也曾考虑过在香港大学继续学习，研究生再考回北大，最后还是觉得与其浪费时间，不如再选一次。2014年，她以666分的高分再次成为辽宁省文科高考状元。（佚名，2018）

【思考】

（1）你认为高考时该如何选择学校？

（2）你支持刘丁宁的做法吗？

高考志愿填报是人生当中非常重要的一次生涯决策。对于学校和专业的选择不能等到填报志愿时才开始考虑。一些人用三年来准备高考，却只用三分钟来决定高考志愿。事实上，对大学和专业的选择对整个人生都有着深远的影响。

（一）选择适合自己的大学

要选择一所适合自己的大学，要充分了解大学的相关信息，综合考虑多方面的因素。

第一，要了解学校的基本情况，比如是否属于"985工程"院校、"211工程"院校、是否拥有"985工程优势学科创新平台"、是否属于"双一流"建设范围，学校的办学历史和发展过程如何，有没有经过改名、重组、合并，特色专业有哪些，有没有国家重点学科等。

第二，了解院校所在招生批次、历年的录取分数段、招生规则、是否只招收第一志愿等，结合自身成绩的实际情况，既不孤注一掷，也不妄自菲薄，理性选择适合的学校。另外，注意志愿填报的梯度能够增加被录取的机会。

第三，要考虑院校所在城市的地理、气候、人文、方言，包括经济发展情况等。院校所在的地理位置也是填报志愿时要考虑的一个重要因素。很多高中生都有自己的求学地域倾向。有的人倾向于到发达城市求学，因为发达城市高校较多，而且可以凭借城市的发展开阔眼界，就业的机会也较多。有的人希望在中西部选择一所综合实力强、具有良好学术氛围、可以使自己安安静静做学问的高校。还有的人则希望就在自己所在的地区上大学，可以就近生活，就近发展。由于我国东部地区比中西部地区经济发展更快，近年来，全国考生对北京、上海、广州、南京等地的选择倾向更加明显。地域倾向对高考志愿影响的日益扩大也带来很多负效应。比如，有些人过分看中地域的"冷""热"，而不综合考虑学校的实力和个人的兴趣及发展，导致上大学后的满意度下降。

第四，考生及家长要详细阅读所报院校的招生简章，某些院校或某些专业对年龄、健康，甚至单科考分成绩会有一些特殊要求。

了解院校的信息可以有很多途径。首先，可以通过院校的网站了解院校的基本情况，还可以咨询院校的招生办公室。其次，高考前后各地往往会举行一些咨询会，很多院校都会参加中学的咨询会，这是与院校直接面对面的机会。最后，如果有机会，不妨直接去拟报的院校走一走，感受一下校园的环境和氛围。通过往届学生了解院校情况也是一个很好的途径。

（二）专业选择

专业与未来的职业密切相关。专业的选择要与自己的兴趣、性格、价值观、能力联系起来。

在填报志愿时，经常碰到的一个问题是"优先选学校还是优先选专业"。当不能进入理想的大学读理想的专业时，是选择一所实力较强的学校读一个不那么理想的专业，还是选择一所实力差些的学校读一个理想的专业呢？二者各有利弊。

一般来说，实力强的学校的硬件设施和软件条件都要更胜一筹，学习的条件更好，学生的视野也往往更开阔。

在综合实力较强的学校，学习和研究的氛围也更浓厚。因为有良好的文化氛围，能使人在不知不觉中自觉自愿地投入学习活动中。

综合实力强的学校在学生就业方面也有一定的优势。在当前的就业环境下，一些用人单位比较看重学校的排名。名校毕业的学生往往有更多的就业机会。

但是，如果对所学的专业完全不感兴趣，即使进了综合实力较强的学校，大学几年的学习时光也会过得相当痛苦。进了名校，却因为不喜欢所学专业而转专业甚至退学的例子屡见不鲜。专业优先的优势体现在，选择一个自己愿意去努力学习的专业，不仅会学得得心应手，也自然而然地会投入更多的精力去学习、去实践。有了目标和动力，大学生活会过得充实而不乏味。在大学期间学到的专业技能将为未来的职业发展奠定基础，也为就业提供保障。学习自己喜欢的专业，从事自己热爱的职业，是人生最幸福的事情。

因此，对于那些职业兴趣非常明确、有确定的专业倾向的高中生，在填报高考志愿时，优先考虑专业，兼顾学校，避免把宝贵的时间浪费在自己不感兴趣的事情上。

对于职业兴趣不明确、没有明显的专业倾向的高中生而言，则可以根据学习成绩做不同的选择。如果是高分考生，在学校和专业上都有较多的选择余地，可以兼顾二者，选择实力较强的学校和自己认为比较好的专业；如果成绩没有那么好，例如，在"211"高校的非热门专业和非"211"高校的热门专业之间进行选择，建议学校优先，选择"211"高校会拥有更多的发展机会；如果成绩稍低，应以选择专业为主，从就业角度去考虑，尤其是一些考虑专科院校的考生，建议选择自己擅长的，或者适合自己的专业，为未来的职业发展奠定基础。

第四节　如何进行生涯管理

一、目标管理

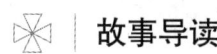 **故事导读**

1952年7月4日清晨，加利福尼亚海岸起了浓雾。在海岸以西 21 英里（约34千米）的卡塔林纳岛上，一个43岁的女人准备从太平洋游向加州海岸。她叫费罗伦丝·查德威克。她是第一位横渡英吉利海峡的女性。在这个壮举之后，她决定要横渡卡塔林纳海峡。这个海峡比英吉利海峡还要宽。

那天早晨，雾很大，海水冻得她身体发麻，她几乎看不到护送她的船。时间一个小时一个小时地过去，千千万万的人在电视上看着。有几次，鲨鱼靠近她了，被人开枪吓跑了。

15个小时之后，她又累又冷。她知道自己不能再游了，就叫人拉她上船。

她的母亲和教练在另一条船上，他们都告诉她海岸很近了，叫她不要放弃，但她朝海岸望去，除了浓雾什么也看不到……

人们拉她上船的地点，离加州海岸只有半英里！后来她说，令她半途而废的不是疲劳，也不是寒冷，而是因为她在浓雾中看不到目标。"如果能够看到陆地，我绝对不会放弃。"（黄天中，2007）[63]

这个故事告诉我们目标的重要性。而且，目标要看得见，够得着，才能成为一个有效的目标，才会形成动力，帮助人们获得自己想要的结果。学生制订目标常会犯一个错误，就是以为目标越高越好，但够不着的目标很容易让人放弃。

目标为我们的行动提供动力。有些学生并不太清楚自己为什么要上大学。可能是因为他们不知道自己还有什么别的选择，也可能他们上大学是为了取悦别人，或者是因为他们还没有准备好面对生活的严峻考验。一些大学生虚度光阴、一无所获的最常见原因并不是缺乏能力，而是因为他们缺少目标，他们没有找到自己待在大学里的理由。事实上，无论是在工作中还是学校里，我们能否取得成功很大程度上取决于我们设立目标的能力。

（一）目标设定的原则

目标设定要遵循SMART原则（S=Specific明确性，M=Measurable可衡量性，A=Attainable可行性，R=Relevant相关性，T=Time-bound时限性）。

（1）S—明确性。意思是说目标要具体，不能过于笼统。例如，"我想考上大学"，要明确考什么样的大学，学习哪方面的专业。

（2）M—可衡量性。就是说目标要尽量以一种能够用数字加以衡量的方式表达，而尽量不用宽泛的、模糊的、抽象的形式表达。只是说"我会更加努力地锻炼身体"或是"我的目标是更好地利用时间"是远远不够的。你怎样衡量"更加努力"和"更好"呢？我们需要用可衡量的方式来表述目标。如"我的目标是在周日晚上9点前写完作业"，就是一个可衡量的目标。

（3）A—可行性。也就是说，就你的能力而言，实现这个目标是可能的。老师布置了需要一个暑假完成的作业，而你计划在一天内完成，这个目标就是基本不可行的。

（4）R—相关性。也就是说，一个目标是与生活中的其他目标相关联的。例如，锻炼身体的目标与学习、保持积极情绪的目标是相关的。

（5）T—时限性。也就是说，目标是有时间限制的。例如，"我将在本学期末在体质测试中达到优"。

（二）目标的分解

生涯目标一般是长期目标，需要长时间的努力才能得以实现。为了实现这样的长期目标，我们需要对目标进行进一步分解。目标的分解包括横向的和纵向的。横向分解是将总体目标分解为多个子目标，例如总体目标是成为一名时装设计师，可以横向分解为升学目标、健身目标、职业素养目标等。纵向分解是将长期目标分解为中期目标、短期目标以及微型目标。中期目标一般需要一个月到一年左右，短期目标一般需要数天到一个月。微型目标是在某一天或某一天的一段时间里所要完成的目标。千里之行，始于足下。微型目标很重要，因为它们是我们在实现远大目标的过程中所迈出的每一步。

二、时间管理

（一）时间管理的意义

时间管理就是用技巧、技术和工具帮助我们管理时间，完成工作，实现目标。时间管理并不是要把所有事情都做完，而是更有效地运用时间。时间管理除了要决定该做些什么事情之外，另一个很重要的目的是决定什么事情不应该做；时间管理不是完全掌控，而是降低变动性。时间管理方法最重要的功能是通过事先规划，做一种提醒与指引。

管理时间就是管理我们的行为。对未来的规划，对自己学习生活的规划，都需要积极有效的行动才能实现。学习效率与学习时间并不一定成正比，学习时间长并不意味着学习效率就高，而学习效率一定与学习时间的管理成正比。

（二）时间管理的方法

1. 要事为先

❂ | 问题导入 |

请用几分钟思考这样一个问题：有哪件事，你经常做的话会对你个人的生活产生重大的正面影响，可是却迟迟没有去做？

时间管理实际是人生管理的问题。如何分辨轻重缓急与培养组织能力，是时间管理的精髓所在。要事为先是时间管理的重要原则。美国的管理学家科维提出的"四象限"法，将工作按照重要和紧急两个维度进行了划分，基本上可以分为四个"象限"：第一，既重要又紧急；第二，重要但不紧急；第三，不重要但紧急；第四，不重要也不紧急。

如果每天要花大量时间来处理第一类既重要又紧急的事情，结果将是整天忙于危机处理，收拾残局，倍感压力，精疲力竭。若只专注于这类活动，终有一天会被问题淹没。这样的人唯一的逃避之道，便是做些无关紧要的活动（第四类），至于不重要但紧急或重要但不紧急的事便被抛诸脑后。

只重视第三、四类事务的人，拥有的并非有意义、负责任的人生。懂得舍弃这两类无关紧要之事，对第一类要务也尽量节制，以投入更多时间于重要但不紧急之事（第二类），才是个人管理之道。与偏重其他三类事务的人相比，偏重第二类事务的人有远见、有理想、生活平衡、自制、少有危机。

第二类事务包括学习、建立人际关系、规划长期目标等。人人都知道这些事很重要，却因为尚未迫在眉睫，反而避重就轻。现在请回到开头的问题导入，请查看自己的答案属于以上哪类事务。答案多半是第二类：因为重要，才会使生活大为改观，却因为不够紧迫，所以受到忽略。但是只要我们立即着手进行此类事务，效能便会大为增进。

因此，无论是学生、老师、生产线上的工人或是家庭主妇，只要能确定自己的第二类要务，而且即知即行，就可以事半功倍。

2. 二八原则

二八原则也叫帕雷托法则（Pareto Principle），意思是人如果利用最高效的时间，只要20%的投入就能产生80%的效率。如果使用最低效的时间，80%的时间投入只能产生20%效率。一天头脑最清楚的时候，应该处理最需要专心的工作。我们要把握一天中20%的最高效时间（有些人是早晨，有些人是下午或晚上。除了时间之外，还要看你的心态、血糖的高低、休息是否足够等），专门用于最困难的科目和最需要思考的学习。许多同学喜欢熬夜，但是晚睡会伤身，所以还是尽量早睡早起。

3. 记录时间

你知道你的时间是如何花掉的吗？挑一个星期，每天记录下每30分钟做的事情，然后进行分类（例如：学习、上网、和朋友聊天、社团活动等）和统计，看看自己什么方面花了太多的时间。凡事想要进步，必须先了解现状。每天睡觉前，把全天做的事记下来，更详细的可以以每15分钟为一个单位（例如：7∶00—7∶15等车，7∶15—7∶45搭车……）。一周后，分析一下，这周你的时间如何安排可以更有效？有没有活动占太大的比例？有没有方法可以提升效率？

如果你做了这样的时间统计，你会发现每天有很多时间流逝掉了，如等车、排队、走路、搭车等，这些碎片时间可以用来背单词、温习功课等。善于利用零散的碎片时间，你会发现"时间就像海绵里的水，只要你肯挤，总是有的"。

三、学习策略管理

学生的生涯管理要落到实处，最终还是要落到学习管理上。学习管理不仅仅指的是课堂学习，还包括与生涯目标相关的各种知识与技能的学习。使用有效的学习策略来管理自己的学习，会起到事半功倍的效果。

所谓学习策略，是学习者为了提高学习的效果和效率，有目的、有意识地制订的有关学习过程的方案。（陈琦 等，2007）[363]大量的研究发现，学习策略的使用能够促进学习成绩的提高。

迈克卡（Mckeachie）等人将学习策略分为三种：认知策略、元认知策略和资源管理策略。

（一）认知策略

认知策略是加工信息的技术和方法，包括获得和存储信息的策略，以及提取和使用这些存储信息的策略，包括复述、精细加工、组织策略等。

1. 复述

复述是指为了保持信息，运用内部语言在大脑中重现学习材料或刺激，以便将注意力维持在学习材料之上。重复、抄写、做记录、画线等复述策略能够帮助人们在记忆中长时间地保存信息。

在学习新内容时及时复述能够加深记忆。在复习时，掌握记忆的规律，合理运用复述的策略能够大大提高复习的效率。

首先，要及时复习。心理学家艾宾浩斯通过实验探索记忆和遗忘的进程，发现人们遗忘的速度是不均衡的。学习以后，在最初很短的时间里就会发生大量的遗忘，之后遗忘的速度减缓。也就是说，遗忘具有先快后慢的特点。艾宾浩斯的无意义音节学习实验发现，学习一天之后，只能记住不到40%的内容了。遗忘曲线给我们的重要启示就是，学习新知识后要及时复习。如果等到期末才开始复习，几乎就等于重新学习了。"莫等墙倒再修墙"说的就是这个道理。在一节课结束后，只用两分钟的时间把学习内容做一个简单的回顾和小结就能取得良好的效果，这两分钟被称为"黄金两分钟"。

其次，要分散复习。分散复习是相对于集中复习而言的。集中复习是指集中一段时间复习多次。考前的"临时抱佛脚"就是集中复习。分散复习是每隔一段时间就对学习的内容进行一次或多次复习。很多的研究都已证明，在总的复习时间均等的情况下，分散复习的效果要优于集中复习。在分散复习的条件下，学习内容在记忆中保持得更久。（Cepeda et al., 2006）[354]

另外，要适度的过度学习。如果学习一篇文章，需要读10遍才能完全无误地背诵下来，那么接下来继续读几遍，就是过度学习的策略。过度学习的次数越多，记忆保持的效果越好。但是，过度学习也要适度。过度学习的次数太多，容易产生厌倦烦躁的情绪，反而会降低学习的效果。

2. 精细加工

精细加工策略就是通过把所学的新信息和已有的知识联系起来，以此来增加新信息的意义。

记忆术是一种常用的精细加工技术，能在新材料和视觉想象或语义知识间建立联系。比如谐音联想法、首字连词法等。例如，二十四节气歌、朝代歌等歌谣口诀都是运用了首字连词法。

除了记忆术之外，主动建构信息的意义、与已有知识建立实质性的联系、主动识记并主动应用也是精细加工的策略。对信息进行越多的分析、理解、比较、应用，对信息的记忆和理解就越好。

在阅读和听讲过程中，记笔记是最常用的一种学习策略。尤其是当学习比较复杂的内容，需要把握该内容的要点时，使用记笔记的策略能够产生最大的积极作用。记笔记时，如果能够进行心理加工，而不是简单记下老师所说的话，会更有效。以改写的方式记笔记，用自己的话来陈述要点，以及为教别人而记笔记，都是很有效的策略，因为这些活动都需要对信息进行高水平的心理加工。

3. 组织策略

组织策略是指整合所学新知识之间、新旧知识之间的内在联系，以框架结构的形式表征所学内容的策略。常用的组织策略包括：选择要点、列提纲、思维导图等。

选择要点是一项重要的组织策略。大多数演讲、讨论和课本都包含有许多多余材料、附加例子和证明性材料，来帮助解释所要教的或所要呈现的东西。将重要信息与不重要的或不需记住的信息分离开来，是学习的一项主要任务。如果一个学生不能选择关键的信息，那么，学习将变得异常复杂。

列提纲就是以层级的形式来呈现学习材料的主要观点，其中每一项具体的内容都被归于较高水平的类别之下。

思维导图是运用直观图画的方式，表述各个概念和观点之间的关系。思维导图有助于理解复杂信息，建立组织性的框架，有利于形成信息的视觉化，促进对信息的记忆和理解。

（二）元认知策略

所谓元认知，就是对认知的认知，具体而言，就是关于个人自己认知过程的知识和调节这些过程的能力。元认知策略是监控和指导认知过程的策略，大致可分为三种：计划策略、监控策略、调节策略。

1. 计划策略

计划策略是指在一项学习开始之前计划各种活动。包括：设定学习目标、预计结果、选择策略，想出各种解决问题的方法，并预估其有效性。例如，在考试前将复习内容进行分解，制订每日的复习计划，是应对考试的一种常用策略。朱熹说，"读书不可不先立程限"，讲的就是学习中的计划策略。

2. 监控策略

监控策略是指在学习活动的过程中，根据学习目标及时检查、评价自己的学习活动的过程和结果，估计自己达到学习目标的程度和水平。在学习过程中，检测自己的学习程度，对知识的获得和领会进行监控，及时发现自己的错误和不足是非常重要的。

一些研究发现，有很多人都缺乏这种自我监控的技能。很多人在学习的时候，都会选择一遍一遍重复学习材料，而非停下来检查一下自己的掌握程度。罗迪格和卡皮克（Roediger & Karpicke，2006）的一项研究让大学生学习外语单词，大学生们被分为三组：SSSS、SSST、STTT（S代表study，即学习，T代表test，即测试）。SSSS组重复学习单词表四次；SSST组重复学习单词表三次，之后进行一次测试；STTT组学习单词表一次，之后进行三次测试。学习程序结束5分钟后，对三组大学生进行测试，结果SSSS组的成绩最好，其次是SSST组，STTT组成绩最低。然而一周后再次对这些大学生进行测试，结果出现了反转：STTT组对单词的正确回忆率最高，其次是SSST组，SSSS组的回忆率最低。单词的长时记忆效果与测试的次数呈正相关，而与学习的次数无关。罗迪格和卡皮克的系列研究表明，测试不仅仅是一种对学习的评价，其本身也是一种学习的过程，尤其有利于信息的长时间保持。那些善于在学习过程中进行自我检查和自我测试的学生，能够更有效地利用学习时间，取得更好的学习效果。

3. 调节策略

调节策略是指根据对认知活动结果的检查，采取相应的补救措施，及时修正、调整认知策略。调节策略与监控策略有关。例如，在单词学习过程中，通过自我检查发现有部分单词掌握不牢靠，则对这些单词加以重点学习。

元认知策略与认知策略是共同发挥作用的。认知策略帮助我们将新知识与旧知识建立联系，进而整合到我们的认知结构当中。元认知策略则帮助我们估计学习的程度，并决定如何学习。

（三）资源管理策略

资源管理策略是学生管理可用的资源和环境的策略。包括：时间管理、学习环境管理、努力管理、学业求助等。学习环境管理主要是创建合适的学习环境，减少干扰，如学习时寻找固定的、安静的、有组织的地方。这里主要介绍努力管理和学业求助。

1. 努力管理

努力管理是指掌握一些方法来排除学习干扰，使自己的精力有效地集中在学习任务上。例如，归因于努力、调整心境、自我谈话、自我强化等。

学生对学习的归因会影响他们的努力程度。归因理论的提出者韦纳（Weiner）通过一系列的研究，得出关于归因的一些基本结论：当一个人将成功归因于能力和努力等内部因素时，会感到骄傲、满意、自信。相反，当一个人总是将失败归因于能力不够，会产生"习得性无助"的现象，认为自己无论怎样努力也不可能成功，因此逃避学习，放弃努力。当一个人将失败归因于努力不够，往往会产生羞愧和内疚，增加自己的努力，树立对下次成功的期望。

调整心境也是一种非常有用的策略。焦虑是中学生常见的一种心境。学生对于自己的能力、未来、与他人的关系以及成功的可能性的担心会分散他们对于当前学习任务或考试的注意力。在学习过程中，如果一个学生将更多的认知资源用于担心他的成绩，那么他的学习只会更糟。因此，调整自己的心境具有十分积极的意义。

2. 学业求助

学业求助是指当学生在学习上遇到困难时，向他人寻求帮助的行为，是一种重要的社会支持管理策略。一些学生在学习上遇到困难时回避求助，因为他们比较害羞，或是担心别人认为自己很笨。事实上，他人的帮助也是一种重要的学习资源，是增长能力、获取知识的一种途径。

按照求助者的目的，可将学业求助分为两类：执行性求助和工具性求助。执行性求助的特点是请他人替自己解决困难，只想得到答案或者尽快完成任务，自己不做尝试就放弃了，请他人代劳，选择了依赖而非独立掌握。工具性求助的特点是请他人提供思路和工具，为了独立地学习，借助他人的力量达到自己解决问题或实现目标的目的。因此，工具性求助是真正有助于提高学习能力的求助形式。

思考与练习

1. 兴趣的发展经历了哪些阶段？

2. 性格与气质的关系是怎样的？

3. 你认为填报高考志愿时，应当优先考虑学校还是优先考虑专业？

4. 想一想自己这一周所做的事情，哪些是第一类事务，哪些是第二类事务，哪些是第三类事务，哪些是第四类事务。你花费时间最多的是哪一类事务？你打算怎样重新管理自己的时间呢？

【参考文献】

鲍利斯，2010.你的降落伞是什么颜色[M].刘宁，译.北京：中信出版社.

布朗，2004.自我[M].陈浩莺，等译.北京：人民邮电出版社.

陈琦，刘儒，2007.当代教育心理学［M].2版.北京：北京师范大学出版社.

高玉祥，2007.个性心理学[M].修订版.北京：北京师范大学出版社.

何旭明，2010.西方关于兴趣的界定与分类研究述评[J].大学教育科学（4）：49-55.

黄天中，2007.生涯规划：理论与实践[M].北京：高等教育出版社.

金树人，2007.生涯咨询与辅导[M]. 北京：高等教育出版社.

LOCK，2006.把握你的职业发展方向[M].钟谷兰，曾垂凯，时勘，等，译.5版.北京：中国轻工业出版社.

宁维卫，1996.中国城市青年职业价值观研究[J].成都大学学报（社会科学版）（4）:10-12，20.

契克森米哈赖，2009.生命的心流［M].陈秀娟，译.北京：中信出版社.

谢弗，2012.社会性与人格发展[M].陈会昌，等译.5版.北京：人民邮电出版社.

燕国材，1991.论兴趣及其培养[J].江西教育科研（3）：1-7.

佚名，2018.省文科状元，放弃72万奖学金，从港大退学，原因让人钦佩[EB/OL].(2018-09-27)[2018-10-21].https://www.sohu.com/a/256447176_661259.

阴国恩，戴斌荣，金东贤，2000.大学生职业选择与职业价值观的调查研究[J].心理发展与教育（4）：38-43.

张敏，邓希文，2012.基于动机的人类基础价值观理论研究：Schwartz价值观理论和研究述评[J].宁波大学学报（教育科学版），34（1）：32-38.

CEPEDA N J，et al.，2006. Distributed practice in verbal recall tasks：A review and quantitative synthesis [J]. Psychological Bulletin，132（3）：354-380.

DECI E L，RYAN R M.1985.Intrinsic motivation and self-determination in human behavior [M]. New York：Plenum.

DECI E L，RYAN R M，2000. The "what" and "why" of goal pursuits：Human needs and the self-determination of behavior [J]. Psychological Inquiry，11（4）：227-268.

LUMSDEN J A，GARIS J W，R.EARDON R C，et al.，2001. A blueprint for building an online career portfolio [J]. Journal of Career Planning & Employment（62）：33-38.

MORGAN J I，SKOVHOLT T M，1977.Using inner experience：fantasy and daydreams in career counseling [J]. Journal of Counseling Psychology，24（5）：391-397.

RATHS L，SIMON S & HARMIN M，1966. Values and teaching：working with values in the classroom [M]. Columbus，OH：Merrill.

ROEDIGER H L，KARPICKE J，2006.Test-enhanced learning：taking memory tests improves long-term retention [J]. Psychological Science，17（3）：249-255.

ROKEACH M，1973. The nature of human values [M]. New York：Free Press.

STERNBERG C，1955. Personality trait patterns of college students majoring in different fields [J]. Psychological Monograghs：General and Applied，69（18）：1-21.

第四章

如何开展生涯辅导

□ 课程结构图 □

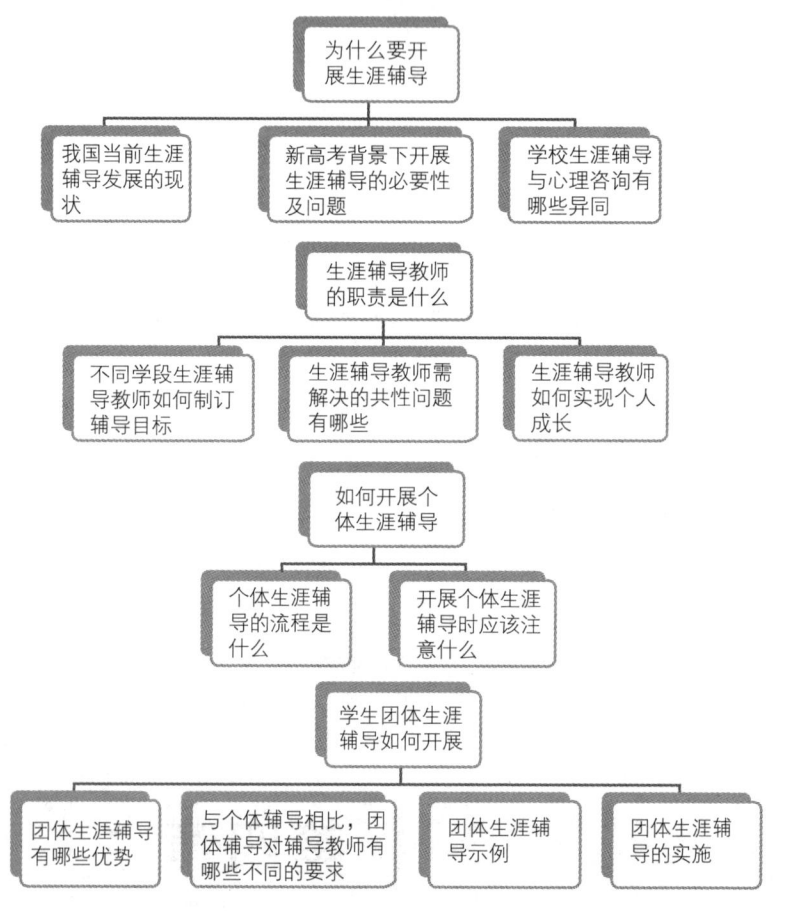

　　生涯辅导是学校生涯教育的重要组成部分，是指由专业人员结合其专业知识提供一套系统的计划，用来促进个人的生涯发展。然而生涯辅导的发展历史较短，生涯辅导教师在开展生涯辅导的过程中往往遇到很多困惑，如高考改革背景下生涯辅导是否有必要？生涯辅导与一般心理咨询的开展有什么区别？生涯辅导教师的职责是什么？个体生涯辅导和团体生涯辅导应该如何开展？本章将对这些问题展开讨论。

第一节　为什么要开展生涯辅导

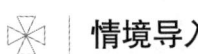 **情境导入**

对学生科目选择造成最大困扰的因素

　　你还记得这张图吗（见图4-1）？这是在第一章开篇介绍的某省高考改革背景下学生选科的困扰。事实上这样的困扰不仅出现在准备高考的学生身上，也会出现在其他学生身上。而解决这些困扰的方法除了学校开展生涯教育课程和活动之外，生涯辅导也可以帮助学生思考，更有针对性地帮助学生应对和解决这些困扰。

一、我国当前生涯辅导发展的现状

　　1908年，弗兰克·帕森斯（Frank Parsons）为了帮助年轻人梳理日渐复杂的择业过程，在美国波士顿创立了第一个职业指导局（Boston Vocation Bureau）。这不仅是职业生涯辅导的开端，也被看作现代心理咨询的起源。（金树人，2007）[9] 生涯辅导在学生中的开展始于第二次世界大战后，需要接受生涯辅导的青年人人数急剧增加，促使生涯辅导的测验在学生群体中的研发和使用；随后几十年，人们对中学生涯教育的重视和普及、对生涯辅导从业人员的专业要求、生涯理论的不断完善和发展，都推动了生涯辅导的蓬勃发展。百年的时间里，学校中生涯辅导的对象也由大学生扩展到各个年龄层次的学生群体，其中中学生的生涯辅导更是成为学生生涯教育的重要组成部分，其服务的内容涵盖了个体的生涯认知、生涯探索、生涯准备和生涯抉择。

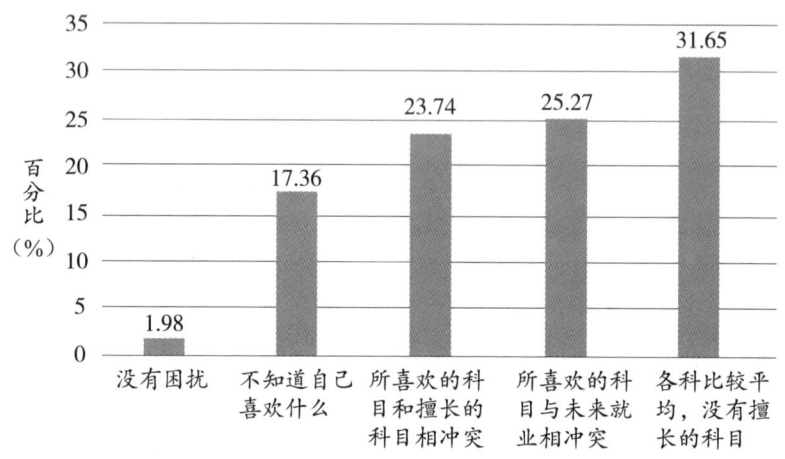

图4-1 高一学生选科的困惑

我国体系化的生涯辅导出现在20世纪初，当时的国民政府教育部门十分重视职业教育，1922年公布《学校系统改革令》，明确职业教育的地位，在此之后的两年，职业辅导便在社会机构及东南大学附中、清华学校等一些中等学校中逐渐开展，1933年进一步将职业教育扩大到升学领域。（乌云塔娜，2017）

新中国成立之初，受经济发展和国情的影响，我国的职业生涯辅导萎缩甚至消失。直至改革开放，随着市场经济的发展，我国的心理咨询和生涯教育逐渐升温，并在引进国外先进理念和经验的基础上，结合我国的实际情况进行了有益的探索。我国的学校生涯辅导始于大学就业指导中心，接着在中学展开和应用，其中以高中的生涯教育和生涯辅导尤为深入。以北京等发达地区为例，高中的生涯教育和生涯辅导已经涵盖了生涯知识的普及、高中整体生涯规划、自我的探索与潜能的唤醒、对外在世界的了解等，涉及高中生的自我了解、人际关系、目标的确定与选择以及行动等高中生常见的生涯困惑。然而生涯辅导的发展并未取得像生涯教育课程和心理咨询那样长足的探索经验。生涯辅导在学校的开展晚于发达国家，当前生涯辅导所选取的理论和技术大多借鉴国外的经验，常用的测验和问卷多为国外量表的直接修订，少部分是在国外研究的基础上考虑我国学生的特点编制而成的。这也给生涯辅导的实践带来了困扰。

生涯辅导重视个体的生涯发展，不同学段、不同地区、不同学校的生涯辅导均有所不同，加之专业生涯辅导人才缺乏、生涯辅导开展与一般心理咨询之间的交叉、低年龄阶段学生缺乏寻求生涯辅导意向、老师与家长对生涯辅导的重要性认识不足等原因，学校生涯辅导的开展并不如社会机构中针对职业人士的辅导开展得那样风生水起。

二、新高考背景下开展生涯辅导的必要性及问题

尽管我国学校生涯辅导的发展历史较短，然而随着越来越多的省、市、地区逐步进行新高考改革，对新高考改革的试点省、市的研究发现，学生不仅面临着适应新高考的心理调整，更主要的是面临着选科意向提前、自我同一性探索阶段常见的迷茫与新高考志愿意向的迷茫混杂、兴趣与未来职业定向冲突、难以探索出擅长的科目、焦虑情绪突出与选课功利取向明显等问题。（杜芳芳等，2016）这些问题可以通过生涯教育课程和活动来完善，然而仍有大部分学生无法通过生涯教育课程和活动满足内在的发展需求，这也给生涯辅导带来了挑战和机遇。

同时，大部分学者、老师、家长和学生也发现，新高考使高中生不得不提前思考未来的职业生涯规划，临近高考时再进行生涯教育往往不能满足新高考背景下学生发展的要求，因此生涯需求更倾向于向低龄化发展，这也体现在生涯教育尤其是生涯教育课程与活动正在朝着初中和小学倾斜，相应的生涯辅导也朝着初中和小学倾斜。然而从实施生涯辅导的现状上看，当前生涯辅导主要集中在高中阶段，且因为部分学校管理者及教师对生涯辅导的重视不够、生涯辅导的活动成效不佳，使得学校生涯辅导的发展并未能给有需求的学生带来益处。在已经开展生涯辅导的部分学校，存在着将生涯辅导的内容窄化为帮助学生选择适合自己的科目、学生主动求助意愿低、辅导教师难以识别学生的生涯

需求等问题。（陈宛玉 等，2017）这些都给生涯辅导的开展带来一定的阻碍。

因此，新高考后的生涯辅导是非常必要的，然而在实施的过程中却存在着容易与心理咨询相混杂、辅导教师职责及能力需提升、开展的辅导需增加多样性及辅导效果的实效性等问题，这也为生涯辅导提供了更具体的发展方向。

三、学校生涯辅导与心理咨询有哪些异同

我国的生涯辅导更多集中在中学阶段，一方面是生涯教育的普及更多地集中在中学阶段；另一方面是小学生的发展规律揭示了小学生的生涯诉求更多需要通过生涯体验活动和生涯游戏来满足。

当前在中学阶段开展的生涯辅导并未与心理咨询完全分开，而二者同时出现在一个案例中也是让生涯辅导教师感到困扰的常见情况。

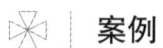 | 案例

披上生涯辅导的外衣①

李萌萌（化名），某重点中学高一女生，15岁，大城市中产阶级家庭独生女。该生主诉有生涯方面的困扰。该生初中与高中并不在同一学校，因此对新学校有一个适应的过程。

辅导教师分析：

该生所在学校对生涯教育比较重视，学生有生涯探索的意愿。该生主诉有生涯方面的困扰，且主动联系咨询师希望得到帮助。综上，辅导老师认为该生应该是对自身的生涯发展有了一定认识的基础上，希望得到进一步的帮助。

生涯辅导过程：

这是辅导教师和李萌萌之间进行的第一次谈话。节选部分聊天记录如下（T代表辅导教师；S代表李萌萌）。

该生首先介绍了自己的情况，第一件介绍的就是她初中和高中不是在同

---

① 该案例来源于北京市某重点中学。

一所学校。

T：在新的学校还习惯吗？

S：习惯了，还好吧，就是偏科比较严重。

T：哦，这是你今天想解决的问题吗？

S：嗯。

T：你能具体说说是怎么回事吗？

S：我们期中考试之后换了一个物理老师，我听不懂老师的讲课，加上这个学校的进度比较快，上课时老师没有什么时间讲题，我的物理成绩下滑；后面讲的新知识我基本上不会了，前面上过的还好一些，期末考试成绩很差，寒假又去补习班学了一次，才懂了。

T：看起来你好像很重视物理啊！

S：对啊，成绩差让我很郁闷。

T：听起来你有点担心自己接下来的物理学习，是吗？

S：嗯，因为我大概要学理科吧！

T：你认为现在的状态和换物理老师之间有很大的关系，我可以这样理解吗？

S：也有我的原因吧！我……嗯……老师……

T：（等待）

S：（三分钟之后）老师，我有时候不高兴，我就会一直不高兴，我觉得这个对我的影响特别大……

接下来的半个小时，辅导老师大部分时间都在倾听该生谈消极情绪的产生以及对她的影响……

这样的谈话在咨询室中越来越常见。这也使很多人疑惑，如何为学生提供生涯辅导呢？在与中学（高中为主）一线心理教师的访谈中，很多老师提出了这样的困惑："什么样的谈话才算生涯辅导？""我的学生经常会带着生涯辅导的问题来，但是很多次都会话题一转，说到其他的问题和困扰上去，我该怎么做？"

上述案例中的学生情况在当下的生涯辅导中具有一定的代表性；学生带着

生涯辅导的问题而来，事实上他们希望得到帮助的却是情绪或者其他的问题。比较常见的问题包括恋爱、人际关系、考试焦虑、抑郁等困扰。这个现象背后引出了两个问题：学生为什么要"披着生涯辅导的外衣"来到咨询室呢？生涯辅导和一般的心理咨询可以分为截然不同的两类吗？

（一）学生为什么要"披着生涯辅导的外衣"

学生带着生涯的问题来到咨询室的原因很多，每个学生来咨询室的目的都是不同的。不过能够带着生涯问题来，说明了大部分学生具备了生涯规划的意识，愿意接受生涯辅导，这种认知是我们乐于见到的。此外，我们发现这种现象也可能是受如下因素影响。

首先，学生带着生涯辅导的问题来咨询，可以缓解学生做心理咨询的紧张感和压力。与其他情绪或者个体常见的咨询问题相比，生涯问题看上去会更在"正常范围"之内，带着生涯问题来到咨询室，学生可以更容易被家长、老师、同学接纳和理解。同时，在咨询的开始抛出生涯的问题，也更容易与心理辅导老师迅速建立咨询关系，更易被接纳。如果学生能明确意识到自己的问题不是生涯的问题，那么他们带着生涯的问题来咨询也可能是一种试探，通过讨论生涯困惑来观察心理辅导老师是否能够很好地倾听并帮助自己解决更深层的问题。因此，辅导老师一旦能够确定学生仅仅把生涯问题作为对自己和心理咨询的"问路石"的话，就需要对该生进行更加深入、细致、耐心的了解，以便为学生提供更好的帮助。

其次，学生带着生涯问题来咨询，可能是学生本身对自己的问题也很迷茫和困惑。很多生涯问题可以引发其他的情绪问题，而已有的情绪问题也可能使学生在生涯规划时更加困扰。因此，学生最初可能只是希望解决生涯的问题，但是在与辅导老师谈话的过程中，却牵连出其他更迫切希望解决的问题，但这不代表学生本身的生涯问题能够随着其他问题的解决而得到解决。

当然，每个学生来咨询室的目的都是不同的，因此，对这种混合性的问题和情况，我们既要看到积极的一面，也要付出更多的耐心去倾听学生内心真正的声音。从这个案例中我们可以发现，尽管很多心理老师强调将自己的生涯辅导工作和一般心理辅导工作分开，但是在现实的心理咨询中，却经常被与上面案例类似的情况所困扰。这就回到了我们的第二个问题，生涯辅导和一般的心理咨询可以分为截然不同的两类吗？

（二）生涯辅导与心理咨询是相同的吗

从历史的发展上看，生涯辅导是心理咨询这一行业建立的基石。然而，由于生涯辅导看上去具有更强调理性、信息提供、测验的使用和解读、干预时间相对较短、问题具体明确等特点，使得人们对生涯辅导的印象变得刻板起来。在很多人的观念中，生涯辅导成了一种时间有限、缺乏心理过程、聚焦于结果和方法的咨询。（Osipow，1982）[10, 27-34]在这种刻板印象中，人们普遍认为生涯辅导中的咨询师往往具有主动性和指导性，使用质性和量化的测验与信息；作为来访者的心理过程和感受往往被忽视。从这一观点来看，生涯辅导和一般的心理咨询是不同的，生涯辅导中的咨询师占据了主导地位；来访者被看作没有其他心理过程和情感体验的来访者；咨询过程是缺乏互动和支持的。

然而，事实真是如此吗？我们在现实的生涯辅导中，经常会发现那些带着生涯问题而来的来访者，他们开始所呈现的问题仅仅是个开端，随着咨询的展开，其他的问题会显露出来，正如上文的案例所示，生涯问题常常会变成情绪问题、人际问题、家庭问题……在这个过程中，来访者无论是问生涯抉择、生涯探索的问题还是其他的问题，都需要整个人的思想、情绪、感受、行动的参与。在这个过程中，来访者的心理痛苦也往往一起出现，难以避免。即使来访者能够明确现阶段最需要处理和解决的是生涯问题，但是生涯问题也往往是与个体的其他问题交织在一起的，以现在高中选科问题为例，它不仅关系学生未来生涯发展的问题，也涉及学生的家庭选择、与父母的关系，甚至是同伴关系和个人内在品质之间的影响，因此，大部分人来咨询时所带来的生活问题不会那么恰好地落入生涯或个体咨询中的某一类：生活不会那么简单地定义自己。

随着生涯辅导和心理咨询整合趋势的出现，大部分的研究者更倾向于把生涯辅导看作心理咨询的一个分支，它包含了与一般咨询相同的特征和性质。

从相同点上来看：

（1）从流程上看，生涯辅导和一般咨询都强调在初始阶段对来访者资料的搜集和整理、对问题进行初步的评估和诊断，充分调动来访者的内在动力。二者都强调在咨询结束后对咨询关系、咨询效果进行评估。

（2）二者都重视在咨询的不同时期恰当地选择和使用测验。

（3）二者都无法回避来访者的情绪问题。有效的生涯辅导必须注意引导、重视和理解来访者在为生涯目标进行努力、挣扎时所常伴有的情绪。

（4）从对咨访关系的态度上看，尽管大部分生涯辅导教师将咨访双方的关系称为工作联盟，但是生涯辅导和其他咨询都强调咨访关系是咨询开始、顺利进行并取得良好结果的重要保证。生涯辅导和一般咨询都强调咨访双方的互动过程。

（5）二者都有指导和非指导两种不同的形式，前者辅导教师在辅导中占据主动地位，更多时候是一个指导者，帮助学生解决自身问题；后者更强调来访者的主导地位，辅导教师只是一个陪伴者，为学生提供鼓励和支持。

不过，研究者也承认生涯辅导具备如下独特的特点：

（1）生涯辅导涉及的问题大多聚焦于工作和生涯问题。

（2）生涯辅导与其他咨询相比，更常使用质性和量化的测验与信息。这些测验及信息能够让咨询师和来访者在较短的时间内收集到大量的与来访者生涯问题相关的资料，提高生涯辅导的效率。

（3）生涯辅导与其他咨询相比，在处理来访者关于生涯问题的需要时，需要有来自生涯的发展理论、研究与实践的相关知识及干预的措施。这些理论和资料无法从其他的咨询中获取，具有一定的独特性。

因此，斯旺森（Swanson，1995）建议这样描述生涯辅导："一个在咨询师与来访者之间正在进行的、面对面的互动过程，主要聚焦于工作或有关生涯的问题；这种互动从本质来说是心理层面的，咨询师与来访者的关系具有重要的功能。"

作为一名生涯辅导教师，辅导工作应该以学生为出发点，是在对学生的成长背景、现实情况和所呈现的问题了解的基础上，首先尊重学生的独特性、自主性和发展性，进而与学生共同探讨和处理他们遇到的生涯问题或其他问题。

第二节　生涯辅导教师的职责是什么

　　学生的生涯需求受所在学段、所处地区、学校文化、家庭文化等多重因素的影响，更受到个体心理发展规律及生涯发展规律的影响。以第一章介绍的舒伯的生涯发展阶段为例，中小学的学生依次处在幻想期（4—10岁）、兴趣期（11—12岁）、能力期（13—14岁）和试探期（15—17岁）。加上个体差异的影响，使得每个学段的生涯辅导教师担负着不同的辅导任务，对应着不同的辅导目标。

一、不同学段生涯辅导教师如何制订辅导目标

　　从国外现有的研究来看，不同的国家针对不同学段的生涯教育目标基本聚焦于自我认识、教育与职业关系的探索、生涯规划与抉择三个方面，并提出不同的学段具体的培养目标，其中以美国的培养目标尤为详细，本书将其摘录如下，以供生涯辅导教师借鉴。

　　美国国家职业信息协调委员会（National Occupational Information Coordinating Committee，NOICC）颁布了《国家职业发展指导方针》，其中有各年龄阶段生涯教育的培养指标，详见表4-1。

表4-1 美国国家职业发展指导方针[①]

小学	初中	高中	成人
自我认识			
对自我意识重要性的认识	对积极的自我意识的影响的认识	对积极的自我观念的影响的理解	保持积极的自我观念的技巧
与他人交往的技巧	与人交往的技巧	与人积极交往的技巧	保持有效行为的技巧

---

① 该资料来自对百度文库搜索结果的整理。

小学	初中	高中	成人
对成长与改变的重要性的认识	对成长与改变的重要性的认识	对成长和发展的影响的理解	对发展性的变化和过渡的理解
教育与职业关系的探索			
对于因教育成果而获益的认识	对职业机会将受益于教育成果的认识	对教育成果和职业规划的关系的理解	进入并参与教育及培训的技能
对工作与学习的关系的认识	对工作与学习的关系的理解	对以积极的态度对待工作和学习的必要性的理解	参与工作和终身学习的技能
理解和使用职业信息的技能	寻找、理解和使用职业信息的技能	寻找、评估和解释职业信息的技能	寻找、评估和解释职业信息的技能
对个人责任和良好工作习惯的重要性的认识	寻找和获得职业所需要的技能的知识	具有准备寻找、获得、保持和更换工作的技能	具有准备寻找、获得、保持和更换工作的技能
对工作与社会需求和社会功能之间的关系的认识	对工作与社会需求和经济、社会功能的理解	对社会的需要和功能给工作本质和结构带来的影响的理解	对社会的需要和功能给工作本质和结构带来的影响的理解
职业规划			
对如何做出职业决策的理解	职业决策技巧	职业决策技巧	职业决策技巧
对人生中不同角色之间相互关系的认识	对人生中不同角色之间相互关系的认识	对人生中不同角色之间相互关系的理解	对工作给个人及家庭带来的影响的理解
对不同职业和男女角色之间的变换的认识	对不同职业和男女角色之间的变换的认识	对男女角色之间不断变换的理解	对男女角色之间持续变换的理解
对职业规划过程的认识	对职业规划的过程的理解	职业规划的技巧	职业转换的技巧

以上仅是美国颁布的《国家职业发展指导方针》的规范。此方针还包括小学篇、初中篇、高中篇和成人篇四个部分，每个部分均有相应的量化指标。

我们当前开展的生涯教育更多借鉴的是我国台湾地区"生涯规划"的课程

纲要，其中包含个人方面的生涯探索、环境资源的探索和自我环境互动3大核心领域、9大能力的培养目标。这些内容也可为生涯辅导教师提供借鉴意义。生涯辅导教师制订学生的生涯辅导目标时除了借鉴已有资料外，更要考虑学生生涯需求的地区差异、文化差异和个体差异。

二、生涯辅导教师需解决的共性问题有哪些

正如前文所言，在很多的学校，学生生涯辅导教师与心理辅导教师的任务是重合的，有的学校甚至是同一名教师负责生涯辅导和心理辅导的任务。在如此复杂多样的任务下，如何做一名合格的生涯辅导教师，如何兼顾学校的全局工作，保证学生的全面发展，是每个生涯辅导教师需要思考的问题，而鉴别出生涯辅导的共性问题有助于提高辅导教师的工作效率。

本书通过访谈北京部分生涯辅导教师，发现生涯辅导教师需要做这样几个方面的共性工作：第一，激发学生的生涯意识；第二，帮助学生树立正确的价值观；第三，及时反思、总结。

（一）如何激发学生的生涯意识

情境导入

很多高中生涯辅导教师反映，高一和高二学生心理辅导中，生涯问题并不突出；但是一到高三，很多学生来寻求大学的专业信息、出国信息、高考志愿填报等帮助，很多求助学生希望辅导教师在短时间内帮自己做出抉择，这体现了当下生涯教育的什么特点？

从古至今，我国的教育在职业教育和生涯教育方面并不突出。首先，与具体的职业教育相比，我们的教育更关注对个人德行的培养。大部分的教育理念并不强调让学生过于关注未来需要从事的职业。如我们的教育强调“但行好事，莫问前程”“德能正其身，才能称其职”。其次，第二次世界大战之前我国一直是农业大国，人们对职业的传承更多的是师徒制和手口相传，职业种类

较少，子承父业等现象极为常见。因此，现代教育在我国兴起时，职业教育和生涯探索并不明显。改革开放之后，我国的中职和大学教育实行分配制，大部分人在现实层面不需要考虑职业和生涯问题。尽管当前人们拥有无尽的职业选择自由，但当下大部分的中学生在生涯探索上更多受到了父母职业和观念的影响，发达地区的学生刚刚接触生涯教育和生涯辅导，而处在偏远地区的学生，几乎不具备生涯意识和相关的知识。

从对从事生涯辅导的一线教师的访谈中发现，这些教师最常见的困惑是很多学生尽管有生涯意识，却往往将生涯的问题搁置，转而去处理其他看似更紧迫的问题，这也是为什么很多高中生只有在高三的时候才到咨询室求助生涯的问题。

 案例

高三的抉择[①]

文文是我校高三文科普通班的一名女生，成绩一直处于班级中等偏下水平，但是家人却对她有很大的期望，都盼着她高考能够取得不错的成绩，考入一所理想的大学，也方便以后就业。因此，她一直感到压力很大，甚至开始迷茫，不知道如何选择。由于听说文科的就业面比较窄，她开始后悔当年文理分班的时候没有选择理科。文文今年高三刚开学时来找我，想通过我的帮助，对未来所能从事的职业，以及近在眼前的高考填报志愿做一个科学的规划，用更加严谨的态度对待这件事情。

辅导教师分析：

该同学作为一名普通校、普通班的学生，具有很强的代表性，表现出了学生们对目前大学所开设的专业以及社会上存在的职业的具体内容的认知缺乏——即不了解相关内容的真实情况。因此，造成了大多数同学的困扰，开始对未来产生迷惘和困惑。

---

① 该案例由北京第二十四中学教师杨艺、康莉提供。

生涯辅导过程：

生涯辅导的具体过程如下。

1. 介绍《霍兰德职业倾向测验量表》及《迈尔斯-布利格斯类型指标》。

2. 施测。

3. 分析与讨论。

（1）测验结果的解读——该学生更适合的职业可能是教师。

（2）用一次辅导的时间探讨如何成为一名教师。

（3）用一次辅导的时间探讨教师的工作都有什么。

（4）用一次辅导的时间探讨教师的职业发展前景和发展途径。

4. 与学生就现在的情况、可能遇到的问题、需要做出的努力等进行规划。

5. 案例结束之后，辅导教师反思与总结。

该案例在当今的生涯辅导中非常具有代表性。学生通常会在高三才被更明显的生涯问题困扰，而这个时候学生的求助对辅导教师是一个很大的挑战，如果在这时让学生进行自我探索、生涯探索、生涯抉择等生涯规划的过程，无疑会增加学生的学业负担，也很难得到学生家长和其他任课教师的理解。两位辅导教师在他们的反思中也意识到了同样的问题，他们写道：

通过这次职业生涯辅导，作为老师，我们也有许多新的体会。首先，虽然我们身为老师，也应尽力去体会学生的感受。作为学生，无论是在哪个年级，他们都是第一次经历，必然充满了好奇与困惑。特别是高中生，随着高考的临近，填报志愿以及今后就业等现实问题摆在面前，学生的心理压力自然会很大。这时，就需要作为过来人的我们给予他们更多的关注与支持，及时沟通，帮助他们更好地认识自己，清楚地知道自己的长处与短处所在，有效地扬长避短。其次，学校在条件允许的情况下，最好在职业生涯辅导课上，给每一位同学进行一次全面的测试，而且越早越好，最好是在文理科分班之前。越早进行这一工作，就可以越早帮助学生规划自己的未来，做出正确的选择，使学生更加有的放矢。最后，学校应该和家长进行更多的合作，使学生多了解一些大学所设专业以及日后相关职业的详细信息，保证学生与其他部门的信息对称，避免因为不了解而造成困惑。

　　从两位辅导教师的反思中我们发现，很多生涯辅导教师都意识到了生涯辅导对于学生的重要性，越早传达给学生生涯可规划、要规划、规划好的意识和信念，越能够帮助学生做出正确选择。最好系统地对学生进行生涯教育和生涯辅导来唤起学生对于个人生涯规划、生涯探索的重视，否则学生很难因生涯困惑而走进辅导室。

　　生涯意识的唤醒可以有多种方式，在对很多学校的走访中我们发现，学生的生涯意识唤起甚至是学生的生涯规划制订并不仅仅是生涯辅导教师的职责，作为掌握生涯辅导知识和技巧、明了生涯辅导对学生发展重要性的辅导教师，应该联合其他教师、家长、社会工作者，激发学生内在的生涯意识。（见图4-2）

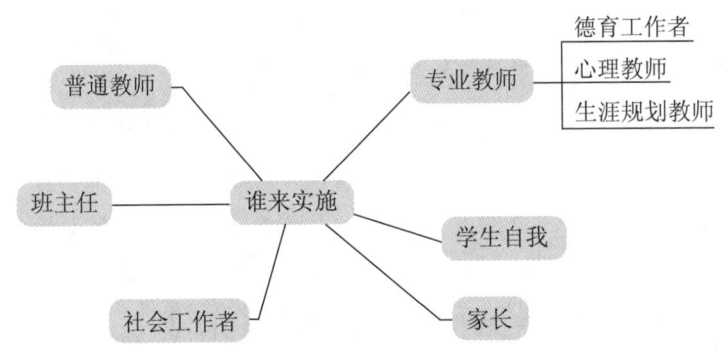

图4-2　学校的生涯辅导谁来实施

（二）如何帮助学生树立正确的价值观

　　任何教育的目的都不仅仅是帮助学生学习知识和技能，我们应该在教会学生做人的基础上，再去做生涯规划。生涯教育的目的在于帮助学生学会安排自己的学习和生活，获得在高中阶段应有的能力和方法、技巧；同时更应该帮助学生更好地认识自我，更好地探索和寻找合适的人生目标。因此，生涯教育不能仅仅传授生涯方面的知识理论和方法技巧，更应该帮助学生树立正确的人生观、世界观和价值观。

✤ **情境导入**

　　某职业学校，教师为了激发学生的学习热情，别出心裁地让学生做这样的职业规划："如何规划实施抢银行。"

也许在这个教师的意识里，抢银行的规划和其他大学生的创业行为具有同等的性质，也许在他看来这样的生涯规划可能会更好地激发学生的创造性和学生的兴趣。然而恰恰是这样的"可能"才潜伏着巨大的危机，生涯教育不能因为重视对个体职业的引导、个体发展的规划而忽视最本质的价值观的引导，而个体的一切发展都是建立在"为人"这个基础上的。新闻中曾经报道过高校大学生的刑事案件，如复旦大学投毒案，震惊社会的"马加爵案""药家鑫案"。除去每个案件背后复杂的心理因素和社会因素，这些案件折射出的恰恰是我们教育过程中过分重视能力、分数，而忽视了对个人的价值观、对生命的敬畏感以及对自身生活目标确定性的重视和教育。

教育到底要培养什么样的人？司马光在《资治通鉴》里曾经有过这样的论述：

是故才德全尽谓之圣人，才德兼亡谓之愚人，德胜才谓之君子，才胜德谓之小人。凡取人之术，苟不得圣人、君子而与之，与其得小人，不若得愚人。何则？君子挟才以为善，小人挟才以为恶。挟才以为善者，善无不至矣；挟才以为恶者，恶亦无不至矣。愚者虽欲为不善，智不能周，力不能胜，譬之乳狗搏人，人得而制之。小人智足以遂其奸，勇足以决其暴，是虎而翼者也，其为害岂不多哉！夫德者人之所严，而才者人之所爱。爱者易亲，严者易疏，是以察者多蔽于才而遗于德。自古昔以来，国之乱臣，家之败子，才有馀而德不足，以至于颠覆者多矣，岂特智伯哉！故为国为家者，苟能审于才德之分而知所先后，又何失人之足患哉！

司马光的这段论述是基于对历史上成百上千个人物的背景、发展史、对历史发展的影响等基础上提出来的"取人之术"，也就是说，我们需要的是"才德全尽的圣人""德胜才的君子"，如果这两者都无法得到，那么宁可选择"才德兼亡的愚人"，也不要"才胜德的小人"。反思我们现在的教育，我们恰恰强调的是"能力""特长""兴趣班"，而忽视了"德"这一最重要的根基。

如此让人忧虑的现状其实已经在生涯辅导和咨询中有所显露。例如我们在中学生涯规划的课程中曾经遇到这样的一课，辅导教师选择了这样一个活动——"高中毕业十年后的同学聚会"，这个活动要求学生提前一周设想自己十年后人生的各个方面，要求越具体越好。显然，教师希望通过这个活动来帮助学生进行生涯规划；帮助学生明确目标并为之努力。该课程进行中我们发现，每个学生规划的职业都是社会上经济和社会地位很高的职业，如跨国公司的CEO、律师、医生等，而在阐述选择的理由时，学生的理由多为：父母喜欢、自己喜欢、赚钱多、可以休假、看上去很"高大上"……学生好像都被这些"光环效应"明显的职业吸引，而忽视了社会上其他更普通、常见的职业。不仅如此，学生对于某种职业的选择并不是被这种职业折射的价值观所吸引（如医生可以救死扶伤），而是被外在的很多因素如社会地位高、可以掌控很多的人的命运等影响。这也使我们意识到，作为生涯辅导教师应及时、恰当地引导，帮助学生正确看待职业、生涯及其背后的价值观。

三、生涯辅导教师如何实现个人成长

✲ | **情境导入**

某中学的生涯辅导教师在访谈时提到，现在的生涯辅导工作感觉像单兵作战，在学校尝试为学生提供生涯辅导已经有一年的时间，但是却没有找到"感觉"，挫败感悄然而生。如何才能实现学生的生涯辅导和辅导教师个人成长的双赢发展呢？

（一）生涯辅导教师需具备的能力有哪些

要有效地在学校全面进行职业教育，需要工作者有充分的准备，并参加较完善的课程，这些课程包括：青少年的成长、咨询导论、辅导理论与技巧、团体辅导理论与技巧、职业教育的历史和哲学基础、职业发展理论、职业资源的运用、辅导实习（择业和教育问题的辅导）、统计学、评价和测量、职业教育课程的组织和编订、职业场所的实习等。由此可见，要成为一名合格的职业生涯辅导教师，需要有较强的有关咨询、职业生涯的理论功底和实践经验。

类似的是，美国国家生涯发展协会（National Career Development Association，NCDA）继任主席朱迪思·霍平（Judith Hoppin）女士曾在主题演讲"职业规划师培训：其历史发展、实践应用以及其全球化内容"中指出，职业规划师需要具备十二项能力，其中包括沟通能力、咨询能力、调查能力、制订项目计划的能力、公关能力、演讲与展示能力等。其中涉及的知识面涵盖心理、社会、文化、管理、营销等多方面内容。由此可见，生涯辅导教师需要自身全面发展，才能更好地为学生做好生涯规划和指导服务。

通过对美国心理学会（American Psychological Association, APA）关于胜任力模型（Competency Model）的学习，笔者认为生涯辅导教师需要具备自我反思和自我评估的能力；在走进中学生涯教育课程的过程中我们发现，辅导教师的个人能力、人格特征都会对学生的生涯辅导产生影响；强势的辅导教师往往喜欢在生涯辅导中更多地指导、教育学生；男性辅导教师会在辅导中更多地展示自己的力量等。在这个过程中，尽管大部分的生涯辅导教师能够达成课程目标，并帮助学生获得某种程度上的成长，但是也存在着问题。因此，生涯辅导教师需要具备实践环境下反思、对自我行为觉察、批判性思考和解决问题的能力。

（二）生涯辅导教师的个人成长途径有哪些

辅导教师的个人成长是一个需要不断完善、不断学习、不断发展的过程，下面我们将结合北京市学校生涯辅导教师的特点，为教师的个人成长提供一些建议。

观摩学习是个人成长的重要途径和方法。在观摩学习的过程中，辅导教师可以站在旁观者的视角发现被观摩教师的特点和问题，并以此来促进被观摩教师的成长。与此同时，观摩学习可以让观摩教师有"身临其境"之感，使他们获得相应的经验，避免共性问题的重复发生。

定期接受督导能够保证生涯辅导教师的个人成长，并及时有效地处理工作中遇到的问题。督导可以包括两种形式：一是由专业的、更有经验的督导教师或督导组组成专业的督导团队，定期展开督导工作；二是由各位生涯辅导教师组成同辈督导，定期互相学习和督导。现在在各个城区有固定的教研活动时间，对于同辈督导非常有利。

生涯辅导教师的团体体验和个体心理治疗。这是生涯辅导教师培训中的必经之路。只有自己有身为来访者的体验，才能更好地站在学生的角度去体验团体或者个体辅导。

不断学习和充电。通过查阅资料、参加继续教育项目、相关培训等活动，增加个体体验和学习的丰富性。

学会寻找和利用外部资源。很多生涯辅导教师反映，当前大部分的生涯辅导工作由班主任或其他任课教师承担；而在生涯辅导过程中，最令人头疼的是与如何协调学生与家长之间的矛盾，尤其是无法实现家长的资源与学生的需求的对接，导致将学生原有的资源优势变为劣势；在工作的过程中，最难的部分是时间和精力有限，忙碌之余得不到同事和领导的支持。结合这些情况，我们发现，首先，需要生涯辅导教师正确认识现实情况，努力争取更多的外部资源，将劣势变为优势。其次，学校的生涯教育和辅导需要学校、家长和社会共同的支持与努力。

第三节　如何开展个体生涯辅导

解决了共性问题之后，生涯辅导教师的重要工作即开展个体生涯辅导。从前文可以发现，生涯辅导是辅导学生不断修正生涯需求并形成生涯抉择的过程，然而学生的生涯需求转化而来的生涯疑惑不仅与心理咨询问题难以区分，更难的是个体的生涯需求因人而异，生涯疑惑也各有不同。因此无法找到一种固定的模式来实践我国当前的生涯辅导体系，本书拟从个体生涯辅导的流程来介绍个体生涯辅导的开展。

一、个体生涯辅导的流程是什么

吉斯伯斯等人（Gysbers et al.，2007）将生涯辅导分为三个阶段。第一个阶段为生涯辅导过程的开始与信息收集阶段；第二个阶段为生涯辅导过程的理解与解释学生信息和形成假设阶段；第三个阶段为生涯辅导过程的采取行动、使用信息、发展生涯目标及行动方案、评估结果和结束关系阶段。虽然这种划分更多的是基于对职业生涯的咨询，然而在对学生的个体辅导过程中也能起到借鉴作用。

（一）第一个阶段：生涯辅导过程的开始与信息收集阶段——选择技术与工具

该阶段的任务之一是与被辅导的学生建立工作联盟。波登提出建立工作联盟的目的是帮助学生与生涯辅导教师达成一致的目标以及为达成共同的目标而达成一致的任务。常见的建立工作联盟的方法与建立咨询关系的方法类似。

该阶段的重点任务是收集被辅导学生的信息，我国个体生涯辅导尚处在起步阶段，生涯辅导教师常用的收集信息的方法多为经过西方国家证明较为有效的生涯辅导方法。其中故事叙说趋向的生涯咨询和辅导最为常用，故事叙说受后现代主义哲学的影响，以建构主义的理论为基础，将生涯视为主观经验，将当事人看作文本，而当事人过去的经验、现在的境遇和未来的畅想被视为故事的脚本，当事人可以通过故事叙述和故事重写的过程，以及生涯故事的再造，重新发现生涯的意义，进而更好地了解自己。

此外，使用家谱图、职业卡片、生涯幻游及相关的测验均可以帮助辅导教师收集信息。在此过程中需要注意的事项包括：教师应以多元的视角看待学生的生涯需求，更多地看到学生的发展性，注意信息收集的时效性。

（二）第二个阶段：生涯辅导过程的理解与解释学生信息和形成假设阶段

该阶段的任务是在第一个阶段的基础上识别和辨析学生的生涯问题，将生涯问题转化为可以解决的生涯需求，并一起从这些信息中提炼出生涯主题。

生涯辅导教师根据前期质性的观察、访谈与量化的量表结果等收集的资料，获得对受辅导学生的印象，进而将这些印象转化为问题式描述，以此来与学生讨论其生涯辅导的主题。接下来，可以借助霍兰德的六角模型等理论来指导辅导过程并形成假设，假设不仅可以帮助辅导与重点保持一致，也可以巩固工作联盟。

这个阶段的目标是帮助受辅导的学生形成对未来的专业身份、职业身份和不同性别角色的辨析与认同。然而在这个过程中很容易引发学生的阻抗，因为任何辅导目标都需要来访者的改变，而阻抗恰恰是对改变的恐惧；对阻抗的识别和恰当的应用也是这个阶段的重要任务。

如果受辅导学生的阻抗来自创伤体验，那么台湾学者金树人提出的"心理位移"可以作为处理学生生涯相关创伤的一种有效方法。

（三）第三个阶段：生涯辅导过程的采取行动、使用信息、发展生涯目标及行动方案、评估结果和结束关系阶段

该阶段在修通第二个阶段阻抗的基础上进行，辅导教师关注辅导过程并不断地收集有效信息，与受辅导学生共同澄清哪些信息是来访者的需求，哪些信息能够提供帮助，并重新核实目标和本阶段的共同任务。

辅导的结果是为了让受辅导的学生看到其他的选择并灵活地采取行动，因此生涯辅导最后一个阶段是与学生共同制订行动计划。行动计划可以采用前文所提到的SWOT分析等技术，而行动要达成的目标需要具备具体、可观察、可实现等特征，同时要给学生机会去表述目标，且能在日常活动中不断得到积极的反馈以巩固目标。

生涯辅导的最后是有效的结束，包括对工作联盟的回顾与结束，对学生内在力量的肯定，为学生的下一步提供具体、清晰的框架，并为学生的探索提供后续的安全基地。

二、开展个体生涯辅导时应该注意什么

关注生涯辅导的结构。个体生涯辅导的结构可以将当事人和辅导教师的工作条理化，通过将生涯辅导人为分成几个阶段和亚阶段，来帮助生涯辅导师和来访者更好地展开工作。以诺曼·吉斯伯斯（Norman C. Gysbers）的划分为例，生涯辅导的结构可以分为两大阶段：当事人目标或问题的识别、澄清和具体化；当事人目标和问题的解决。

重视当事人与辅导教师之间建立的工作联盟。工作联盟贯穿了生涯辅导的整个过程。生涯辅导教师往往通过日常教学、与其他任课教师之间的接触而对学生有所了解。这种了解一方面在某种程度上可以帮助他们和学生快速地建立起工作联盟；另一方面，这些教师也需要注意，生涯辅导教师与学生之间的关系不仅是工作联盟的关系，也带有传统师生关系的特点。这就更需要生涯辅导教师在辅导时不要预先给学生和学生的问题贴上标签，而应该抱持开放、接纳、客观的态度与学生展开工作。

辅导教师需要用整合的态度将当事人看作需要发展的统一整体。因此，在使用的过程中，辅导教师应灵活地整合促进工作联盟和问题解决的常用辅导技术，如尊重、倾听、具体化等；掌握提问的技巧，合理有效地面对质疑或问题，有效地处理阻抗等。除了以上提到的技术和方法之外，咨询和辅导中还常用到鼓励与重复的技术帮助学生做更多的自我探索；对学生所谈内容和情绪的积极回应也能够帮助学生更好地了解自己及外在情况；面质的技术可以帮助学生澄清事实和问题。总之，在咨询和辅导中如何使用不同的方法和技术，需要咨询和辅导教师全身心地投入谈话中，积极关注学生的发展和变化，在此基础上，做出恰当的反应。生涯辅导的所有方法均以辅助学生进行更好的自我认识和生涯规划为根本目的。

第四节　学生团体生涯辅导如何开展

以一例高中生涯团体辅导为例

个别辅导的方式是一种有效的生涯辅导途径，但不足之处是耗时多、受众面窄、解决问题单一等。团体辅导是在团体情境下进行的一种心理辅导形式，通过团体内人际交互作用，成员在共同的活动中彼此交往、相互作用，使成员能通过一系列心理互动的过程，探讨自我、尝试改变行为、学习新的行为方式、改善人际关系、解决生活中的问题。所以，许多人在参与团体辅导的过程中能够得到成长、改善适应和加快发展。团体辅导是通过设立特定的场景活动，利用团体成员间的互动达到集思广益、互帮互助、提高心理健康水平的目的，非常适合学校心理健康教育和生涯辅导工作。

一、团体生涯辅导有哪些优势

结合一般团体辅导的优点，我们发现生涯的团体辅导的优点主要有以下几点。

第一，适用面广，既可以针对具有共同生涯问题的十人左右的小组，也可以在生涯辅导课上开展大班分组活动。能够解决学生生涯意识唤起、共性生涯问题解决等问题。

第二，形式多样，生动有趣，有利于吸引学生积极投入。学生往往能够在团体咨询中找到归属感，并学会解决问题的方法。

第三，耗时短，效率高，收效好。每个成员既是"求助者"又是"助人者"，可在有引导的相互影响中多视角地学习，有理论、有实践、有体验、有分享、获得多重的反馈，从而产生心理与行为的改变。团体不但可以更有效地影响或改变个人的某些自我概念或想法，还可以协助解决原本在个人之间难以解决的问题。

二、与个体辅导相比，团体辅导对辅导教师有哪些不同的要求

尽管生涯的团体辅导有上述一些特点，但是团体辅导对辅导教师的要求更高，同时也有一些独特之处需要辅导教师特别注意。

从专业角度来看，要想开展团体生涯辅导，辅导教师首先需要接受专业的心理辅导知识和技能的训练，有个体辅导的经验，对团体辅导的规则、流程、理论等有相应了解。与此同时，开展团体生涯辅导，还需要具备生涯的理论、技能和方法等知识。

在生涯辅导的过程中，鼓励教师创新地选取活动、发掘自身优势。在这个过程中，教师可以发掘自身的优势。以心理辅导教师的性别为例，男性教师自身具有的力量、坚韧可以为学生提供力量和勇气，可以有效地控制活动，帮助

学生按照既定的目标去完成和体验活动；女性教师天性中的温柔、包容和接纳则更容易与学生建立起亲密的关系。需要注意的是，教师在发掘自身优势的过程中，也要注意专业素养方面的提升。

辅导教师应该具备良好的沟通能力。生涯辅导教师的语言沟通能力主要体现在三个方面：第一，要让学生明确课程的目的、活动的流程以及注意事项；第二，要帮助学生更好地表达和澄清；第三，要有效、及时地共感学生的情绪。而灵活应变能力也是帮助教师更好地处理团体问题的必备能力。

团体生涯辅导过程中，教师要做引导者，而不是指挥者。学生的自我探索需要建立在学生对自己的深入认识和理解上，因此在生涯辅导的过程中，尽管教师有更详尽的知识和更丰富的人生阅历，但是依然要给学生提供成长的空间，而不是简单地告诉学生应该做什么、不应该做什么。

团体生涯辅导过程中，要给学生理解和接纳的时间。生涯辅导要重视学生内在动力的激发，而不是简单地告知和灌输。当学生提出的想法和教师的设想有出入时，教师更应该保持开放的态度来看待学生的想法。这种开放性并不是说教师不可以发表自己的看法，而是应该在尊重和理解学生的基础上，提出自己的观点和感受和学生共同研讨。教师的开放性会影响学生的开放性而教师的否定则会影响学生的积极性和主动性。

三、团体生涯辅导示例

下面我们将以一次高中生团体生涯规划辅导为案例来分析辅导教师需要特别留意的问题。

高中生团体生涯规划辅导示例①

本案例呈现三个部分：团体生涯辅导内容，包括本次团体的结构，以及组成团体活动的三个模块；团体辅导的目标；具体的干预过程和目标，包括对整个团体活动内容和每次活动目的的简单介绍，以及课后需要学生准备的作业及

---

① 该案例由北京市一五六中学心理教师李蓓蕾提供。

相关的拓展内容。

团体生涯辅导内容：生涯规划是指一个人对于人生中各阶段的心理期待和憧憬，换言之，生涯规划就是为了实现个人抱负的蓝图。本课程主要从自我觉察、生涯觉察、生涯规划三个方面进行设计。

（1）在自我觉察方面：让学生通过探索自己的个性、兴趣及专长，以了解自己的优缺点、价值观和人格特质。进而借助生涯兴趣量表、价值观迫选等，协助学生了解自己的兴趣、人格特质、价值观，并学会接纳自己、评估个人职业生涯适合的方向。

（2）在生涯觉察方面：组织学生分小组参观访问相关就业单位，了解职业的基本概念及类别；要求学生访问自己的亲友，了解其所担任的工作角色；进行角色扮演，了解不同工作角色的特性，并探索自己喜欢的工作者的工作状态，使学生在进行生涯觉察的同时，能透过实际的参访，对工作世界有更深的认识。

（3）在生涯规划方面：课程设计着重在生涯相关技巧的演练及讨论，培养学生良好的工作态度，遵守纪律、判断、解决问题、做决定的能力，妥善运用与规划时间的能力等。这一部分，教师提供各种情境，让学生进行实际演练或讨论，学习做决定，并适时教导学生做决定的技巧，可采用传授抉择平衡单、生涯选择方格或生涯路径图等方法。

团体辅导目标：为学生提供有关生涯规划的相关信息及应考虑因素，协助学生通过自我认识与相关信息的了解，慎重选择适合自己能力及兴趣的课程，以促进其生涯发展，为高二文理分科和高考填报志愿奠定选择基础。

具体的干预过程和目标如下。

（12次，每周2次，来自高一年级不同班级的学生10人，每次1.5小时。）

·第一次：破冰与团队建立

过程及目标：团体成员间相互认识，采用高中生喜欢的"大风吹""棒打薄情郎"等活动让成员迅速熟悉起来；通过自我介绍澄清成员对团体的期待和目标，辅导教师明确此次团体活动的目标和任务；通过创造团体的名称和Logo让成员之间形成初步的信任感和凝聚力。制定团体规则。

· 第二次：成长历程探索

过程及目标：通过热身活动巩固成员之间的信任感和熟悉度。通过生命线活动，分享并分析人生发展的动力和阻力。辅导教师根据成员的分享进行理论层面的分析，帮助学生从内部寻找力量，并预期可能出现的阻碍，提供可能的应对方法。如果个别学生情绪波动较大，辅导教师要及时处理。

· 第三次：盲行活动与找鞋活动

过程及目标：鉴于成员之间已经较为熟悉，本次活动通过盲行活动让学生体验困境和无助的感觉，并在其中寻找自己的力量和优势。盲行活动的目的是让学生在陌生与无助的环境中体验生活的多样性，同时鼓励学生在恶劣的环境中寻找积极的资源。找鞋活动则侧重让学生体会不同的环境和变化的重要性。在整个过程中，辅导教师引导学生看到自己对困境的适应能力和解决问题的能力，帮助学生发现困境的积极意义。

· 第四次：自我认识之二十个我

过程及目标：在学生了解了生活的变化性和多样性之后，将团体的主题转向更深层次的认识，希望学生在自我认识的基础上，实现自我接纳和自我提升。过程为：先请学生写出并分享二十个我，通过分析，激发学生思考和分享的欲望，帮助学生多角度、全方位地了解，并通过分享更好地认识自己的独特性。在这次团体辅导过程中，辅导教师需要注意将一些解释测验的理论更好地与学生的生活相结合。

· 第五次：自我认识之生涯兴趣

过程及目标：采用兴趣岛活动，设置短期旅行和长期工作两种不同的情境，让学生做出不同的选择。通过不同的情境设置，让学生更好地明晰自己的兴趣，从而为认识自身兴趣提供帮助。除此之外，从理论的角度帮助学生分析自己的选择以及对应的职业，进一步帮助学生明晰自身兴趣的真伪及强度，完善自我认识。

课后拓展：资深工作者的职业访谈。

· 第六次：自我认识之生涯价值观

过程及目标：在经历了职业访谈之后，学生对某些职业的认识改观很多，有些学生放弃了自己的兴趣，有些学生则变得更加坚定，这大多是学生的价值观在起作用。因此，这次活动的主要目的是通过价值观拍卖来帮助学生澄清自己的价值观。

此外，辅导已经进行到中期，有必要对前面的活动进行简单总结提升。辅导教师应以价值观为根基，结合前期知识，帮助每个学生建构职业选择的模型。

课后拓展：请父母填写职业生涯拍卖清单，在其中勾画自己的选择。

· 第七次：认识社会之文理分科介绍

过程及目标：学生在高一下学期要面临文理分科，而这次选择对个体的生涯发展有着重要的影响。因此，本次活动的目的是引导学生更客观地了解文理学科，为后期的选择做好准备。首先从文理分科的历史出发，理解分科的目的和意义。接下来分别从分科和专业的角度解读文科和理科，引导学生根据现有经验来归纳和总结学习文理科的特点，引导学生正确认识文理分科。

· 第八次：认识社会之职业面面观

过程及目标：第七次活动的文理分科是学生与社会联系的桥梁，这次活动正是在前期的基础上引导学生更深入地了解社会尤其是感兴趣的职业。活动前期辅导教师准备了大量有关职业的资料，在辅导过程中首先采用职业推理的方式，请学生就某段描述推测职业，由此加深学生对职业的理解。在此基础上，请学生分组讨论了解不同职业的途径和渠道。

探索实践：资深工作者访谈，对学生感兴趣的职业中的资深从业者进行访谈，分别收集该职业在职业资讯方面和生涯发展方面的信息。

· 第九次：认识社会之生涯人物访谈报告

过程及目标：通过分享访谈报告，加深学生对某些职业全面而客观的了解，并激发学生反思对某些职业感兴趣的动机，引导学生认识职业选择和生涯发展之间的关系。本次活动以上次活动之后的探索实践结果为分享内容，请每个学生分享，并在团体分享之后，由辅导教师通过提问的方式激发学生对于职业选择的反思。

探索实践：请学生采用不同的方式，对自己感兴趣的至少两个职业进行了解与分析，并写出选择这些职业的行业分析书。

·第十次：生涯选择之生涯幻游

过程及目标：生涯幻游的目的是帮助学生更好地认识自己的期待和价值，并勇于承担未来的责任，努力规划。本次活动在学生充分了解了自我、社会、职业之后，采用"十年后的自己"这一生涯幻游的方式，尽可能让学生从细节方面思考未来的发展，澄清现有的期待，找到可以提供帮助的资源和力量，在现在的基础上勇敢地规划未来。

·第十一次：生涯选择之决策风格

过程及目标：从某种意义上而言，生涯就是一个不断决策的过程。因此，本次活动拟在澄清学生对未来期待的基础之上，帮助学生了解生涯决策的风格，并学会科学、合理地做出决策。首先请学生填写决策风格自评量表，辅导教师结合每个学生的情况，帮助他们合理认识量表结果。接下来辅导教师介绍生涯决策平衡单的使用，并分组模拟生涯决策的过程和结果。

·第十二次：模拟实践之学生创业计划

过程及目标：之前的活动几乎涵盖了高中生涯的方方面面，因此本次活动拟从实践的层面考查学生所学，通过创设实际工作场景，开展学生之间的竞赛。活动中，学生可以根据自己的兴趣选择自己的职位，并通过团体合作的方式培养合作意识，共同完成模拟创业计划书。在最后，通过答辩的方式让学生的想法更加贴合实际，形成大胆设想、小心求证的做事风格。

四、团体生涯辅导的实施

上述案例从团体辅导的内容、目标到具体的实施方案，都较为详尽地展示了团体生涯辅导的大致流程。这个案例之所以能够得到学生较好的反馈，究其原因是教师在整个过程中做了足够的准备以及学生认真投入地参与。其中前期的准备包括团体生涯辅导目标的确定、团体辅导计划书的准备、团体成员的筛选；活动过程中还有团体的初建、团体中期需要预防和处理的问题、团体生涯辅导的结束等模块。我们将对这些模块做简要的分析和概述。

（一）团体生涯辅导目标的确定

中学生的生涯任务主要是明了生涯规划的重要性，能够成功解决现阶段遇到的问题，不断深入生涯探索，初探未来职业及体验和认识生活。其中学生对生涯规划重要性的认识越早，越能激发学生对自己生涯的探索及后期的合理规划。生涯探索则是中学阶段生涯辅导的重要内容，涵盖学生的自我认识、人际关系探索、压力调试、时间管理以及学习方法等内容。在此基础上，中学生根据自己的探索结果，在辅导教师的帮助下收集职业资讯，选择与自己的兴趣点相结合的生涯决策，并初步规划自己的职业或事业。

确定团体辅导的目标有两种基本的方法。第一种方法是辅导教师根据学生已有的知识经验设置不同的辅导目标，尤其是学生对于生涯的认知。结合学生的心理发展特点，从生涯辅导的理论和知识逻辑上看，生涯辅导的目标应该是从认识生涯规划的重要性开始，了解基本的生涯知识，学习生涯探索的技巧和方法，在不断的生涯探索中学习认识自己、认识他人、认识周边的环境。在这个过程中学习压力管理、学业管理和问题解决，在此基础上，教师帮助学生初步探索对未来的学业选择、职业选择以及生活体验。第二种方法是根据学生现有的问题确定相应的辅导目标，尤其是大部分学生在某一时间出现的类似的困惑，辅导教师从解惑的目的出发，帮助学生厘清现阶段的问题，探索合理的应对方法，明了规划的重要性。以高中生涯辅导为例，学生可能遇到的生涯问题包括：高一学生生涯意识的唤起、规划学习、适应学习、学生的自我探索、对外在环境的探索、人际关系；高二学生的生涯抉择、大学微探、体验社会和职业、休闲时光、生涯规划；高三学生的生涯资讯、时间管理、压力调适、生涯愿景等。上面的三个年级的分类只是在我们现在的生涯辅导时间有限的基础上，最大限度去满足不同年级学生的不同需求。事实上这些活动并非一定要在三个年级分别展开，我们通常认为，对高中生的生涯规划和辅导越早开展越好。初中的生涯辅导的开展也是类似的。

需要注意的是，团体生涯辅导的目标需要兼顾短期目标和长远目标。生涯辅导的设置是为了让学生在更好地了解自己、他人和环境的基础上，帮助学生提高适应环境变化的能力，使学生具备能够在不同情况下做出恰当的生涯决策的能力。在上述案例中，辅导教师的团体辅导目标设置考虑了学生的心理发展特点，也兼顾了高中生需要关注的生涯问题，但是需要注意的是，如果学生在参加团体之前对生涯规划和生涯知识了解较少，则不适合在一次团体中设置如此多的目标。与其在一次团体中设置过多的目标，倒不如将一个目标做深，让学生有更多的体会和感悟。

（二）团体生涯辅导计划书的准备

确定了团体生涯辅导的目标之后，团体生涯辅导计划书需要将大的目标拆分为一个一个可以通过具体活动来实现的小目标。生涯辅导计划书需要辅导教师明确团体成员的知识结构、对团体生涯辅导的认识、对适合学生年龄特点的活动的选择。

在书写生涯辅导计划书时，要明确团体的总目标以及每次活动的分目标，结合团体心理辅导中常用的技术和原则，选择适合学生心理发展特点、符合生涯发展理论的活动，并对活动需要的材料、过程中的问题、所需要的时间等进行合理的预期和设置。在活动过程中，计划书也可以起到提醒的功能，帮助教师将预设的问题更好地应用到团体中去，以便激发学生更多的思考。

需要注意的是，生涯辅导计划书并不是一成不变的。如果在团体生涯辅导开展期间出现需要调整的状况，辅导教师可以根据课程的目标，结合学生的情况进行相应的调整。

（三）团体成员的筛选

在团体的筹备过程中，团体成员的筛选是非常重要的一个环节，辅导教师需要清晰地了解团体的性质、形式和期望达到的目标。团体成员的最低标准则是在身体和精神上适合参加团体辅导，愿意在团体中得到帮助，能够与团体成员相处。有些中学生虽然有求助的意愿，但是可能本身有些问题，不适合直接参加团体生涯辅导。

根据团体成员的问题性质，可以将团体分为同质性和异质性两种：同质性指团体成员间的年龄、学习经历、生活经历、需要解决的生涯问题相似。如高一新生适应问题、高二文理分科问题、高三志愿填报问题等。同质性的团体，成员之间容易产生对团体的归属感，容易相互沟通、理解和支持。异质性的团体成员则在成长背景、学习经历和需要解决的问题等方面不大相同，但成员之间也能够互相启发，相互学习，有利于个体的发展。尽管同质性团体和异质性团体各有优点，不过考虑到现实情况中生涯辅导教师精力和时间的有限性，我们建议在对团体成员进行筛选时，尽量选择具有同样背景、同样生涯困惑的学生，也就是选择同质性的小组，便于每次问题的聚焦和解决。

团体成员筛选的另一个任务是确定团体的规模。与个体生涯辅导类似，团体生涯辅导也可以看作团体心理辅导的一种，因此我们可以借鉴团体心理辅导的理论、技巧和形式。在团体心理辅导中，对团体人数的确定，不同研究者的观点是大同小异的，大家一致认为团体人数最好为5—8人，最多不能超过12人。人数过少或过多都容易对辅导教师和团体辅导的过程产生不良影响：人数过少难以激发和调动团体成员的情绪，难以形成分享的氛围，也使成员在团体中感受到的支持和归属更少；人数过多则容易使分享不够充分，团体成员之间容易形成小团体，影响团体动力的形成和作用的发挥。当然，团体的规模也受到场地、团体性质、形式和目标的限制，这些需要辅导教师根据具体情况灵活处理。

除了团体生涯辅导之外，团体生涯辅导的应用和价值也体现在以小组为单位的生涯辅导课中。无论是生涯的团体辅导还是以团体的形式开展的生涯课，辅导教师充分的准备和对团体动力的激发与掌控都是非常必要的。

（四）团体的初建阶段

一个团体工作的顺利开展和实施，初建阶段非常重要。这个阶段的主要任务是团体成员与组长之间相互了解和熟悉，澄清团体的目标，团体成员和组长明确自己的职责，建立团体的规则，并使团体成员对团体有初步的认识。

在上述案例中，在团体的初建阶段，辅导教师第一次就采用了学生喜欢的活动帮助学生之间尽快熟悉起来，澄清了团体成员的期待，通过让成员制作团队Logo的形式，不仅再次明确了团队的目标，而且很快建立了团队的凝聚力。在各位成员明确了自己的权责之后，教师征求全体成员的意见，大家共同签署团体生涯辅导协议书，以保证团体辅导的顺利进行。

在上述案例的第二次活动中，考虑到成员之间的熟悉程度不高，辅导教师特意再次选择了能够帮助成员建立信任感和熟悉度的活动，并通过分享成长历程，让成员之间迅速去除陌生感，帮助成员初步了解高一生涯规划的重要性，并从成长历程中发现自己的内在力量和优势。第三次活动则通过设置困境来进一步激发团队成员之间的合作和情感上的支持，并努力帮助成员反思内在的资源和力量，为进一步的自我认识和探索提供前期铺垫。

团体生涯辅导的初建阶段对辅导教师的要求很高，此阶段团体成员之间的熟悉度不高，因此辅导教师不仅要明确团体的目标，澄清成员的期待，而且需要调动团体的气氛，帮助团体建立起安全、舒适、乐于分享的氛围，还要帮助团体向内探索并进行正确归因。辅导教师在这个阶段的引领和示范作用，可以有效地激发学生分享和探索的动机，从而实现团体初建阶段的目标，初步形成团体的凝聚力。

完成初建阶段的主要任务，可以为团体中后期的实施奠定良好的基础，能够较好地推动团体的发展。

（五）中间实施阶段

与前一阶段相比，团体辅导的中间实施阶段对于辅导教师而言似乎轻松一些，因为团体的凝聚力初步建立，团体成员能够在团体中找到自己的位置，对表达的渴望增加。但事实上，这个阶段是最可能引发冲突、情绪体验强烈、意外事件多发的阶段。在这个阶段，每个成员的特点得以凸显，成员之间可能出现对团体控制权的争夺，甚至是团体成员与辅导教师发生冲突和对辅导教师不理解等。随着这些问题的解决，团体的凝聚力将不断增加，团体成员之间也更乐于分享，更聚焦于问题的解决。

如果说团体初建阶段辅导教师的主要任务是表达关心、引发和激励情绪的话，在团体开展的中期，则不仅要继续承担上面的两项任务，而且更重要的是帮助团体成员在活动和分享中，从整体出发，对团体的成果有所肯定，提出不同的问题，邀请团体成员对团体的整体行为和过程做出反应，推动团体向纵深发展。从上面的案例中我们也可以发现，辅导教师在这个阶段，选择了中学生生涯辅导的重点——生涯探索的各项活动，分别介绍了认识自我（兴趣、性格、能力、价值观）和认识社会（选科意向、职业认识和生涯任务访谈）的工具，通过全方位的探索为后期的生涯抉择做好铺垫。

在对职业的探索中，我们需要让学生意识到这个社会中普通职业的重要性，我们可以通过提高职业素养在普通的职业上做出成绩。因此，在生涯的团体辅导中，会遇到学生对职业的种类了解较少的情况，而社会的日新月异淘汰了很多职业，也涌现出很多职业。如何帮助同学用发展的眼光更好地了解社会进步（老龄化、信息化、全球化、生态化）对职业的影响，需要生涯辅导教师有意识地帮助学生扩大视野。在这个过程中，更重要的是生涯辅导教师要重视对高中生价值观的培养，增强他们对未来多元化发展的认识。

这个阶段根据团体目标所采用的活动非常关键，团体活动应该是符合学生身心发展规律，是教师比较熟悉的，清晰可行且充分考虑学生可能发生的情况。每个生涯辅导教师对学生的了解都大于指导的专家，因此建议教师可以创造性地开发适合学生的活动。这些活动必须保证学生的安全，并能给学生带来启发。如教师是第一次做某些有争议的活动（我的五样、墓志铭活动）、需要一定技巧的团体活动（如信任背摔等），则一定需要熟悉此活动的其他辅导教师在场，以便保护学生的身心健康。如果在团体活动中需要选择某些案例，这些案例也最好以贴近学生生活为选择要义。

（六）意外情况的处理

之所以在做有争议的活动和需要技术的活动时，需要有经验的辅导教师在场，是因为在团体活动中，经常会有辅导计划书之外的情况发生。如我们曾观摩一堂价值观探索的课程——"我的五样"，大家发现对生命中重要事物的舍弃让很多学生无法自拔，课程因此无法进行。在这种情况下，需要注意当个体情绪非常激动时，如果可以，应及时给予安抚；如无法及时安抚，也应该在课后给予安抚。否则学生一直处在应激的状态下，会对其身心产生巨大影响。

在生涯辅导的过程中，如团体中某些个体将生涯辅导的问题放在一边，心理问题凸现时，需要考虑是否应单独对该学生进行干预。如果有些学生无法在团体中继续，则可以考虑为他进行单独的个体咨询，一切以学生的利益为先。

如果有学生不愿意分享，通常情况下我们不主张强制要求学生分享。但如果学生表现出的是不知道如何分享，则需要辅导教师用智慧去解决问题，如下面的这位辅导教师就很好地处理了这种情况。

在生涯课程完成了组内分享，开启组间分享时，有些团体总是一个人在分享，有些可能没人分享。对于没人分享的团体，教师可以采用的一个方法是对团体内的某一个学生说："如果你觉得自己的不好表达，你可以说说别人的意见，当然，请注意保护他人的隐私。"

当学生与辅导教师的意见冲突时，辅导教师不应被这些冲突所困扰，而应该找出冲突背后的原因，不能因为冲突背离当初的咨询目标。如某位辅导教师对于冲突的回应："同学们可以参考其他人的不同意见，但我请大家记住，我们为什么要有这些想法，这些想法对我们最终的目标有哪些影响呢？"

（七）团体生涯辅导的结束

一般的团体结束都会用一次团体会面生涯辅导来完成，并且辅导教师需要提前通知团体成员。与生涯的个体咨询一样，需要确认团体辅导的目标是否达到；请每位成员总结咨询的收获和成长；生涯团体咨询的结束需要帮助学生巩固前面咨询的基础，帮助学生树立在日常生活情境中坚持使用咨询中发展出来的技术或能力的信心；如果可能，可以用互送证书、互送信件等方式来巩固团体咨询的成果，帮助成员之间相互监督已有的行动实施。最后辅导教师要总结整个团体咨询过程，并结束团体和祝福团体成员。

在上述案例中，团体生涯辅导是根据中学生生涯辅导的规律，由浅入深地进行，将生涯决策和模拟实践放到了团体辅导的最后，辅导教师帮助学生在更好认识自我、环境的基础上，根据学生的个性特点，与其他成员共同努力帮助学生寻找适合的行动方式。但需要注意的是，辅导教师和其他成员不能代替当事人做生涯抉择，而应该帮助当事人认识到当前抉择对未来的影响，以及抉择本身的不唯一性。尤其是对学生而言，他们的生涯规划更多的是要让他们认识到变化性、发展性和积极的不确定性，从而提高学生对未来生涯发展的适应度。

思考与练习

1.生涯辅导与一般心理咨询相比，有哪些独特性？

2.请阐述助力个人成长的途径。

3.在你熟练掌握的心理咨询方法中，有哪些可以迁移到生涯辅导中去？

4.团体生涯辅导的开展中可能出现的意外情况有哪些？你怎么处理这些意外情况？

【参考文献】

北京师范大学附属实验中学，2015.高中生涯规划[M]．北京：北京师范大学出版社.

陈宛玉，叶一舵，杨军，2017.新高考背景下高中生涯辅导的必要性、内容及实施途径[J].教育评论（11）：100-103.

杜芳芳，金哲，2016.新高考改革背景下高中生科目选择意向现状及对策：基于浙江省五所高中的调查分析[J]．教育理论与实践（8）：15-18.

金树人，2007.生涯咨询与辅导[M].北京：高等教育出版社.

林孟平，2005.小组辅导与心理治疗[M].上海：上海教育出版社.

里尔登，伦兹，桑普森，等，2010.职业生涯发展与规划[M].侯志瑾，等，译.3版.北京：中国人民大学出版社.

乌云塔娜，2017.生涯团体辅导对高中生生涯成熟度发展的实验研究[D].呼和浩特：内蒙古师范大学.

谢弗，2012.社会性与人格发展[M].陈会昌，等译.5版.北京：人民邮电出版社：196-197.

GYSBERS N C，HEPPNER M J，JOHNSTON J A，2007.职业生涯咨询：过程、技术及相关问题[M].侯志瑾，译.2版.北京：高等教育出版社.

OSIPOW S H，1982.Research in career counseling：An analysis of issues and problems[J]. The Counseling Psychologist，10（4）：27-34.

SWANSON J L，1995. The process and outcome of career counseling[M]// Walsh W B & Osipow S H，Handbook of vocational psychology：Theory，research and practice. NJ：Erlbaum：295-329.

第五章

有哪些生涯教育
测评工具可以用

□ 课程结构图 □

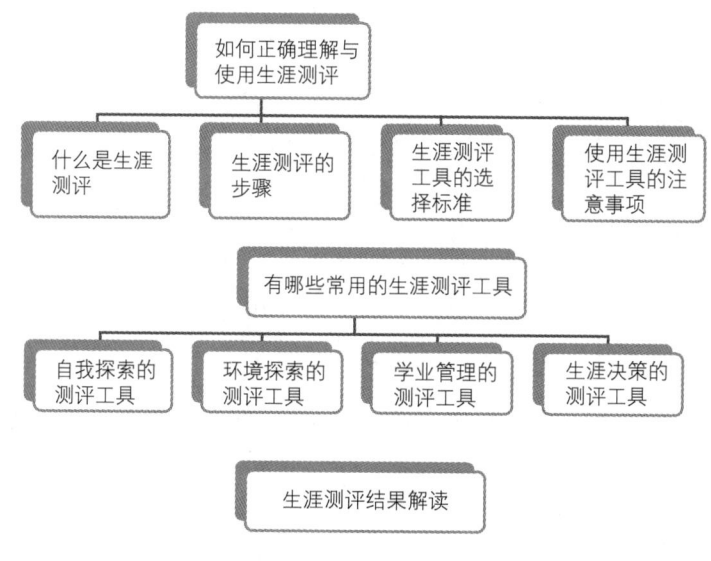

在对学生进行生涯教育的过程中，你有没有遇到这样的困惑：面对林林总总的测评工具，该选择哪个工具对学生进行测评？有些测评工具因为学生不太喜欢，导致测评结果可信度低？编制测评工具的理论依据不同，使得即使测量的是同一心理特质，结果也不尽相同，这该怎样看待？测评过程中需要注意哪些问题？如何向学生进行解释测评分数？带着这些问题，我们一起来进入本章的学习。

第一节　如何正确理解与使用生涯测评

 情境导入

真实生活中的测验

我们用下面一些例子来说明测验对于个体的重要性，请大家仔细阅读下面的小案例。

·一个7岁大的小姑娘，害羞、行为退缩，在学校心理学工作者的帮助下完成了一个智力测验。她的测验分数远远超出了老师的想象。这个学生最后加入了一个天才儿童的训练计划，最后她成了一个自信的、硕果累累的学者。

·有一个警官的职位，候选人都需要进行一项人格测试，这是选拔的必经流程。测试结果发现，其中一位候选人常常不假思索就开始行动，拒绝上级的监督。尽管这位候选人其他各方面素质都非常好，也让面试官印象深刻，但是他最后还是没有得到这份工作。

·有一个学生，并不清楚自己的职业倾向，因此她做了一项职业兴趣测试。测试的结果显示她可能比较适合药剂师的工作，因此她选择了一些药学课程。但是她发现这些课程不仅很难，而且非常枯燥乏味。3年后，她放弃了药学专业，选择了舞蹈作为自己的专业。很不幸的是，她还需要花3年的时间才能拿到学位。

• 一个申请临床心理学专业的研究生候选人，进行了明尼苏达多项人格测试。这个学生的推荐信中的评价和学习成绩都是很出色的，但是他很清楚最大的障碍就是测试结果。他的结果绝大多数是很正常的，就是防御性有一些偏高。招生委员会进行了一个小范围的投票，最终决定给这个学生入学的资格。有讽刺意味的是，这是唯一一所录取他的学校，其他19所学校都拒绝了他的申请。他最后进入了这所学校学习，并非常热衷于心理测量的学习。很多年之后，他写下了《心理测量：历史、原理及应用》（*Psychological Testing：History，Principles，and Applications*）。（格雷戈里，2012）[2-3]

几乎每一个国家都会使用测试来进行咨询、人员选拔和人员安置等工作。在学校、政府机构、医疗机构和咨询中心，我们会碰到各种各样的测试。绝大部分人都会面对这些测评，只是他们自己都没有意识到这些都是测试而已。但是，当一个个体达到了退休的年龄时，回头再看看，可能就会发现心理测量是如何影响个体的人生轨迹的。

心理测量对人的毕生发展的影响可能是很微小的，但是，心理测量会从很多方面对个体的毕生发展产生影响。个体是否能进入大学学习，是否要接受这个工作而拒绝另一个工作，是否会被诊断为抑郁——这些都会依据或至少部分需要依据测试的结果，然后由一个权威人士来对结果做出解释。简而言之，心理测量的结果是可以改变人生轨迹的。

现代心理测量和测验作为心理科学的重要分支应用于生涯教育，使得生涯教育的发展如虎添翼。生涯测评的功能很多。如了解个体差异；诊断、预测和评价；甄选、分类和安置；为生涯辅导和生涯咨询服务；等等。适当地利用标准化的测验与量表的量化结果资料，有助于学生发现自己未知的潜能及问题，从而为其升学和择校、课程和职业选定等提供有价值的参考。

一、什么是生涯测评

（一）生涯测评的概念

生涯测评即将心理测验和测评工具运用到生涯教育中，帮助学生进行性格、兴趣、能力、价值观等自我探索，学校环境、职业环境等职业探索，目标管理、时间管理、学习策略等学业管理，提升学生的生涯信念和生涯决策能力，以达到探索个人与环境的关系、探索教育或职业世界和生涯决策的关系的目的。

（二）生涯测评的发展

心理测验运动自20世纪初兴起，20年代进入狂热（时期），40年代达到顶峰（时期），50年代后转向稳步发展。在此期间，心理测验的发展过程中有几个重要的里程碑。

1905年，法国的比奈（A. Binet）与西蒙（T. Simon）合作完成了世界上第一个智力测验量表：《比奈-西蒙量表》（*Binet–Simon Scale*）。1905年，比奈和西蒙在《心理学年报》上发表的《诊断异常儿童智力的新方法》一文中详细介绍了此量表，故也称此量表为1905年量表。

1916年，美国斯坦福大学教授推孟（Terman）指导修订了《比奈-西蒙量表》，形成了著名的《斯坦福-比奈智力量表》（*Stanford–Binet Scale*），简称为斯比智力量表。量表附以详细的施测指导与计分方式，并且首次采用智商（intelligence quotient）的概念。

1917年，第一个团体智力测验诞生，称为《陆军甲种量表》（*Army Alpha Scale*），系美国陆军在第一次世界大战时为招募新兵而设计的。稍后，又为文盲和不懂英文的新兵编制非语言测验，称为《陆军乙种量表》（*Army Beta Scale*）。这两个测验是第一次世界大战期间十分著名的团体智力测验。

1927年，美国斯坦福大学的斯特朗（E. K. Strong）发表了第一个兴趣测验——《斯特朗职业兴趣量表》（*Strong Vocational Interest Blank*，SVIB）是依据样本在不同职业群中的反映发展而来，为连接兴趣与职业最重要的测验工具。他所进行的一系列职业兴趣研究，在今天看来，是有关兴趣研究的经典之作。

1928年，霍尔（Clark L. Hall）发表特殊能力倾向测验，专为职业辅导的应用而设计。强调如何将个人的特质与工作的需要相匹配。

第二次世界大战后应用心理学的蓬勃发展，又带动了另一波心理测验的汹涌浪潮。诸如工业心理学、教育心理学、咨询心理学、学校心理学，这些新兴的学术领域只要涉及心理评估，都需要发展新的心理测验工具。这一时期的心理测验也开始注意性别差异、文化差异、年龄差异等问题，使生涯教育在使用测验时，更能兼顾到测验使用的伦理问题。

第二次世界大战结束，进入大学及社区学院的青年人数急剧攀升。这些青年需要有系统的生涯教育，以选择适当的学校。美国大学测验服务社（American College Testing）针对学生需求所研发的测验计划甚受欢迎，尤其是兴趣测验，囊括了完整的生涯规划设计，可以帮助学生在大二时选择主修方向，毕业时选择职业。

1958年，美国立法部门通过了对生涯教育影响深远的《国防教育法案》（National Defense Educational Act）。该法案的目的是挑选出具有特殊才能的中学生，提供适切的咨询计划，辅导这些学生，充分发展其才华。因此联邦政府将充裕的经费拨入中学咨询中心，这个法案将生涯教育与心理测验紧密地结合在一起。

第二次世界大战后，民间心理测验书籍的出版犹如雨后春笋。商业与学术的联盟，促使心理测验的编制、修订、使用与发行更加审慎，以接受市场的监督与考验。随着测量理论的严谨，心理测验修编过程、技术的精致与考究，心理测验的商业化成为大势所趋。此外，计算机科技也被引入心理测验的计分、文字解释中，使生涯教育人员能更有效地运用测验的结果。

二、生涯测评的步骤

不同的研究者提出了不同的生涯测评模型。金树人提出的生涯测评的步骤包括确定生涯发展的阶段、分析个别需要、设立目标、决定施测工具、解释测验的结果和测验的应用六个过程。（金树人，2007）[241-243]赞克（Osborn et al., 2014）[6-7]提出了在生涯教育中运用测评工具的模型。模型包括分析来访者需求、建立测评目的、选择测评工具、应用测评结果、做出决策五个过程。

结合金树人（2007）[241-243]与赞克（Osborn et al., 2014）[6-7]的研究，在对学生进行生涯测评时，主要思路是根据舒伯的模型确定学生的发展阶段，明确学生的发展任务和关注点，通过生涯测评获得的信息帮助学生做出生涯决策。主要包括以下六个步骤。

1. 确定学生的生涯发展阶段

按照埃里克森的自我发展理论，个体发展阶段依次为：婴儿期（0—1岁）、童年早期（1—3岁）、童年中期（3—6岁）、童年晚期（6—12岁）、青春期（12—18岁）、成人早期（18—40岁）、成人中期（40—65岁）、成人后期（65岁以后）。中小学生处于童年晚期和青春期，主要面临勤奋对自卑、同一性对角色混乱的发展任务。关于埃里克森的自我发展理论介绍详见本书第二章。

按照舒伯的理论，个体的生涯发展阶段依次为：成长期（0—14岁）、探索期（15—24岁）、建立期（25—44岁）、维持期（45—64岁）、卸任期（65岁至晚年）。中小学生处于生涯成长期和探索期。关于舒伯的生涯发展理论介绍详见本书第一章。

不同的生涯阶段又可细分为若干小阶段，确定学生的生涯发展阶段，是为了了解一般个体的心理成长程度，同时了解个体的心理需求及面临的生涯困境。

2. 分析学生的需求

当学生寻求生涯方面的帮助时，分析学生的需求，一是帮助建立良好的辅导或咨询关系，二是促进学生积极主动地参与到测验的实施与解释过程中来。当明确自己的需求之后，学生能够积极参与生涯测评，减少因动机缺乏而产生的测验误差。

如学生意识到需要借助系统的方法进行自我探索时，他会更想知道哪种测评对自己更有帮助。如一个学生知道自己真正的需要是鉴别未来升入高等职业学校之后的学习成就，那么在生涯教师安排需"最大表现"的能力倾向测验时，就会全力以赴，以测出自己真正的实力，作为未来选择高等职业学校某项专业的参考。

在帮助学生分析需求时，生涯教师需要完成表5-1所列的四个任务。（Osborn et al.，2014）[8-10]

表5-1　分析需要的四个任务

任务	目的
建立咨询关系	培养信任感和相互尊重感
接纳来访者	帮助来访者认识自己的观点，同时让其意识到这些观点如何影响他们的生涯决策
思考生活方式	帮助来访者探索其生涯决策对生活方式产生的重大影响
明确需要	判断生涯测评是否能满足来访者的特定需要

3. 明确测评目的

分析需要之后，师生要共同讨论测评的目的。双方都应了解，测评并不能满足学生的所有需求。有时测验的目的在于回答一个特殊的问题，如预测学生在接受教育或培训中，取得成功的可能性。有时测验的目的不太明确，如为一个犹豫不决的学生寻找生涯探索的方向。无论哪种状况，为了使测评的结果成为有意义的参考数据，就必须将测评的目的和学生的需要紧密联系起来。

4. 选择测评工具

每一种测评工具在生涯教育中均有不同的用途与功能。选择测评工具，应考虑测评工具本身的特性以及前面提到的测评目的。

能力或能力倾向测验主要用来预估未来工作表现成功的概率。有时此类测验的结果也可用来决定一个人是否需要接受补救性的学习或训练。

成就测验可以协助咨询师测量学生在教育上的表现。有时成就测验也可视为能力倾向测验在选择与分类功能上的辅导测验。

兴趣测验在生涯辅导上的历史相当悠久，通常用来将测出的个人兴趣类型和参照团体相比较，指出一个人的职业兴趣与哪一类职业人员的兴趣最为相近。

人格测验则提供受测者易于影响其行为的个人特质的各种线索，这些线索对几种不易下决定的职业常具有澄清的作用。

价值问卷的用途与人格测验颇为类似，同样在于反映个人特质，但这些特质和"我愿意做什么"较为相关。

从兴趣测验、人格测验和价值问卷所得到的数据，能使我们较深入地和学生共同讨论个人的特质与工作世界的关系，以及学生在未来的事业生涯中可能满意的程度。

生涯成熟问卷则是用来侦测个体在职业发展过程中有关的各项能力，如自我了解的能力、生涯计划的能力、生涯决定的能力等。

5. 解释并应用测评结果

对测评结果的解释应当与前面提到的测评目的相呼应。不同的测评工作、不同的测评目的会引导出不同的解释方式和方向，但具体的解释应在测评工具所规定的范围之内。对于一般性测评结果的解释应注意的事项在本章第三节有详细的介绍。

学生可能会发现他们在小学、初中、高中都会进行兴趣、性格、价值观、能力的测评，测评结果可能相似也可能不同，不同阶段的测评主要是为了帮助学生更好地澄清需要和发展自我意识。

由于生涯选择会受到内在与外在条件的影响，测评结果的应用也因人而异。整体而言，探索个人与环境的关系、探索教育或职业世界，以及生涯决定是必须要运用测评结果的数据进行辅导的几个主要方面。

6. 做出生涯决策

完成测评工具，讨论完测评结果，就到做出决策的阶段了。生涯教育最终的目的，是希望学生能够厘清困惑，做好生涯决策。一个好的生涯决策，必须以"知己"与"知彼"为基础，而测评的结果为这个"知己知彼"的基础提供了不可或缺的数据。所以说测评的实施是手段，协助生涯决策才是在生涯教育中应用测评工具的最终目的。

当学生做出决定后，无论是选科选考、升学择校、选择职业还是准备接受培训，都很可能对这一决定进行重新测评。

三、生涯测评工具的选择标准

在生涯测评过程中，分析完学生需求，明确测评目的后，就要选择恰当的测评工具。

测评结果是进行生涯探索的重要依据，也是引发更深层次讨论的重要依据。生涯教师是不能随便选择测评工具的。选择任何生涯测评工具都必须以生涯教师所持有的生涯理论和学生的需求为前提。例如，如果学生想知道未来能否报考工程设计专业并在该行业获得成功，就不适合选用兴趣量表。表5-2（Osborn et al., 2014）[29]列举了生涯测评与生涯理论之间的关系。关于表中提及的部分生涯理论，详见本书第一章。

表5-2 与生涯理论有关的测评

生涯理论	理论构想/测评类型
布朗的价值基础生活角色选择论	价值观
生涯建构理论	价值观、信念、生命线、自传、卡片分类
混沌理论	生涯思考
设限与妥协观念	工作激情、自我概念、智力、阻碍（真实的和知觉到的）、价值观
认知信息加工理论	知识方面：兴趣、价值观、技能 决策方面：决策能力 执行方面：消极生涯思维、职业认同、生涯信念、自尊、准备
霍兰德的职业兴趣理论	兴趣、能力、职业认同
生涯咨询的学习理论	信念
帕森斯特质因素理论	能力
个人—环境理论	技能、需要/价值观
舒伯的生命全程、生命多维理论	生涯成熟度、自我概念、能力/特质、准备性、需要、价值观、智力

奥斯本等人（Osborn et al., 2014）[13]认为判断是否使用一项工具需要考虑以下基本问题：测评的目的、信度、效度、便利性、文化适应性和公正性，咨询师实施并解释工具的能力，以及工具的使用成本。就学校生涯教育而言，生涯教师在选择测评工具时，必须要满足以下三个条件。

第一，符合测评目的。选择的测评工具不符合测评目的，会让学生产生测评工具被滥用的想法，认为教师在生涯教育方面不专业，不愿意继续向教师寻求帮助。

第二，符合心理测量学标准。选择的测评工具应适用于学生，经过标准化，具有良好的信度和效度。整体而言，目前学校心理咨询室或学生发展中心配备的测评工具都是可信的、有效的。那么，为什么要特别强调信度和效度？对于不同测评工具的信度和效度该如何理解呢？这也是本章要重点阐述的。

第三，自身具备实施与解释测评工具的能力。有些测评工具在教师经过培训后即可施测；有些测评工具，如《明尼苏达多项人格问卷》（Minnesota Multiphasic Personality Inventory，MMPI），则需要施测者具备专业测评资质。

（一）信度

用于招募、甄选的测验或教育领域的测验必须首先确认是可信的。

信度即测验的可靠性，是指多次测验结果的一致性程度。一个好的测量工具，对同一事物反复多次测量，或由不同的人使用，其测量结果应该保持不变。测验信度常用的方法有三种：重测信度、复本信度和内部一致性信度。

假定让你用一个测验挑选出适合某项特定工作的人，该测验的信度系数是0.40，雇主用测验的成绩比较该录用谁时，40%的差异可以解释为应聘者之间的差异，60%的差异为随机或不确定的因素。这个假定可以帮助我们理解为什么强调要使用信度系数高的测验。

总有人询问说信度多高才是"足够"可信的，该问题的答案取决于具体的测验及运用。一般来说，信度系数在0.70—0.80的测验就是可信的。国际科学学会的一份报告指出，一些特别专业的测验，如某些专业的技能测验，应该具备很高的信度；而测量一些复杂的能力，如创造力等，对信度的要求就不必太高。

（二）效度

美国某公司在提拔干部时要求候选人通过某个智力测验，但是通过这个测验的白人比例远远高于黑人，因此有人认为该公司存在雇佣歧视而对其提出控诉。此诉讼主要关注的就是该智力测验的意义。在法庭上，法官要求该公司说出为什么该测验对他们企业的特定工作是有意义的，即公司必须证明对于特定的工作，测验有其特定的意义。这个意义就是测验领域中所谓的效度。

效度是衡量测验结果有效性的重要指标，它可以被定义为一个测验与其他公信力强的测验质量之间的一致性。效度主要有三种类型：与结构有关的效度；与效标有关的效度；与内容有关的效度。

测验分数和效标测量之间的相关系数称作效度系数。效度系数越高，在使用测验分数对效标进行预测的时候，准确性就越高。在理想的状况下，效度系数应该等于1.00，这时测验就具有完美的效度，可以对效标进行最好的预测。当然，在现实生活中，并不存在这样的测验，一般测验的效度系数只是低度或中度的相关，很少能超过0.80。但是效度系数究竟应该有多高才有意义呢？这个问题并没有统一的答案。效度这个概念并不像测验的信度那么简单，基于一些非常简单的实验就可以确定测验的信度系数。测验效度是一个发展的过程，贯穿于测验构建的整个过程。我们用下面的案例来说明测验效度与效度系数的作用。

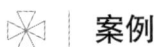 **案例**

研究作为测验效度的关键证据来源

在一个心理学研究者的指导下，一个心理学系的研究生试图编制一个测量害羞的纸笔测验。这个学生构建整个测验条目的方式是合理的，然后他试图去寻找这个测验的效度证据，他使用了MMPI中10个临床量表来和自己设计的测验进行相关分析。非常不幸的是，他所设计的这个测验，我们暂时先假定是害羞量表，与MMPI中的抑郁量表之间存在着很高的相关（r=0.65），而与MMPI中的社会内向性之间的相关却很低（r=0.08）。很显然，这个学生所编制的量表是一个测量社会不适应导致抑郁的指标，而不是所谓的害羞量表。从这个小故事中我们就可以知道一个测量的原则：某一个测验所测量的心理特征是由效度研究来界定的，而不是根据测验编制者的命名来确定的。（格雷戈里，2012）[105]

四、使用生涯测评工具的注意事项

（一）正确理解测评工具

心理测验是研究心理学、进行生涯教育的一个重要方法和决策辅助工具，心理测验的编制十分严谨，并且经过标准化和鉴定，因此测验的结果是准确可靠的。实践证明，心理测验较之观察法、访谈法等心理测量的其他方法更准确、更客观。另外，心理测验还可以在较短的时间内搜集到大量的定量化资料，因而它是研究心理学的一种重要方法和决策辅助工具。

心理测验作为一种研究手段和测量工具尚不完善，心理测验不是心理测量的唯一方法，更不是万能的方法，它有着不可忽视的局限性。首先，不同的心理测验所依据的理论基础不尽相同，所测特质的定义、观点及概念系统也不同，因此同样性质的测验测量的可能是不完全相同的心理特质；其次，心理测验是对人的心理特质的间接测量与取样推论，不可能完全准确；再次，作为指导测验编制的"测量理论"有一些比较脆弱的假设；最后，测验过程中的一些无关因素的干扰很难完全排除，会影响测验结果的稳定性和准确性。总之，心理测验无论在理论上还是方法上都有不完善的地方。

因此，要相信心理测验能为我们提供有价值的资料，但不能完全迷信心理测验，在利用心理测验结果作为辅助决策时，还必须结合其他信息进行全面的分析。在对测验分数做解释，尤其是对个体做预测时必须十分小心。

（二）正确使用测评工具

为了充分发挥心理测验和测评工具的功能，必须科学地、严肃地对待心理测验，正确使用心理测验。只有够资格的心理测验工作者才能使用心理测验，才能担任主试。主试在使用心理测验时必须做到以下几点。（Kaplan et al.，2009）

（1）测验的选择要慎重。

（2）使用某一心理测验前，必须认真阅读测验手册。

（3）做好测验前的准备工作。

（4）测验的实施应严格控制误差。主要包括测验的情境应力求一致，正确使用指导语，测试时记录和计时要准确，对被试态度要和蔼，要对被试在测验实施中的反应和行为做出切实而仔细的记录等。

（5）测验的记分要客观。

（6）要以慎重的态度来解释与使用测验结果。主要包括：主试要懂得如何解释测验的分数，一般不要把测验结果告诉被试或其他人，而只需告知测验结果的解释；要以发展变化的观点对待被试，由于测验只能反映一定时间内学生的能力、人格等心理状态，而学生的心理是可塑和发展的，因此测验所得的结果并非一成不变的，关键在于因势利导，扬长避短。测验结果不宜向全体学生公开，以免引起不良后果等。

此外，测验的常模是某一标准化样组在一定时空中实现的平均成绩。地区不同，常模也就不同。因此不能把一个原来良好的测验，不分时间、地区到处乱用。

总之，主试必须严格遵守测验工作者的道德规范。为了防止测验的乱编滥用，还应注意下列问题：

第一，测验的编制和修订要注意科学性。

第二，测验要保密，主要指测验的出版和发行要严加控制，测验内容不可泄露等。

（三）遵守测评伦理与原则

作为生涯教育教师，在生涯咨询与辅导及其相关活动中的行为要遵守一系列的测评伦理和原则。

美国咨询协会（American Counseling Association，ACA）、美国国家生涯发展协会（NCDA）、咨询师国家认证协会（National Board for Certified Counselors，NBCC）等机构在网上分别公布了相应的伦理标准。所有伦理标准普遍都会包括以下方面。（Osborn et al.，2014）[73-74]

·检查测评工具的信度和效度。

·了解自己的能力范围（只做那些有资格或有经验的测评）。

·向来访者介绍测评结果应用及保存的方式（包括保密和测验的安全性）。

·判断测评工具是否适合来访者（以来访者的需要及测验的常模来确定）。

·解释所有测评的局限性。

·获得知情同意。

·确保学校或机构为测评工具所做的广告是准确而没有误导的。

·用正确的、容易理解的方式解释测评结果。

《中国心理学会临床与咨询心理学工作伦理守则》中第四部分关于"心理测量与评估"的指导守则有如下要求。

心理师应正确理解心理测量与评估手段在临床服务工作中的意义和作用，并恰当使用。心理师在使用心理测量与评估过程中应考虑被测量者或被评估者的个人和文化背景。心理师应通过发展和使用恰当的教育、心理和职业测量工具来促进寻求专业服务者的福祉。

（1）心理测量与评估的目的在于促进寻求专业服务者的福祉，心理师不得滥用测量或评估手段以牟利。

（2）心理师应在接受过心理测量的相关培训，对某特定测量和评估方法有适当的专业知识和技能之后，方可实施该测量或评估工作。

（3）心理师应尊重寻求专业服务者对测量与评估结果进行了解和获得解释的权利，在实施测量或评估之后，应对测量或评估结果给予准确、客观、可以被对方理解的解释，努力避免其对测量或评估结果的误解。

（4）心理师在利用某测验或使用测量工具进行记分、解释时，或使用评估技术、访谈或其他测量工具时，须采用已经建立并证实了信度、效度的测量工具，如果没有可靠的信度、效度数据，需要对测验结果及解释的说服力和局限性做出说明。心理师不能仅仅依据心理测量的结果做出心理诊断。

（5）心理师有责任维护心理测验材料（指测验手册、测量工具、协议和测验项目）和其他测量工具的完整性和安全性，不得向非专业人员泄露相关测验的内容。

（6）心理师应运用科学程序与专业知识进行测验的编制、标准化、信度和效度检验，力求避免偏差，并提供完善的使用说明。

（四）在线测评的注意事项

随着计算机网络技术的成熟，很多公司都通过网站或手机应用推出了在线测评工具。这使学生能够轻而易举地在线完成一些自我探索的量表，拿到一些与自己特点匹配或不匹配的职业清单，那么，该由谁来为此做出解释？还有些学生根本不看指导语和测评使用范围，其结果必然是错误的或者会产生误导。在线测评有其自身的伦理问题，生涯教师可以指导学生根据《生涯发展杂志》所列举的问题来判断该在线测评中的问题（Osborn et al., 2014）[83-84]，如测评资质、伦理、内容的准确性等问题。（见表5-3）

表5-3　生涯网站评估形式的例子

问题	是的	不是
网站是依据NCDA的指导准备提供生涯信息的咨询服务，或者其伦理准则是来源于ACA或NBCC吗？		
网站是否清楚地说明了网页研发机构的名称和地址？		
网站的名称是否清楚地呈现在网页的显著位置？		
网站是否简要说明了其建立的目的？		
网站开始部分是否有清楚的目录，而且有内部链接（如回到目录、回到顶部）？		
网站的语法、标点及拼写是否正确？		
网站是否提供了该机构的主页链接？		
网站是否呈现了很多具有吸引力的信息，但其实并没有，因为其下载速度太慢？		
是否正确使用图表？		
是否有进一步提问和评论的地址？		
是否对受众群进行了区分（如成人、儿童、国际的、学校的、商业机构的等）？		
生涯发展内容是最新和最准确的吗？		
这些内容是否能吸引目标受众的注意？		
是否存在偏见或刻板印象（如性别、民族、年龄等）？		
使用界面是否友好（如很方便使用）？		
当刷新的时候是否显示最新日期？		

续表

问题	是的	不是
网站是否提供了网页建立者的资格信息？		
其内容的表述是否准确和清晰？		
是否有使用者获得支持或技术帮助的信息？		
网站是否便于身体缺陷者使用？		
网站是否有评估计划？		
是否提供了使用者获得反馈的信息？		
是否强调了数据的安全性和保密性？		

第二节　有哪些常用的生涯测评工具

结合学校生涯教育的内容，常用的生涯测评工具如表5-4所示。

表5-4　学校常用的生涯测评工具

生涯教育的内容		测评工具
自我探索	兴趣	《职业适应性测验》 《斯特朗职业兴趣问卷》 《库德职业兴趣问卷》
	人格	《明尼苏达多项人格问卷》 《16种人格因素量表》 《艾森克人格问卷》 《大五人格问卷》 《迈尔斯–布里格斯类型指标》 《气质调查表》

生涯教育的内容		测评工具
自我探索	能力	《中国比内测验》 《韦克斯勒儿童智力量表》 《多元智力发展评价量表》 《多元智能调查表》 《一般能力倾向测验》
	价值观	《工作价值观问卷》 《价值观量表》
环境探索	学校环境探索	《科目资讯表》
	职业环境探索	《PLACE职业评估指标》 《生涯资讯访谈问卷》 《家庭职业谱》
学业管理	目标管理	《学习适应性问卷》 《个人目标取向问卷》 《学生学业目标定向问卷》
	时间管理	《时间类型调查表》
	学习策略	《小学生数学学习策略评估问卷》 《初中生数学学习策略诊断问卷》 《初中生物理学习策略诊断问卷》
生涯决策	生涯信念	《生涯信念评量》
	决策能力	《行动计划表》

一、自我探索的测评工具

学生的自我探索主要指向内在的自我，包括自己的兴趣、性格、能力、价值观等方面。与之相对应的自我探索的工具，主要包括兴趣测验、人格测验、能力测验和价值观测验。

（一）兴趣测验

兴趣测验的研究可以追溯到20世纪初，桑代克于1912年对兴趣和能力的关系进行了6种类型的探讨。1915年，詹姆士发展了一个关于兴趣的问卷，标志着兴趣测验的系统研究开始。1927年，斯特朗编制了《斯特朗职业兴趣问卷》，这是最早的职业兴趣测验。库德在1939年发表了《库德职业偏好记录表》（*Kuder's Vocational Preference Record*，KVPR），后在此基础上发展了自我指导探索。

1.《职业适应性测验》

《职业适应性测验》（*The Self-Directed Search*，SDS）是霍兰德根据其职业兴趣理论开发的量表，用来帮助人们找到自己的兴趣和人格类型以及与其匹配的职业环境类型。霍兰德认为兴趣是描述人格特点的另一途径，将人们的人格特质归纳为六种类型：现实型（R）、研究型（I）、艺术型（A）、社会型（S）、企业型（E）和传统型（C）。通常没有人会恰好完全符合其中某一种类型，而往往会是其中几种类型的组合。人们完成SDS测验后，会得到一个由三个字母组成的代码，这个代码代表得分最高的三种类型的组合，由主到次进行排序。例如：REC指的是现实型—企业型—传统型组合，说明这个人可能跟现实型的人格特质有最大的相似性，其次是企业型和传统型。

对于职业环境，霍兰德编写了《职业指南》（*Occupations Finder*）和《霍兰德职业代码词典》（*The Dictionary of Holland Occupational Codes*），可以找到SDS测验得到的代码所对应的职业，这些职业可能是适合被试的职业选择。

2.《斯特朗职业兴趣问卷》

《斯特朗职业兴趣问卷》（*Strong Interest Inventory*，SII）通过询问人们对某些职业、学校科目、职业活动、娱乐活动和不同类型的人的偏好来测量人们的兴趣。包括职业主题量表、基本兴趣量表、具体职业量表、个人风格量表。

职业主题是基于霍兰德的职业人格六种类型：现实型（R）、研究型（I）、艺术型（A）、社会型（S）、企业型（E）和传统型（C）。

SII有25个基本兴趣量表，反映了受测者对特定领域（农业、科学、教育、公众演讲、数据管理等）的兴趣的强度和持久性。

SII有211个具体职业量表。某一职业量表上的高分意味着受测者与从事这一职业的人具有相似的偏好。它预示着受测者可能跟该职业的人有着共同的兴趣爱好，能够跟该职业的人融洽相处，可能会喜欢这种性质的工作，并在这一行业里取得成就。

SII有4个个人风格量表：工作风格量表、学习环境量表、领导风格量表和冒险性量表。

3.《库德职业兴趣问卷》

《库德职业兴趣问卷》（*Kuder Occupational Interest Surrey*，KOIS）用于职业生涯探索，以促进自我认知和理解。它提供了对10种职业的兴趣评估：户外、机械、计算、科学、游说、艺术、文学、音乐、社会服务和文书工作。将受测者的作答与相关大学专业和职业群的人们进行比较，以评估受测者最感兴趣的职业或专业。

（二）人格测验

人格测验始于19世纪末，1884年英国学者高尔顿（Galton）发表了《品格测量》一文，提出可以通过观察人们在社会情境中的活动来了解人格的观点。1892年，克瑞普林在临床上应用了词语联想技术，这种技术在以后的人格测量中得到了广泛应用。目前，人格测验多达几百种，由于依据的人格理论不同，所采用的方法也不同，归纳起来，主要有自陈法、评定法、情境法、投射法四类。现将生涯教育中常用的人格测验介绍如下。

1.《明尼苏达多项人格问卷》

《明尼苏达多项人格问卷》（*Minnesota Multiphasic Personality Inventory*，MMPI）由美国心理学家哈萨威和麦金利（Hawthway & Mackinley）于20世纪40年代编制。测验由效度量表、临床量表和内容量表组成，其中效度量表提供受测者对测验态度的信息，如是否存在伪装；临床量表用来测验受测者是否存在诸如抑郁症、精神分裂症等心理疾病；内容量表则包括与特定内容领域存在实证性相关的各组题目。

目前MMPI被世界各地广泛应用于人类学及医学的研究。各国使用的结果表明，它在人格测定及精神病临床诊断上均有较高的应用价值。我国心理学研究者对MMPI进行了研究和修订，从20世纪70年代始，已形成了中国版本，并建立了常模。

第一版MMPI共399个项目，包含10个临床量表和3个效度量表。3个效度量表中，包括说谎量表（L）、诈病量表（F）和修正量表（K）。说谎量表用于评估受测者美化自己的企图，该量表得分高代表受测者不愿意承认自己的缺点。诈病量表用于评估受测者故意表现异常的企图，得分高代表测验无效。修正量表探测受测者将自己伪装成"好人"或"坏人"的企图，分值高代表对测验的防卫性态度或展现为好人的企图，分值低表示过分坦率与自我批评，或者存在伪装"坏人"的企图。修正量表的分值与社会经济地位有关，因此对不同经济地位的群体，分值标准也不同。此外，受测者无法回答或对"是""否"均做回答的项目构成疑问量表（？），超过30题则答卷无效，无回答的反应偏向代表受测者存在一定的心理冲突或对特定事物的回避。

　　1989年修订的第二版MMPI共567个项目，分为基础量表（10个临床量表和3个效度量表）、内容量表（15个量表，量表项目具有内容同质性）和附加量表三类。基础量表：说谎量表（L）、诈病量表（F）、修正量表（K）和疑病症（Hs）、抑郁症（D）、癔症（Hy）、精神病态（Pd）、男子气—女子气（Mf）、妄想症（Pa）、精神衰弱（Pt）、精神分裂（Sc）、轻躁狂（Ma）、社会内向（Si）。内容量表：焦虑紧张量表、恐惧担心量表、强迫固执量表、抑郁空虚量表、关注健康量表、古怪思念量表、愤怒失控量表、愤世嫉俗量表、逆反社会量表、A型行为量表、自我低估量表、社会不适量表、家庭问题量表、工作障碍量表、反感治疗量表。附加量表：焦虑量表、抑郁量表、自我力量量表、麦氏酗酒量表、受制敌意量表、支配性量表、社会责任量表、性别角色量表、伤后应激失常量表。

　　MMPI要求受测者年满16岁，初中以上文化水平且没有什么影响测验结果的生理缺陷。一般测查是一次完成，但MMPI需要回答时间较长，如果一个人焦虑或情绪不稳定，经常表现出不耐烦，则可将测验分成几次完成。如果一个人比较慌乱而不能理解指导语，那么可以让测验者将题目读给受测者听，让他做出回答。

　　测验者需要进行专门训练，MMPI测定是一项严肃的工作。测验开始时讲清指导语，然后受测者自己对题目进行回答。有些受测者可能很想从测验者那里得到一些暗示，因此测验者一定要注意自己的态度与所说的每句话，切勿因自己的疏忽影响测验结果。在进行测验之前，一定要让被测验者知道这个测验的重要性以及对他的好处，以便争取得到他的合作。如果有的被测验者仍然轻率或不愿意暴露自己，测验者就要凭着自己的经验尽可能弄清情况，做好工作，争取被测验者的合作，并详细记录测验时被测验者的表现。如果被测验者问到"有些想法以前有过，而现在已没有了，该如何回答"则可告诉他"以目前情况为准"。

测试时将题目交给受测者，让他在另外一张答卷纸上，根据自己的情况进行回答。在进行测验前，测验者需熟悉测验的全部材料，包括调查表的内容、指南及指导语，了解受测者的情况，如受测者的理解力、阅读能力及身体状况，同时，测验环境要保持适宜的亮度和温度，尽可能保持安静。

根据受测者在各项目上的得分，可以统计他们在每个量表上的原始分数，之后转换成平均分为50、标准差为10的T分数。在解释测量结果时，可采用简单分量表分析或编码系统分析，也可使用分析剖析图，在两点编码基础上考虑各分量表得分的形态。

2.《16种人格因素量表》

《16种人格因素量表》（*Sixteen Personality Factor Questionnaire*，16PF）是美国伊利诺伊州立大学人格及能力测验所卡特尔（R.Cattell）经过几十年的系统观察和科学实验，采用因素分析统计法而编制出的一种人格测验。它是国际上公认的有效而又可靠的人格因素测验工具。

16PF有16个分量表：乐群性量表（A）、聪慧性量表（B）、稳定性量表（C）、恃强性量表（E）、兴奋性量表（F）、有恒性量表（G）、敢为性量表（H）、敏感性量表（I）、怀疑性量表（L）、幻想性量表（M）、世故性量表（N）、忧虑性量表（O）、激进性量表（Q_1）、独立性量表（Q_2）、自律性量表（Q_3）、紧张性量表（Q_4）。每个分量表11道题目，另加11道测谎题目，全量表共187道题目。

16PF的指导语和题目可由受测者自己看，也可由测验者读给受测者听；可以个别施测，也可以团体施测。测验时，每个受测者发一份答案纸，没有时间限制。但受测者应以直觉性的反应来依题作答，无须迟疑不决，拖延时间。一般来说，有高中及高中以上阅读能力者45—60分钟可以完成测验。

测试完成后，测验者根据评分标准进行计分。除聪慧性量表（B量表）有正确答案，采用二级计分，答对给1分，答错给0分，其他各分量表的题目均无对错之分，每一测题各有a、b、c三个答案，可按0、1、2三级计分，导出分数为标准十分制。16PF的测验结果，不仅可以对受测者的人格特征做综合性的认识，也可以对其某一人格因素做出清晰的了解，同时还可以根据有关公式，计算出受测者人格类型的次元因素，如适应与焦虑性、内向与外向性、感情用事与安详机警性、懦弱与果断性等。此外，还可以根据有关公式，推算出受测者的心理健康状况、创造力的强弱，以及从事专业的成就状况等。（陈家麟，2010）[358-359]

3.《艾森克人格问卷》

《艾森克人格问卷》（*Eysenck Personality Questionnaire*，EPQ）由英国心理学家艾森克H.J.Eysencks于1952年编制。该问卷分为成人问卷和青少年问卷两种。成人问卷用于16岁以上的各年龄组，共90题；青少年问卷用于7—15岁的儿童和青少年，共81题。每种形式都包括4个分量表。

E（外倾—内倾性量表）：分数高表示人格外向，好交际、乐观、随和、好动、渴望刺激、好冒险、易于冲动等；分数低表示人格内向，好静、善于内省、保守、离群，除了亲朋之外，对一般人均缄默冷淡，不喜欢刺激，生活有规律，情绪比较稳定。

N（神经质量表）：反映的是正常行为，并非病态。分数高可能是焦虑、紧张、担忧，常常郁郁不乐、忧心忡忡，有强烈的情绪反应，以至于出现不够理智的行为；分数低则表示人的情绪反应较弱、较缓慢，而且是平静的、不紧张的，即使有了情绪波动，也容易平复下来。

P（精神质量表）：并非精神病，它在所有人身上都存在，只是程度不同而已。如果某人表现程度明显，则易发展为行为异常。分数高可能是孤独、不关心他人、难以适应外部环境、不近人情、感觉迟钝、与别人不友好、喜欢寻衅搅扰和喜欢冒险等。

L（说谎量表）：测定被试的掩饰、假托或自身隐蔽，或者测定其社会性朴实幼稚的水平。L量表与其他量表的功能有联系，但它本身也代表了一种稳定的人格功能。

《艾森克人格问卷》具有测题少、测验时间短、简明易做等特点，同时具有较高的信度和效度，被广泛应用于教育、医学、司法等领域。其成人量表已由北京大学陈仲庚教授主持修订，修订后的问卷共计85个条目。其青少年量表已由湖南医科大学龚耀先教授修订，修订后的问卷共有88个条目，并按性别建常模。中小学生重测信度为0.58—0.82。（陈家麟，2010）[359-360]成人版简式量表中国版（EPQ–RSC）已由北京大学钱铭怡教授主持修订，修订后4个分量表各12个项目，共48个项目，信度与效度达到心理测量学标准。

4.《大五人格问卷》

《大五人格问卷》（*NEO Five-Factor Inventory*，NEO-PI）是由科斯塔（Costa）和麦克雷（McCrae）采取因素分析法，归纳出五种重要的人格因素而形成的人格问卷。五种重要的人格因素是：

外向性（Extraversion），代表个体在性格上外向的程度。

开放性（Openness），代表个体观念开放的程度。

亲和力（Agreeableness），也称宜人性，代表个体与人相处的性格特质。

神经质（Neuroticism），代表人格特质方面情绪稳定的程度。

责任感（Consciousness），也称审慎性、严谨性，代表个人行事谨慎的态度。

问卷分为两式，R式为他评量表，S式为自评量表，量表项目相同，仅对人称进行调整，分别在自评和他评情况下使用。量表分为5个分量表，每个分量表有6个层面，每个层面有8个项目，共240个项目。测验未设效度量表，但要求受测者对诚实和准确程度做出自我回答。

5.《迈尔斯–布里格斯类型指标》

《迈尔斯–布里格斯类型指标》（*Myers-Briggs Type Indicator*，MBTI）是由美国心理学家布里格斯和她的女儿迈尔斯依据瑞士心理学家荣格的心理类型说，历经二十多年的研究编制而成。现已成为十分常用的区分正常人格类型的工具之一。它被广泛应用于自我发展、职业指导、人员选拔、组织管理等方面，仅在美国，每年就有超过300万人接受这种人格测验。MBTI有四个维度：外倾（E）—内倾（I）、感觉（S）—直觉（N）、思考（T）—情感（F）、判断（J）—知觉（P）。关于四个维度的具体介绍详见本书第三章。

　　根据在四个维度上倾向性的排列组合，可以得到16种人格类型，16种人格类型各有各的特点。MBTI共70道题目，每道题目有a、b两个选项，二选一。受测者在计分表上作答后，统计出四个维度八个倾向的得分，将四个维度各自得分高的倾向依次列出，即得到如表5-5所示人格类型之一。

表5-5　MBTI划分出的16种人格类型

ISTJ 分析事物管理者	ISFJ 同情心丰富的事物管理者	INFJ 人际间的意念创发者	INTJ 逻辑批判果断的意念发明者
ISTP 现实的操作者	ISFP 观察性忠心的帮助者	INFP 独立、想象丰富的帮助者	INTP 好奇的技术设计者
ESTP 事物间的现实适应者	ESFP 人际关系的现实适应者	ENFP 热情灵活的改变计划者	ENTP 创新分析性的改变计划者
ESTJ 务实的组织者	ESFJ 务实的和谐者	ENFJ 想象力丰富的和谐者	ENTJ 直觉创意型的组织者

　　MBTI因其简便易行而颇为流行，但简单且生硬地将人划归为某种类型对人丰富的个体差异性或许是种抹杀。（许燕，2009）在使用时，生涯教师应留意同一类型中学生倾向程度的强度差异。

　　6.《气质调查表》

　　《气质调查表》在古希腊的四种气质类型基础上编制而成，四种气质类型分别为胆汁质、多血质、黏液质、抑郁质。共60题，每题有五个选项，分别为：很符合自己情况的（记2分）、比较符合自己的（记1分）、介于符合与不符合之间的（记0分）、比较不符合的（记-1分）、完全不符合的（记-2分）。它可以单独施测，也可以团体施测。

　　作答时，受测者依据题目描述与自己的符合程度将分数写在题号前。作答后，将每题得分填入计分表；统计出每种气质类型的总分；某种总分均超过其他三种4分以上，则定为该类型；该类型如果超过20分，则为典型类型；如该类型得分在10—20分，则为一般型；如果两种得分接近，差异低于3分，而又明显高出其他两种4分以上，则可定为两种的混合型；如三种得分均高于第四种而且很接近，则为三种的混合型。

（三）能力测验

能力测验旨在针对个人工作的潜力进行测评。能力测验分为三种类型。

第一种类型是智力测验。对能力的测评常常是通过智力测验来完成的，用来预测在一定环境下人是否有能力胜任工作。第二种类型的能力测验叫作心理测验，主要测评脑力和体力的协调程度。第三种类型的能力测验是个人能力测试和人际关系测试。个人能力测试中的职业生涯周期调查，主要测评个人是否能够适时地、恰当地做出决策，而且努力使计划付诸实施。人际关系测试主要测试个人的社会交往能力。

1.《中国比内测验》

《中国比内测验》是北京大学吴天敏教授于1982年主持修订的，适用对象为2—18岁儿童和青少年。

每一岁对应3个项目，从2岁到18岁共51个项目，按由易到难的顺序排列。施测时，先根据受测者年龄从测验指导书附表中查到开始的试题，然后按照指导书进行测验，通过一题计一分，连续五题不通过停止测验。最后，根据实足年龄和总分，从指导书的智商表中查得被试的智商。该测验每测一人约20分钟。

2.《韦克斯勒儿童智力量表》

《韦克斯勒儿童智力量表》（*Wechsler Intelligence Scale for Children*，WISC）是美国临床心理学家韦克斯勒设计编制的，适用于6—16岁的学龄儿童少年。该量表与《韦克斯勒学龄前儿童智力量表（4—6岁半儿童）》和《韦克斯勒成人智力量表（16岁以上成人）》统称为《韦克斯勒智力量表》。

《韦克斯勒儿童智力量表（中国修订版）》于1979年由林传鼎、张厚粲两位教授主持修订。共有12个分测验，其中，5个为言语测验（常识、类同、算术、词汇、理解），5个为操作测验（填图、图片排列、积木图案、物体拼配、译码），2个为备用测验（数字广度和迷津）。该量表从6岁0个月到16岁11个月，每4个月为一个年龄组，分别建立了常模表。测试时，言语测验和操作测验交替进行。每个分测验原始分数各不相同，在得到言语总分、操作总分和全量表总分后，使用常模量表，可以得到言语智商、操作智商和全量表智商，它们平均分均为100，标准差都为15。

在《韦克斯勒儿童智力量表（第四版）》中，鉴于对区分言语与操作两类量表有效性的怀疑，不再划分这两个领域，测验因此可以得到全量表智商和言语理解（常识、类同、词汇、理解）、知觉组织（填图、图片排列、积木图案、物体拼配）、注意力集中或克服分心（算术、数字广度）、加工速度（译码、符号搜索）4个合成分数。

3.《多元智力发展评价量表》

《多元智力发展评价量表》（*The Multiple Intelligence Developmental Assessment Scales*，MIDAS）是布兰顿·希勒（Branton Shearer）博士在美国心理学家霍华德·加德纳的多元智能理论基础上编制而成的，关于多元智能的介绍详见本书第三章。

布兰顿·希勒开发的多元智力发展评价量表是对学生多元智力进行描述性评价的有效方法，它对个体智力分布给予了合理评价，描述了与每种智力相关的25种技能，如与音乐智力相关的乐器和发声，其每个问题所提供的定性信息可用以描述特定的智力活动及现实成果。（霍力岩 等，2010）

《多元智力发展评价量表》可以有效地将多元智力融入课堂教学，使学生能够获得建构内部动机、社区联系和更有效的学习策略以展现多元智力的力量。教师也可以运用《多元智力发展评价量表》以更好地理解学生的学习倾向，有助于实施个性化教学并改善师生关系。

4.《多元智能调查表》

阿姆斯特朗（Thomas Armstrong）编制的《多元智能调查表》（*Multile Intelligence Inventory*）由80个题目组成，主要评价学生在8个智能领域的发展情况。（张丽霞，2011）该量表已被广泛引入包括我国在内的很多国家，然而，我们也需要注意，该评价量表中的很多问题都与特定的社会文化和生活背景有关。因而在引入时，一定要考虑文化因素，不能盲目照搬。

5.《一般能力倾向测验》

《一般能力倾向测验》（*General Aptitude Test Battery*，GATB）由美国劳工部自1934年起花了10年时间编制而成。总共对75000个职务进行了分析，结果发现了20个职业能力模式，并总结出不可缺少的10种能力倾向。同时又对当时应用于招聘雇佣领域的50多种测验进行了因素分析，归纳出10种与职业密切相关的能力因素。通过这两个分析途径，确定了10种能力因素，相应的测验为15种，其中11种为纸笔测验，4种为器具测验。

迄今为止，该测验被多次修订。新的版本中确定了11种能力倾向，分别是：一般学习能力倾向（G）、语言能力倾向（V）、数学能力倾向（N）、空间能力倾向（S）、形状知觉倾向（P）、书写知觉倾向（Q）、运动协调倾向（K）、手指灵活性倾向（F）、手的灵活性倾向（M）、眼手足协调倾向（E）、颜色辨别倾向（C）。

该测验不仅在美国被广泛应用，还被多个国家引进。我国也有研究者对该测验进行了修订，并用于中学生的生涯指导。

（四）价值观测验

职业价值观测试是指一个人对职业的认识和态度，以及他对职业目标的追求和向往。职业价值观决定了个体的职业期望，影响个体对职业方向和职业目标的选择，决定着个体就业后的工作态度和工作绩效水平，从而也决定了个体的职业发展情况。职业价值观测试对于个人选择职业类型和职业发展方向，以及企业招聘、选拔和培养具有重要指导意义。通过测验，受测者可以大致了解自己的职业价值观念倾向。

1.《工作价值观问卷》

《工作价值观问卷》（*Work Values Inventory*，WVI）是由舒伯编制的，用来衡量激励人们工作的价值观。该问卷要求人们对15种工作价值观按照其重要程度进行排序。这15种工作价值观是：帮助他人、审美、创造力、对智力的激励、成就、独立、声望、管理、经济回报、经济保障、工作环境、上下级关系、同事或合作者、生活方式、多样性。

2.《价值观量表》

《价值观量表》（*Value Scale*）是由来自北美、亚洲和欧洲的职业心理学家组成的工作重要性研究协会（Work Importance Study）开发的。该量表的目的是帮助个体理解自己在各种生活角色中寻找或希望找到的价值。该量表拓展了《工作价值观问卷》中所涉及的价值的范围，包含21种价值观，共105个项目，每种价值观对应5个项目。与《工作价值观问卷》相比，《价值观量表》要求受测者按照其重要性来排列价值陈述。这21种价值观是：能力利用、创造性、社交、成就、经济回报、社会关系、职位晋升、生活方式、多样性、审美、个人发展、工作条件、帮助他人、体力活动、文化认同、权威、声望、身体强健、自主、冒险、经济保障。

二、环境探索的测评工具

环境探索的主要目的，一是帮助学生了解学校的专业和课程设置，专业所要求的特质和条件。二是帮助学生了解有关职业的信息，这一般包含三个层面：（1）职业信息的类型，如对职业的描述、工作条件或薪水等；（2）职业分类系统，如以某种分类系统归纳千万种职业；（3）职业所要求的特质和条件。因此环境探索的工具可分为学校环境探索工具和职业环境探索工具。

（一）学校环境探索工具

在学校中，学生有很多机会选择自己感兴趣的选修科目或课程。如何了解相关课程信息并做出决策呢？吴芝仪（2008）[143-148]认为这一过程包括学会自我评估、找到适合自己的学习方法、搜集资料、分析选择的理由、适当听听别人的建议和进一步检验自己的决定六个步骤。每一个步骤都有相应的评估表。结合中小学生的实际，本书主要介绍搜集资料过程中与选择课程有关的《科目资讯表》。（吴芝仪，2008）[145]（见表5-6）

表5-6　科目资讯表

科目：	成绩表	课程表
评分的方法及分数分配的比例	作业	考试
课程大纲		
家庭作业		
最常用的学习/教学方式是什么？（例如：实际操作、阅读）		
为了能充分学习这个科目，需要做好什么？（例如：独立工作、细心、敏锐处理数字）		
需要的知识技巧		

帮助发展的技巧
有关联的其他科目
任何其他的资讯。例如：访问、其他学生研读此科目的说法
与这个科目直接相关的专业生涯领域

（二）职业环境探索的工具

1.《PLACE职业评估指标》

PLACE通常可以用来作为评估职业的各个层面或工作性质是否符合个人需要的指标。（吴芝仪，2008）[125]

P：指职位或职务（Position），包括该职位的经常性任务、所需担负的责任、工作层次等。

L：指工作地点（Location），包括地理位置、环境状况、室内或户外、都市或乡村、工作地点的变化、安全性等。

A：指升迁状况（Advancement），包括工作的升迁渠道、升迁速度、工作稳定性、工作保障等。

C：指雇佣情形（Condition of employment），包括薪水、福利、进修机会、工作时间、休假情形及特殊雇佣规定等。

E：指雇佣条件（Entry requirements），包括所需的教育程度、证照、训练、经验、能力、人格特质等条件。

2.《生涯资讯访谈问卷》

生涯人物访谈是收集职业信息不可或缺的重要方法。访谈对象需要是学生感兴趣职业的从业者或三年以上工作经验的从业者。可以运用《生涯资讯访谈问卷》进行生涯人物访谈，也可以在访谈前列出访谈问题清单，清单可以包含以下问题（吴芝仪，2008）[225-227]：

第一，职业咨询方面：工作性质、任务或内容；工作环境、就业地点；所需的教育、训练或经验；所需的个人资格、技巧和能力；收入或薪资范围、福利；工作时间和生活形态；相关的职业和就业机会；进修和升迁机会；组织文化和规范；未来的展望。

第二，生涯经验方面：教育或训练背景；投入该职业的抉择；生涯发展历程；工作经验心得（乐趣和困难）；对工作的看法；获得成功的条件；未来生涯规划；对后进者的建议。

3.《家庭职业谱》

族谱可以追溯个人的根源，通过《家庭职业谱》，学生更能明白父母对自己未来从事职业的期待，很可能是代代相传的家族企业，也可能是继承衣钵。当然，也可能会因为家族中成员的职业不被父母所看重，所以对子女从事其他职业的期待特别高。通过《家庭职业谱》，也可以了解家庭的职业价值观。（吴芝仪，2008）[135-136]

三、学业管理的测评工具

（一）目标管理的工具

1.《学习适应性问卷》

《学习适应性问卷》是美国密歇根大学心理学研究者根据目标定向理论编制的，中文版由首都师范大学方平教授等人于2005年修订。学生问卷共计94题，包括个人成就目标定向，对教师目标的感知，对课堂目标结构的感知，有关成绩的信念、态度和策略，对父母和家庭生活的感知等维度，具有良好的信度与效度。教师问卷29题，包括教师感知到的学校目标结构、有关教学的目标方式和个人的教学效能，信度与效度良好。该问卷采用5点计分法。学生问卷适用于中小学生，可个体施测也可团体施测。因问卷较长，测试应尽量不超过40分钟，可以分两次测试。

2.《个人目标取向问卷》

《个人目标取向问卷》是国内学者李晓东于2001年编制的，用来测量学生学习动机的问卷，共11题，包括任务取向、趋向型自我取向和逃避型自我取向三个维度。该问卷在发表时是以初中生为样本的，具有良好的内部一致性信度与结构效度，其内容不受年级影响，因此也可以应用于高中生及大学生。（申继亮 等，2014）[26-29]

个人目标取向描述的是学生对成功的看法。任务取向表明学生的成功感来自学习过程本身；趋向型自我取向表明学生的成功感来自比其他同学更出色；逃避型自我取向表明学生的成功感来自没有在师生面前暴露自己能力的不足。

该问卷为自陈式问卷，可个体施测也可团体施测，施测时间约10分钟。所有题目均为正向计分，采用5级评定，1代表极反对，2代表反对，3代表有些赞成，4代表赞成，5代表极赞成。每个因素得分为该因素所含题项的累计得分的平均数。分数越高，表明学生越认可该目标取向。

3.《学生学业目标定向问卷》

《学生学业目标定向问卷》（*Academic Goal Orientation Scale*，AGOS）源自范德·瓦革力（Vande Walle）的《工作目标定向问卷》，孟慧等人于2003年修订出该问卷的中文版，最终问卷包括11个题项，包括学习目标定向（4题）、证实目标定向（4题）和回避目标定向（3题）三个维度。问卷总体信度较高，结构效度、聚合效度、区分效度和效标效度都较好。（申继亮 等，2014）[36-41]

问卷采用6级评定，1代表非常不同意，2代表比较不同意，3代表有点不同意，4代表有点同意，5代表比较同意，6代表非常同意。所有题项均为正向计分，每个维度得分为该维度所含题项的总分，得分越高表明个体在成就情境下越倾向于采用相应目标定向。

该问卷可个体施测也可团体施测。它不仅适用于中小学生，也适用于大学生。已有研究表明学习目标定向能够增进学生在学校的适应度，而目标定向能够提高学生的学业成绩，因此，学校可以对学生的目标定向倾向进行评定，然后引导和培训那些进入新环境的个体采用学习目标定向，以提高个体对新环境的适应水平。

（二）时间管理的工具

《时间类型调查表》有多种形式，《你属于哪种时间类型》就是其中一例，该表有8个题目，每道题目有4—6个不等的选项，依次为A、B、C、D、E、F。受测者做出最适合自己实际的选择，而后在计分表中根据每题相应选项对应的得分，算出总分。结果可分成三类：

25—35分，属于"百灵鸟型"，在清晨和上午精神焕发，朝气蓬勃，记忆和创造效率高，而晚上到了一定的时候，大脑的工作效率就降低了。

17—24分，属于"混合型"，随时都可以创作，全天用脑效率都差不多，无所谓白天、黑夜之别。

8—16分，属于"猫头鹰型"，一到夜间，脑细胞即转入高度兴奋状态，精力集中，思维十分活跃，工作效率极高。

调查结果意在提醒那些已形成的生物节律与现有的学习、生活发生矛盾的学生，依据具体情况有意识地采取相应方法调整自己的生物节律，积极有效地发挥大脑的思维效率。（俞国良，2009）

（三）学习策略的测评工具

1.《小学生数学学习策略评估问卷》

《小学生数学学习策略评估问卷》基于丹塞路（Dansereau）等人对学习策略的分类，由刘电芝在其2005年编制的《小学生数学学习策略量表》的基础上，于2011年修订而成。问卷用于评定小学生的数学学习策略水平，共有40个题项，包括元认知策略、认知策略和寻求支持策略3份分问卷。该问卷重测信度、效标效度、结构效度等均处于可接受水平。（申继亮 等，2014）[140-146]

元认知策略分问卷包含学生在数学学习中运用到的计划、监控调节、评价反思策略，共11个题项。认知策略分问卷包含基本认知策略和具体认知策略，共22个题项。其中基本认知策略是指小学数学通用策略，如注意听老师强调的数学内容、自我提问检验数学学习效果等；具体认知策略是指促进小学数学具体特异性问题学习的学习策略，包含数学概念、公式的学习，计算，解题，几何知识的学习策略等。寻求支持策略分问卷共7个题项，包含他助策略和自助策略两个维度，其中他助策略指学生在数学学习中利用外界资源解决问题的学习策略，自助策略指学生在学习中通过自身努力而达成目标的学习策略。

问卷采用5点计分法，题目均为正向计分，分数越高，表示策略运用水平越高。

2.《初中生数学学习策略诊断问卷》

《初中生数学学习策略诊断问卷》用于诊断初中生数学学习策略掌握情况，共35题，包括元认知策略、基本认知策略、具体认知策略和寻求支持策略四个分问卷。该问卷重测信度、结构效度、效标效度良好。可作为诊断与评估

初中生数学学习策略掌握情况的有效工具。（申继亮 等，2014）[166-172]

元认知策略分问卷共13题，包括了数学学习过程中学生对学习的计划、安排、思考、调节和总结。该问卷包含计划反思策略和调控策略两个维度。

基本认知策略分问卷共7题，包括以联系生活和在生活中运用的方式来学习数学及有效复习巩固数学知识的方式、方法。该问卷包含联系运用策略和复习巩固策略两个维度。

具体认知策略分问卷共9题，是指促进数学具体特异性问题解决的学习策略。该问卷分为分析推理策略和理解归纳策略两个维度。

寻求支持策略分问卷共6题，由自我寻找学习资源和向他人寻求学习帮助两方面组成，其考查内容的主要作用是更好地协助数学学习的过程。该分问卷包含自助策略和他助策略两个维度。

该问卷可单独施测，也可团体施测，整个测试过程大约10分钟。它采用5点计分法，得分越高表明策略掌握水平越高。

3.《初中生物理学习策略诊断问卷》

《初中生物理学习策略诊断问卷》是刘电芝等基于策略分类理论，借鉴学习策略相关问卷编制修订而成的。问卷用于评估、诊断初中生物理学习策略掌握水平，共46题，包括元认知策略、认知策略和社会策略三份分问卷。该问卷重测信度、效标效度、结构效度均处于可接受水平以上。（申继亮 等，2014）[173-179]

元认知策略是指学习者在学习过程中的自我监控、自我调节、评价和反思策略。该分问卷共20题，包括调控策略、计划策略和评价反思策略三个维度。

认知策略是指那些能够直接促进对物理学习材料进行信息加工的策略。该分问卷共18题，分为基本认知策略和具体认知策略两个维度。

社会策略是指学生在学习过程中对身边包括老师、同学、书籍、网络等有效资源进行利用的策略。该分问卷共8题，包括人际支持和网络支持两个维度。

该问卷可单独施测，也可团体施测，整个测试过程大约15分钟。它采用5点计分法，题目均为正向计分，得分越高，表明策略运用水平越高。

四、生涯决策的测评工具

（一）生涯信念的测评工具

《生涯信念评量》包括绝对适当、工作世界、期望标准、决定方法、自我怀疑、决定结果和人际适配7个维度，共计30道题目，描述一般人对于生涯选择或职业决定问题所持有的一些想法或信念。要求受测者对描述的同意程度进行评定，4点计分，1表示不同意该项想法的叙述，4表示同意该项想法。将全部30题的得分相加，即可得到生涯信念量表的总分，得分越高，表明越不适应生涯信念，也可分别计算每个维度的得分。（吴芝仪，2008）[213-216]

（二）生涯决策能力工具

生涯决策能力，最终通过生涯规划来体现。吴芝仪介绍了几个关于生涯规划的活动或工具，包括《行动计划表》《短期目标与长期目标》和《生涯规划表》。《行动计划表》（见表5-7）主要用于在拟定生涯计划之前，让学生仔细思考一些问题，以判断他们是否已经做好了展开行动的准备。实际使用时，第二列为空白，需要学生根据第一列的问题将自己思考的答案填入相应的空白处。（吴芝仪，2008）[165-166]

表5-7　行动计划表

我在哪里？ 我已经得到什么？	例如，你需要考虑： * 你在曾经选修过的科目中的学习和进步情形如何？ * 你实习或打工时收获了什么经验？ * 你已经培养了哪些技能？
我要去哪里？ 我想得到什么？	例如，你将对于读研、出国留学或就业求职做出决定。 * 你做这些决定是为了什么目的？
我需要什么来到达那里？ 我需要什么才能成功呢？	例如，你需要考虑达成生涯目标所需的知识与技能。 * 要学好它们，你需要具备什么技能？ * 它们对什么工作有用？ * 你会有很多压力吗？
我要采取什么行动？	例如，你要如何找到所需要的资料？ * 和老师谈谈，从他们那里得到资源。 * 使用生涯中心所提供的资料。 * 使用电脑查询就业信息。 * 查看学校的升学就业手册。

续表

有关的时间限制	例如，你需要考虑你要设定的目标以及达成目标的期限。
我如何知道已经达到目标了？	例如，当你决定要发展的生涯径路时，告诉父母、老师和学校。
我要和谁讨论我的想法？	例如，可与你重视且了解你未来目标所需条件的长辈或朋友讨论你的想法。

第三节　生涯测评结果解读

生涯测评结束之后的评分是给受测者的智力、能力或人格特征等做出了一个量的分析。该如何看待这些分数呢？

测验结果的解释应与前面提到的测验目的相互呼应。不同的测验目的会引导不同的解释方式与方向，但测验的解释仍应在测验手册所规定的范围之内进行。

对于一般性测验结果的解释应注意：应根据生涯测评的特点分析结果；不能把分数绝对化，绝不能根据一次测验的结果下定论；测验者应主动了解各方面的信息进行综合分析；测验者本人更应对测验有一个正确的认识。在解释测试结果时，测验者一般不应把测验分数告诉受测者和有关人员（家长、学校班主任等），而应告诉测验结果的解释和建议。结合金树人（2007）[250-253]与奥斯本等人（Osborn et al., 2014）[30-35]对于解释生涯测评结果的介绍，有关解释测评结果的过程，可以分为两部分：测评结果解释的准备与测评结果解释的进行。

（一）测评结果解释的准备

1. 在使用一份测验之前，自己先做一遍

从文献上了解某一份测验的知识，和实际做一份测验所得到的知识，是两种体验。从后者的接触中，生涯教师才可能觉察到受测学生对这份测验的真正感受，测验的优点和局限在哪里，有哪些细微的部分是特别要注意的、特别容易被忽略的。有的测验，当生涯教师亲自做一遍的时候，就知道为什么学生会感到厌烦，学生可能会提出什么抱怨。

2. 详细地阅读测验指导手册

作为生涯教师，如果你接受了一个测验的培训，或者上完了一门测验的课程，不要以为你就是这个测验的专家。通常一份发展成熟的量表或测验，其指导手册在测验解释的部分都会有详细的例子与文字说明，要经常翻阅，温故知新。

3. 详细参考专家的评论

客观的测验评论，可以让专业人员了解一个测验的优缺点。国内尚无测验评论的专著，国外可供参考者有《心理测验年鉴》（*Mental Measurement Yearbook*）及《生涯测量工具指导手册》（*A Counselor's Guide to Career Assessment Instruments*）。

4. 预先看测评结果

如果有可能，在向学生解释之前，生涯教师应先对测评结果做初步了解。预先看测评结果，便于了解测评的有效性，如果存在一些非常规性的或者难以解释的情况（例如，不同维度分数之间没有差异，或者是只列出来很少的职业倾向等），生涯教师也能及时选择恰当的解释。有些情况下，生涯教师可能没有时间预先看测评结果（例如，学生可能是带着测评结果来寻求帮助的，也有可能是在咨询过程中完成的测评）。生涯教师不需要对必须立即解释结果感到为难，可以要求学生留出几分钟时间，也可以提出在下次会面时再解释结果，这样便有充足的时间来看测评结果。

5. 回顾测评目的

即便是按照生涯测评步骤，选择出了能满足学生需求的量表，并且讨论了量表的测评目的及其优劣势，但是当生涯教师在解释结果之前，依然要重新说明学生的需要、选择该工具的原因及预期的结果的类型（列举出学生可以选择的清单，而不要仅仅呈现出那个最佳的专业选择或职业倾向）。

6. 整合学生相关的资料

当生涯教师拿到测验的结果时，要尝试着问自己："这些分数有何意义？"更进一步说，要思考："这些分数对学生有何意义？"要知道，这些分数是学生的自白，当生涯教师这么想的时候，很自然地会将测验的结果联结到学生过去的经验，甚至学生的主要问题上去，这些都是解释时与学生讨论的素材。

生涯教师可以先行列出过去与学生会谈中相关的细节，和这些分数相比对，检查前后是否一致，以作为解释时的参考。如果有很大的落差，可以采取下列措施：检查一下，是否是测验的误差。计分有无失误？分数的转换是否正确？施测时学生的情绪状态是否良好？答案纸的题号是否与题目吻合？如果一切正常，生涯教师应针对这些不一致的部分，提出自己的假设或想法，在解释时进行求证。

（二）测评结果解释的进行

1. 询问学生的施测感受

这是很重要的一个步骤，也是常常被忽略的一个步骤。学生接受测验的态度，往往会影响对测验结果的解释。假设有两种态度："这几个月来，我一想到要不要转系就辗转难眠；难道一个测验就能够决定我的一生？""我还蛮喜欢这个测验的，答题的时候常常会想到自己。"很明显，按照这两种态度接下来的解释就会有所不同。另外，如果施测时咨询师不在现场，就应该了解一下施测时的状况。这看似小事，但若学生受测时情绪不佳或过分疲倦，都会影响结果的运用与解释。

2. 提供一份测验报告概要

测评报告概要可说明测评报告是由哪些部分构成的。多数情况下，测评报告都会对所测量的结构进行概要性介绍，以说明个体在某一维度上的分值，列出相应的职业清单，以及其他相关信息。这部分的作用类似于公园入口处提供的地图，可以让学生对测评结果有个概括性的认识。

3. 让学生参与解释的过程

测验的结果本身只是一堆数据，只有和学生本人产生某种经验上的关联，才能最有效地应用。在一般的情况下，学生都会迫不及待地想要知道结果。解释开始时，可以让学生先行预判、猜测上次所做的测验可能的结果。此举至少有两个效用：其一，引发学生了解测验结果的积极性，增加其参与解释过程的深度；其二，比较口述结果与测量结果的差距。

4.少用测验术语

解释进行过程中难免会用到测验术语，应尽量转化成一般人能够了解的白话。

5.理解测验分数的意义

生涯教师将学生测验得分与常模标准进行比较，如果存在较大差异，就要对差异原因进行讨论。如果只知道学生在《斯特朗职业兴趣问卷》中一般职业主题量表得52分是没多大意义的，除非学生自己对这个结果能做出合理的解释。在《斯特朗职业兴趣问卷》中，52分只是平均分，但是在自我职业选择指导问卷中，52分却是相对较高的得分。生涯教师必须了解测评得分区间、高分、低分及平均分分别是多少，并且了解不同得分的含义，每种量表的得分都有不同的含义。例如，《生涯思考量表》（*Career Thoughts Inventory*）得70分，表明生涯思考的不良功能程度很高，但是得10分也并不能说明学生积极的生涯思考水平高，只能说明学生有着较少的消极生涯思考。在这种情况下，有必要了解测量的结构。个性量表的得分通常是连续的，反映的是个体在两种不同结构中的位置，例如，处于外向性和内向性之间的位置。一种类型得分高，另一种类型得分必然会低。

6.小心谨慎地解释负面分数

生涯教师对测验结果的态度必须客观，不带个人的主观判断。对低分或学生不满意的结果，仍应妥善处理，将学生的疑惑减至最低。例如，某学生对其人格测验中的"亲和性"分数只有中等而百思不解。他对助人工作有浓厚的兴趣，而且参加了某机构所举办的人际关系团体与同理心团体的训练。在排除了技术上的可能误差后，生涯教师可以告诉他：亲和性分数中等并不意味着"没有亲和性"，只是程度上有差异。如果他对助人工作非常感兴趣，可以继续加强这方面的训练；如果对助人行业的兴趣还不是很确定，则可以寻找其他方面的兴趣领域。

7.生涯教师对测评结果应保持中立，不做任何评价

生涯教师绝不可以预期学生会得到什么样的结果，必然会有什么样的反应。分数是客观的，反应是主观的。有时候生涯教师认为测验结果数据是负面

的，对学生却可能是正面的，反之亦然。例如，生涯教师发现某生的兴趣分数和其所就读的专业不符，而此人已读到大四。生涯教师十分为难，不知如何解释。没想到该生看到测验结果，反而如释重负，告知教师现在才知道为什么会学得那么辛苦。因此，假如生涯教师会为学生的测验结果感到困惑，最好先向督导或资深咨询师求教，以免产生误导。

8.综合运用单项测验和量表

量表和计算机辅助生涯指导系统越来越复杂，包括了兴趣、技能等多种测评，解释应用测评结果时，可以把几种测评和量表综合起来使用。我们以奥斯本等人（Osborn et al.，2014）[310-312]描述的案例来说明对多种测评或量表的综合应用。

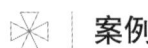 **案例**

一名不清楚毕业后如何规划的高中生

在高三的秋季学期，阿瑞找到生涯咨询师，想让他帮助规划自己的未来。他告诉咨询师，他想和其他任何人一样直接读大学，但又想毕业后就去工作。他的父母不同意他的计划并让他自己做决策。在与咨询师就他的喜好及倾向选择进行长时间讨论后，阿瑞同意通过完成一组测评和量表以帮助他做决策。阿瑞通过能力鉴别测验理解自己的能力，然后把这些能力与《斯特朗职业兴趣问卷》测量的兴趣及价值观分类卡片测量的价值观进行比较。

咨询师看完区分能力倾向测验的测验结果后，问阿瑞是否已经具备了读大学所需要的能力。咨询师重点关注了语言推理和数字能力的低得分，而这两项得分在一定程度上能预测学业的成功性。她知道每个学生的需要各不相同，所以并没有删除这个选项，但此时需要就阿瑞的低分进行讨论。咨询师也注意到阿瑞得分最高的是机械推理。

《斯特朗职业兴趣问卷》的结果表明主要代表是IRS。阿瑞从职业建议中标出了以下工作：工程师、机械工程师、工业和自动机械化。阿瑞也标出了以下研究专业或领域：工程、机械工程、土木工程和体育运动。咨询师还不确定阿瑞这些明确的兴趣是否需要大学学位，她思考了阿瑞当前考虑上大学的兴趣，但这不是他真实的兴趣，他在大学学业所需的能力倾向上得分也较低。

在价值观分类卡测验中，阿瑞倾向于监督人的关系（看重有支持的监督者）、社会地位（看重被周围人认可）和工作条件（看中令人愉快的工作环境）。得分最低的价值观有创造性（看重自己有新观念的能力）、责任心（看重能够自我负责）、独立性（看重独立工作）。咨询师对这些结果很感兴趣，因为阿瑞很看重工作环境，但是却不看重脑力激励。

看到DAT结果时，阿瑞似乎有些不安，但是他说也不认为自己能成为好学生。咨询师随后问他对于读大学的兴趣。阿瑞回答说："很好，我所有朋友都去读大学，所以我也应该去。我能从高中毕业，应当也能读完大学。"这些说法表明他不知道大学对学生的要求。他读大学的原因反映了他对大学要求了解很少，对于探索其他可能的方法也并无兴趣。

当咨询师提到阿瑞在机械推理方面得分很高时，阿瑞说自己对机械和此类工作很有兴趣，如电视维修和电子产品维修。根据他对自己兴趣的介绍，咨询师也介绍了一些机械领域的工作及汽车机械和相关工种。咨询师的目的是引入阿瑞从来没有考虑过的几种职业选择。对于工作环境相关价值观的讨论引起了阿瑞的注意。

阿瑞：是的，我喜欢在人际关系和谐的环境中工作。我希望八点上班，五点下班，一周工作五天，有机会钓鱼、打猎。

咨询师：好的。现在你已经有自己的结论了，我们来看看量表的其他部分。你最不看重的是脑力激励，这表明你并不看重工作中的独立思考这一能力。

阿瑞：我想是这样的。脑力激励对我真的没有吸引力。我仅仅希望做一份并不复杂的工作。我不关心是否独立，对艺术类的事情也没有兴趣。

咨询师把测评结果与职业要求联系起来。她建议阿瑞试着列一个与机械有关的职业清单。接着，阿瑞要把这些职业与他的兴趣和工作价值观联系起来。咨询师通过提出几个职业建议，要阿瑞考虑那些需要具体的培训或课程的职业，以此来帮助他完成这项任务。

再一次咨询的时候，阿瑞早早就来了，似乎很渴望快点开始咨询。

阿瑞：你认为每个人都应当读大学吗？我认为或许大学根本不适合我。你给我布置的这项任务帮助我想清楚了，我对需要一些教育和训练的工作更有兴趣，而不必接受四年的大学教育。

当咨询师让阿瑞解释得出这一结论的原因时，阿瑞回答说："当我们开始讨论我的价值观时，我意识到我想读大学仅仅是因为我周围的其他人都要读。那并不是真实的我。另外，我的成绩和测验分数并不高。"

咨询师和阿瑞继续他们的讨论并尝试性地得出一些结论。阿瑞不应当完全放弃读大学的想法，而是应该探索其他的可能性。他因此研究了那些需要大学学历，同时需要技术的职业和相关工种。

在这个案例中，多种测评的综合结果激发了阿瑞从不同的角度来考虑生涯选择。对于能力倾向、兴趣和工作价值观的测评，为阿瑞提供了之前生涯探索中从来没有考虑过的信息。对测评结果的讨论帮助阿瑞把自己的特质和职业教育信息联系起来。咨询师引导阿瑞探索不同的职业选择，也帮助他理解工作世界的复杂性。

思考与练习

1.生涯测评有哪些步骤？

2.如何理解生涯测评工具的信度和效度？

3.生涯测评中需要遵守哪些伦理与原则？

4.同样是性格探索，为什么MMPI和16PF测得的人格特质不同？

5.如何解读生涯测评分数？

【参考文献】

陈家麟，2010.学校心理健康教育：原理、操作与实务[M].修订版.北京：教育科学出版社：358-360.

格雷戈里，2012.心理测量：历史、原理及应用[M].施俊琦，等译.5版.北京：机械工业出版社.

霍力岩，赵清梅，2010.多元智力评价的理论与实践[M].北京：教育科学出版社：112-115.

金树人，2007.生涯咨询与辅导[M].北京：高等教育出版社.

OSBORN D S，ZUNKER V G，2014.生涯测评结果分析与应用[M].阴军莉，译.8版.北京：中国劳动社会保障出版社.

申继亮，陈英和，2014.中国教育心理测评手册[M].北京：高等教育出版社.

吴芝仪，2008.我的生涯手册[M].北京：经济日报出版社.

许燕，2009.人格心理学[M].北京：北京师范大学出版社：146-147.

俞国良，2009.生涯自测与指导[M].北京：高等教育出版社：103-107.

张丽霞，2011.中学生视觉空间智能计算机情境化测评方法的研究[D].南京：南京师范大学.

郑希付，罗品超.2016.学校心理健康教育[M].北京：中国人民大学出版社：107-108.

KAPLAN R M，SACCUZZO D P，2009. Psychological testing：Principles applications and issues [M]. OH：Wadsworth Publishing.

第六章

生涯教育课教学
设计课例

□ 课程结构图 □

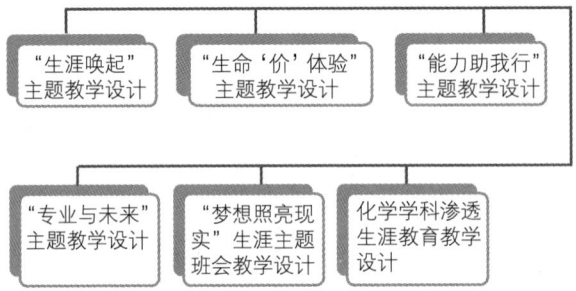

在这一章中我们收录了六位教师的六篇优秀教学设计。其中有四篇是北京市优秀心理教师的教学设计，另外两篇，一篇是班主任的生涯班会课设计，还有一篇是学科教师的学科生涯渗透课设计，我们希望为不同层面的教师提供生涯课设计的范例。

一、"生涯唤起"主题教学设计①

表 6-1 "生涯唤起"主题教学设计

教学基本信息					
课题	畅想人生				
学科	心理	年级	高一	时间	40分钟
姓名	林翔宇	单位	北京市第一零九中学		

主题确定的理论及政策依据

政策依据：

《中小学心理健康教育指导纲要（2012年修订）》中高中阶段心理健康教育的主要内容包括"帮助学生树立人生理想和信念""进行升学就业的选择和准备，培养担当意识和社会责任感"。《中小学心理健康教育》（刘视湘、郑日昌主编）中也提出：帮助学生具有适应高中学习环境的能力，在了解自己的基础上确立职业志向，进行职业的选择和准备；形成良好的意志品质。该书"生涯教育与辅导"的内容包括"了解生涯规划的意义与功能""培养初步的生涯规划能力""不断提高学生升学与就业选择的主动意识和科学态度"。

《中国学生发展核心素养》中所提到的"自主发展"，重在强调能有效管理自己的学习和生活，认识和发现自我价值，发掘自身潜力，有效应对复杂多变的环境，成就精彩人生，发展成为有明确人生方向、有生活品质的人。

理论依据：

在课程目标和理念的把握中，运用了生涯辅导理论。在生涯教育范畴里，包括了自我探索、外部世界探索和决策行动三个部分。生涯教育开展的基础是学生的生涯意识觉醒，愿意承担生涯探索与规划的角色，这样才能有意识地去了解自己、了解外部世界和为自己决策。

该课的活动设计参考了生涯大师舒伯的生涯发展理论，介入的知识点是"生活广度与生活空间的发展观"，即生涯彩虹图。通过生命线活动，学生理解生涯的含义，了解人生有不同的发展阶段，每个阶段都有当下的任务、状态和价值；体会生命的有限和独特，理解个人的发展受环境和个人因素的交互影响。

---

① 该教学设计由北京市第一零九中学林翔宇老师提供。

学情分析

对于2017届高一学生来说，面对着学科增多、学业压力增大、老师授课方式不同、朋辈人际关系建立等一系列的适应、发展问题，他们常常被生活和学习"推着走"，自己比较茫然和无力，对未来的思考往往比较模糊、笼统，带有自发性，个体的差异也比较大。同时，对高一学生来说，高中生活刚刚展开，他们除了开始设想未来，更开始接触和体验高中生活，感受生命的丰富和多样性，他们也正需要去畅想和规划自己的人生该如何度过。

对于高一学生来说，他们不仅是16岁的学生，也是高考制度改革后的高中生，时代赋予他们重要的角色和责任——更早地思考和选择自己的人生道路，要过什么样的人生，要看什么样的风景，要成就怎样的生命……。因此他们急需生涯意识的觉醒，也需要相关课程的指引来帮助他们思考和选择，去找到自己的路。

所以这样一节启发学生生涯意识的课，能满足学生的心理需求，有助于他们发现自己的期待和向往，意识到当下自己的角色及角色承担的责任，更有目的地学习和生活。

设计理念

本课的生涯探索和觉醒，对学生们来说是重要且必要的。一旦学生开始思考人生有何种期待，有什么选择，自己会经历哪些角色，又要为角色承担何种责任时，他们的主动性就会被激发起来，主动地思考和规划自己的学习、生活。因此，本课从"人的一生"出发，开启思考人生的模式，在"我的生命线"活动中，学生畅想人生，看到自己和班级其他同学相似或不同的人生展望，之后了解到自己人生发展的阶段和阶段性任务，最后完善和修改自己的生命线。其中"生涯彩虹图"这一生涯知识的补充，也让学生更加了解生涯彩虹理论在自己身上是如何展现出来的。最后，用"人生不是一场马拉松"结尾，提示学生：人生的路不止一条，有多少人就有多少种可能，把握当下，畅想未来！

该课的分享和辅导环节，借鉴了存在主义心理学派的观点，存在主义疗法认为欲望揭示出我们最渴望得到的东西，既可引发连续不断的不满足和沮丧，也可激励我们采取一些建设性的行动。课程的设计以此为出发点，激励学生思考人生重大事件，思考当下的角色，并通过分享与互相学习激发内在动力。此外，教师还试图运用积极心理视角，帮助学生扩大认知背景，重新看待和评价自己的选择，给学生积极正向的引导。

该课整体运用了参与式学习方法，鼓励学生积极参与教学过程，加强师生之间的信息交流和反馈，使学习者能深刻地领会和掌握所学的知识，并能将这种知识运用到实践中去。

教学目标

认知目标：在活动中理解生涯的含义，了解人生有不同的发展阶段及任务。

情感目标：体会生命的有限和独特，进而树立为自己人生负责任的态度。

行为目标：澄清、理解和接纳自己对人生的畅想，思考和选择未来的人生道路。

教学内容与重点、难点

教学内容：学生通过思考和描画生命线，以及分享和比较不同生命线，找到差异，找到规律，初步体会生涯的相关概念，在这个过程中唤醒生涯规划的意识，形成为自己人生做主的态度。

重点：生命线活动，发现生命线的差异和规律。

难点：学习并理解生涯发展理论中的"发展阶段"的相关知识。

续表

教学准备

1. 教具类："我的生命线"活动用纸。
2. 资料类：视频、PPT、音乐。
3. 学案类：学生活动用纸。

教学方式：参与式，体验式。
技术准备：PPT制作，音乐、图片和视频选取，准备学案，分组排座位等。

教学活动流程示意

1. 暖身活动：视频《人的一生》。
2. 主体活动：我的生命线。
3. 心灵加油站：生涯发展理论介绍。
4. 小结与祝福。

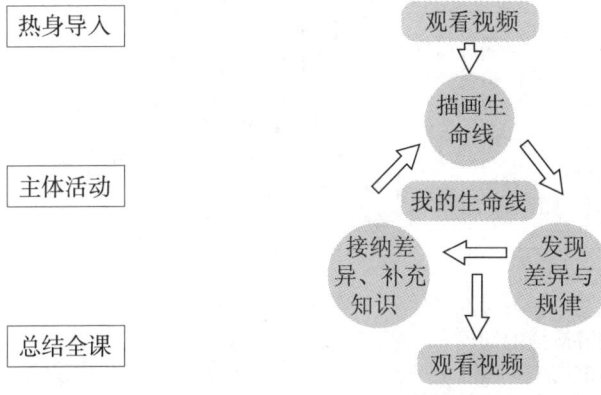

教学过程

活动序号	活动名称	活动目的	教师活动	学生活动	活动时间（分）
1	观看视频	创设情境，引出本课主题	请学生欣赏视频短片《人的一生》，引出生涯探索这一主题。	学生做好准备进入课堂；短片后简短分享自己的感受。	2

续表

教学过程

活动序号	活动名称	活动目的	教师活动	学生活动	活动时间（分）
2	我的生命线	畅想人生，对比学习，唤醒生涯意识	（1）教师引导学生思考自己未来的人生中想做的事情。教师：看着这条线伸向未来，你将如何度过之后的生命呢？有什么重要的事情等着你去完成？有什么期待的事情会发生？又有哪些人会与你共度生命的某一程？请你在线上标出这些事件，并预测它们发生的时间。 （2）请学生在全班分享自己的生命线，及活动带来的感受、发现。 （3）请学生互相学习和发现，并在小组内和全班分享。 （4）教师回应、归纳和小结。	（1）学生思考并在学案的生命线上标注出自己人生的重大事件和预计发生时间： ①在线的左端标0，表示出生。 ②在弧线的某一点标上自己希望活到的岁数。 ③再根据比例在线上标注出自己现在的年龄。 ④在线上标出这些事件，并预测它们发生的时间。 （2）学生在全班分享。 （3）学生在组内讨论生命线中的规律与差异，全班分享。	28
3	心灵加油站	初步学习生涯发展理论（横贯一生的彩虹——生活广度）	（1）教师结合学生的生命线内容，带领学生初步学习生涯彩虹图中生涯发展各阶段的知识。 教师：生涯彩虹图中，第一个层面（相当于地球的经度）代表的是横跨一生的生活广度。我们的发展是呈阶段性的（考大学、工作、结婚、生孩子、养孩子、退休）。 （2）每个阶段都有每个阶段的任务，有这个阶段的状态和价值（比如探索期15—24岁的任务就是在学校、休闲生活和打工的经历中，进行自我试探、角色探索和职业探索）。 （3）每个人都受环境和个人两方面因素的交互影响，因此我们需要向内探索和修炼自己，向外了解世界及顺应历史社会的要求，才能让自己朝着期待的方向发展。	（1）学生听老师讲解生涯彩虹图的理论。 （2）学生结合自己的生命线及线上的重大事件，关注目前这一阶段的生涯任务，生发出要完成当下生涯任务的信念。	4

续表

教学过程

活动序号	活动名称	活动目的	教师活动	学生活动	活动时间（分）
4	我的生命线2.0	打开心智，思考更多的可能性	请学生补充和完善自己的生命线，在小组和全班分享。	用不同颜色的笔补充和完善自己的生命线。	3
5	小结与祝福	凝练和升华主题	（1）请学生观看视频《人生不是一场马拉松》。 （2）教师提示学生人生有无限可能，教师鼓励学生在今后的学习生活中去思考、去选择、去创造。	（1）学生回顾课程内容，领会活动的意义。 （2）思考和说出自己本节课的收获。	3

教学效果评估

评价方式

采用团体评价和个别评价的方式，用于自己了解本课的目标是否达成。

评价量规

（一）团体评价

活动名称	观看视频	我的生命线	我的生命线2.0
评价要点	学生能否说出看到的内容和表达感受。	学生能否在生命线上标注出重要的人生大事。 学生能否理解生涯的相关概念。	学生能否补充和完善自己的生命线。 学生是否有积极主动的态度。

（二）个别评价

评价要点	自评符合程度 低　1　　2　　3　　4　　5　　高
我能写下自己的多个人生重大事件。	□　□　□　□　□
我理解生涯彩虹图的相关概念。	□　□　□　□　□
我能在原有基础上补充和完善生命线。	□　□　□　□　□
我的人生等着我去创造。	□　□　□　□　□

续表

教学参考资料

1. 刘视湘，郑日昌，中学生心理健康教育，开明出版社，2012
2. 郑日昌，刘视湘，中小学心理健康教育，武汉大学出版社，2010
3. 吴芝仪，我的生涯手册，经济日报出版社，2008
4. 金树人，生涯咨询与辅导，高等教育出版社，2007
5. Emmy van Deurzen，存在主义世界的幸福：写给心理治疗师的哲学书，中国轻工业出版社，2012

附录（活动过程中所需的问卷、文字材料，板书设计，使用的技术手段等）

一、学生学案
活动一：_____的生命线

```
      ────────────────────────────────────►
  0
```

二、补充资料：舒伯——生涯彩虹理论
（略）

三、生涯宝典
　　我们不能决定生命的长度，但可以拓展生命的宽度。
　　拓展生命的宽度，就是在青春路上留下奋斗的足迹，就是让生命充满诗意的色彩和无限的可能，就是把成长当作自己的责任，为自己规划一个璀璨亮丽的人生。

四、全课结语
　　生涯之路就在脚下，而你一直在努力。
　　敞开你的心扉，打开你的心智。
　　人生有无限种可能，路不止一条，终点不止一个。想过什么样的人生，想看什么样的风景，这一切等着你去思考、去选择、去创造！

五、板书设计

> 人的发展是有阶段性的

> 每个阶段有自己需要完成的任务，也有这个阶段的状态和价值

> 人的发展受环境和个人因素交互影响

六、多媒体资料
1. 视频：《人的一生》，26秒动画，日本，青木纯设计。
2. 音乐：《Spring》，3分48秒，日本，久石让作品。
3. 视频：《人生不是一场马拉松》，日本，马拉松广告。

二、"生命'价'体验"主题教学设计①

表6-2 "生命'价'体验"主题教学设计

教学基本信息

课题	生命"价"体验			
课程类别	生涯规划	年级	高一	时间	40分钟
姓名	陈晨	单位	北京师范大学附属实验中学		
参考教材	北京师范大学附属实验中学,高中生涯规划,北京师范大学出版社,2015				

主题确定的理论及政策依据

教育部印发的《中小学心理健康教育指导纲要（2012年修订）》（简称《指导纲要》）有关高中年级心理健康教育的主要内容主要包括：帮助学生确立正确的自我意识，树立人生理想和信念，形成正确的世界观、人生观和价值观。根据教育部《指导纲要》要求，从发展心理学角度看中学生的价值观教育，高中生正处在探索人生意义和自身价值的阶段，价值观并不是十分成熟，缺乏稳定性，容易因外界环境的变化而改变。高中学生在教师的指导下充分进行价值观的探索，及早形成正确的价值观，对发展自己、实现自己的价值是十分必要的。

"生命'价'体验"辅导内容的选择，正是针对处在价值观形成关键时期的高中阶段学生，帮助他们澄清当下和未来生活中自己认为"最重要"的东西，思考自己对社会的意义，将自己的生活目标与社会发展联系在一起，统整自己的价值观，致力于实现自己的人生价值。

基于社会心理学视角，价值观是一个独特的研究领域，它是比态度更抽象、更一般的具有评价性、选择性、规范性的深层心理建构，是文化成员合理的信念体系。美国人类学家克拉克洪（Kluckhohn）曾指出价值观是一种影响选择的建构。这是"生命'价'体验"辅导活动方案设计的理论依据，即价值观是影响人们做出选择的最重要因素，选择体现价值观，辅导旨在通过设置模拟选择情境，引导学生参与体验并进行反思，感受多种价值观的存在，并透过自己的选择澄清不同价值项目对自己的重要程度，从而明晰自己的价值观。

心理学家罗克奇（Rokeach）曾提出价值系统理论，对价值观内容进行了分类。罗克奇将价值观分为"行为方式"与"终极状态"两大类，即终极性价值观和工具性价值观，每一类由18项价值信念组成。其中终极性价值观包括舒适自在的生活、令人兴奋的生活、有成就感、和平的世界、美丽的世界、平等、家庭安全、自由、幸福、内心的和谐、成人的爱、国家安全、快感、得救、自我尊重、社会认可、真正的友谊、智慧；工具性价值观包括有抱负的、心胸开阔的、有能力的、欢愉的、干净的、有勇气的、宽容的、愿助人的、诚实的、富于想象的、独立的、智识的、有逻辑的、有爱心的、服从的、礼貌的、负责的、有自制能力的。这是"生命'价'体验"辅导活动内容设计的理论依据，即通过"人生梦旅程"活动，引导学生将良好品质及资源的选择与实现自身梦想不断进行链接，促使学生理解价值观作为"深层建构"和"信仰体系"与"行为选择"之间相互体现、相互依存的关系。

---

① 该教学设计由北京师范大学附属实验中学陈晨老师提供。

续表

主题确定的理论及政策依据

科尔布（Kolb）提出的体验式学习模型（experiential learning model），即学习、转变、成长是"具体体验—反思观察—抽象概括—行动应用"的封闭系统的整合过程。这是"生命'价'体验"辅导活动教学方式设计的理论依据，即课程教学以体验式学习方式为主，通过模拟性的价值观选择体验活动，促动学生围绕主题进行讨论、反思、分享和归纳，并将获得的启示和提升的能力应用于真实生活世界。

学情分析

心理学家调查表明，小学阶段的儿童已经开始对人类、自然及社会现象产生兴趣和疑问，但尚未形成价值观；到初中阶段，价值观开始萌芽；到高中阶段，价值观初步形成。高中生在确立和调整自己价值观的过程中，表现出如下特点：第一，对理论问题产生了越来越浓厚的兴趣，热衷于哲学探讨；第二，高中生价值观的核心是人生意义问题，他们逐渐学会将个人的生活目标与社会发展的总体方向相联系；第三，高中生的价值观反映其个性色彩，具有不同价值观的学生对事物的兴趣点、意志品质和归因方式均不一样；第四，高中生的价值观尚缺乏稳定性，容易随环境的变化而改变。因此高中阶段个体的价值观仍具有可塑性，针对学生所处的价值观多元社会时代背景，教师有必要进行主流价值观的引导。

对于面临课程、课余生活、专业、毕业后出路等多种选择的高中生而言，初步确立正确的价值观，初步明确人生意义的最重要作用是能够在日常的学习和生活中，将近期计划和远期规划较好地结合起来，延缓直接满足，逐渐学会将自身努力作为实现目标的桥梁，在学习和生活中更加努力和勤奋。

黄希庭等在《我国五城市青少年学生价值观的调查》中用罗克奇价值观调查表（Values Survey），对广州、深圳、武汉、成都和重庆5个城市2125名青少年学生进行调查，结果表明，我国青少年学生的价值观总的来看相当一致，在终极性价值观中，有所作为、真正的友谊、自尊、国家安全被列为4个最重要的价值观。内心平静、舒适的生活、兴奋的生活、拯救灵魂被列入4个最不重要的价值观；在工具性价值观中，有抱负、有能力、胸怀宽广被列为很重要的价值观，而整洁、自我控制、服从则被列为很不重要的价值观。

本次"生命'价'体验"辅导活动教学班级为高一（11）班，班型为国际班，由准备高中毕业后出国求学的学生组成，学生总体学业成绩优异，视野广阔，成长过程中受到多元文化及价值观的影响，面临着托福、GRE、SAT等考试压力，面临着精选课外活动丰富个人经历的挑战，在高中伊始深入探索自我价值观，对于学生及早将当下努力和未来发展联系起来，更好规划高中生活是非常必要的。学生在入学初曾参与过北京师范大学发展心理研究所教育部哲学社会科学研究重大课题攻关项目"普通高中学生发展指导制度研究"课题组的学生发展现状调研，其中价值观调查部分应用的是《价值观描述量表》（*The Portrait Values Questionnaire*，PVQ5X Value Survey），由施瓦兹（Schwartz）等人开发。通过调研，该班学生总体最重视的4种价值观依次为忠诚信赖、享乐主义、自主思考与仁爱关怀，相对不重视的价值观为资源财力、权力控制、谦逊和传统文化。其结果体现了班级大多数学生的价值取向，也是教师设计并实施课程的参考依据。

续表

教学目标

情感目标：激发学习兴趣和生涯好奇，提升自我掌控感。
认知目标：了解价值观的含义，意识到价值观对于生涯选择具有潜在的重要影响。
行为目标：在初步澄清自己价值观基础上，初步明确高中阶段自我提升的方向。

教学内容与重点、难点

　　"生命'价'体验"辅导活动是针对高中学生进行生涯发展辅导的课程教学，本节课为高一年级心理校本课程"生涯规划"中"自我探索"部分的一节，之前学生已经进行了兴趣、性格、能力等方面的自我探索，对自我有了一定的了解和认识，但是对于价值观的概念还比较模糊，对于应当根据什么进行生涯选择等还深感迷茫，所以有必要引领学生深入、清晰地分析自己的价值观，引导学生真正意识到价值观对人生发展的导向作用、在生涯选择过程中的重要性，引发学生关于自我、关于生涯发展的进一步探索，并将信息加以统整，有意识地通过澄清自己的价值观而规划自我生涯发展。

　　本节课的教学有三个关键点："不一样的广播操"和"人生梦旅程"活动是教学载体；学生的参与、体验和分享是核心；学生尝试澄清自己的价值观并初步明确高中自我提升的方向是结果。

　　本节课的教学重点是引导学生结合活动体验、自我反思和同伴讨论，初步澄清自己的价值观，并在此基础上自主选择，初步明确高中自我提升的方向。本节课的教学难点是对学生进行主流价值观的有效引导。

　　针对重点、难点突破，本节课教学在尝试实践环节设计了"人生梦旅程"活动。该活动内容贴合学生实际生活，回归学生真实的生活世界，能够引发学生高度共鸣和情感代入；该活动设计注重"玩中学"的理念，虽然关于价值观话题的探讨是深入而严肃的，有时面临两难选择的情境甚至是略带"残酷"的，但是作为心理校本课程，基于积极心理学视角，教师希望课堂呈现积极向上的风貌，能带给学生幸福感和愉悦感，给予学生正向的激励和引导，希望学生在"玩"中也能够完成震撼的"心灵叩问"；该活动过程融入价值观引导，引导并非直接、强硬的说教，而是借由"人生梦旅程"活动中"返还生命币"这一活动规则设计，给予学生模拟奖励，传递核心价值，进行主流价值观引导，启示学生要将个人价值实现与民族、国家、全人类的发展联系在一起，要将自己融入社会，为人类的进步起到推动作用，过有意义的人生。

教学准备

1. 教具类：水彩笔、垫板夹。
2. 资料类：教学PPT。
3. 学案类："人生梦旅程"学习单。

续表

教学活动流程示意

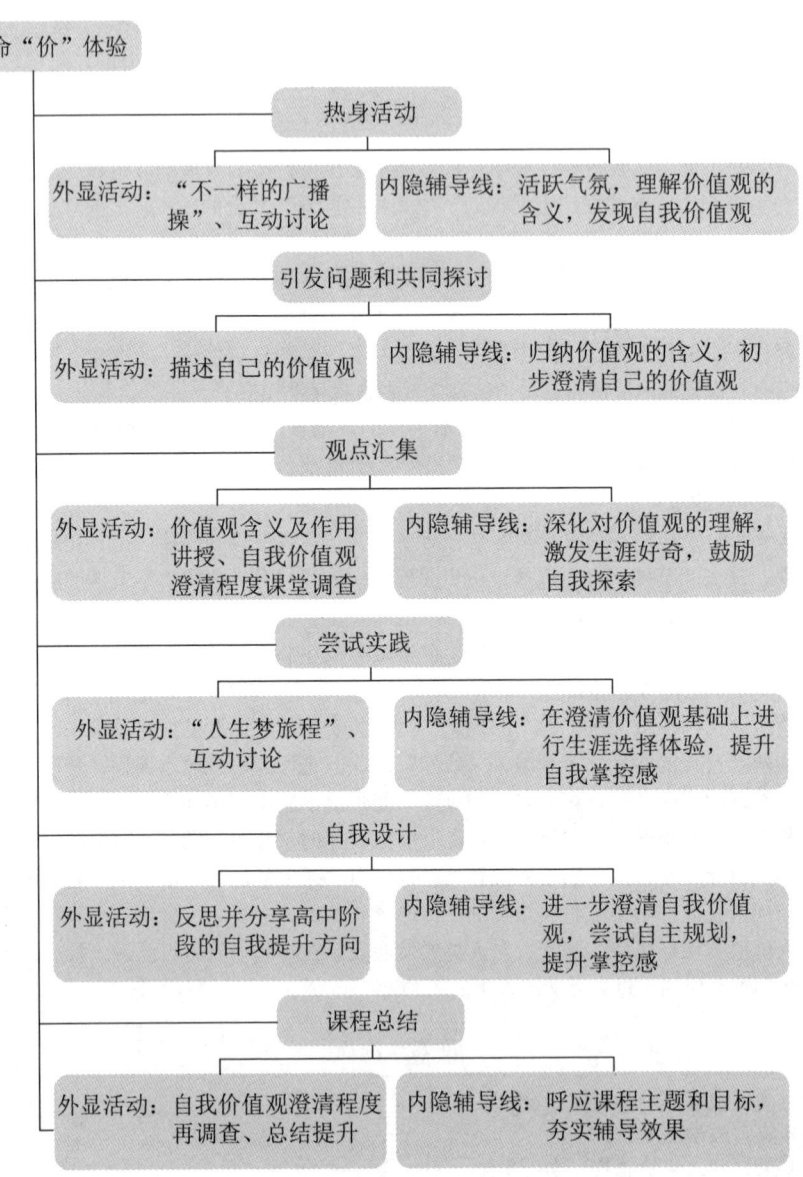

生命"价"体验

热身活动

外显活动："不一样的广播操"、互动讨论

内隐辅导线：活跃气氛，理解价值观的含义，发现自我价值观

引发问题和共同探讨

外显活动：描述自己的价值观

内隐辅导线：归纳价值观的含义，初步澄清自己的价值观

观点汇集

外显活动：价值观含义及作用讲授、自我价值观澄清程度课堂调查

内隐辅导线：深化对价值观的理解，激发生涯好奇，鼓励自我探索

尝试实践

外显活动："人生梦旅程"、互动讨论

内隐辅导线：在澄清价值观基础上进行生涯选择体验，提升自我掌控感

自我设计

外显活动：反思并分享高中阶段的自我提升方向

内隐辅导线：进一步澄清自我价值观，尝试自主规划，提升掌控感

课程总结

外显活动：自我价值观澄清程度再调查、总结提升

内隐辅导线：呼应课程主题和目标，夯实辅导效果

续表

			教学过程		
活动序号	活动名称	活动目的	教师活动	学生活动	活动时间（分）
1	课程引入	明确课程主题，聚焦课程目标，促动学生围绕主题进行思考。	开场白： 　　今天的课程主题是"生命'价'体验"，我们将围绕价值观主题展开讨论，本课是学期心理校本课程"生涯规划"中"自我探索"部分的一节，将帮助我们进一步认识自我，助力我们更好地规划高中生活。 　　本节课我们将围绕三个问题进行探讨和分享： 　　（1）什么是价值观？ 　　（2）我的价值观是什么？ 　　（3）价值观的作用是什么？	进入上课状态，明确课程主题和课程目标，思考共同学习的三个问题。	1
2	热身活动	活跃课堂气氛，引发学习兴趣，启示学生通过对具体问题的回应理解价值观的含义，尝试发现自己的价值观。	活动：不一样的广播操 指导语： 　　我们先来做一个热身活动，在活动中，教师会问同学们一些问题，请大家用不同的身体语言对这些问题做出回应，表明自己的立场。赞成就高举双手，中立或没想好就趴在腿上，反对就双臂交叉。 提问： 　　（1）高中期间应该争取加入学生会吗？ 　　（2）高中要专注学习，不能跟异性同学深入交往吗？ 　　（3）如果能上个好大学，对专业没兴趣也无所谓吗？ 追问： 　　大家做出这样选择的思考是什么？	思考： 　　明确活动规则，确认互动反应方式。 思考并反馈： 　　思考自己针对不同问题的态度和观点。 　　用身体语言表达自己的态度和观点：赞同用"高举双手"表示，中立或未想好用"趴在腿上"表示，反对用"双臂交叉"表示。 　　分享自己做出选择的原因，阐述自己的观点。	7

教学过程

活动序号	活动名称	活动目的	教师活动	学生活动	活动时间（分）
3	引发问题和共同探讨	通过共同讨论和班级分享，促使学生归纳价值观的含义，初步澄清自己的价值观。	提出议题： 　　请通过刚才活动中自己对这些问题所做出的判断，尝试向小组同伴描述自己相对笃定的价值观。	讨论： 　　与小组同学讨论价值观的含义，分享自己在热身活动中的发现，尝试向小组同伴描述自己相对清晰的价值观。	3
4	观点汇集	通过教师归纳和课堂调查活动，深化学生对价值观的理解，提示价值观对于生涯选择的重要作用，激发生涯好奇，鼓励学生进一步探索并澄清自己的价值观。	小结： 　　价值观是我们对事物的总体看法和观点，是我们考虑问题时所看重的原则和标准，我们用它来判断事物对我们的重要性。 　　价值观也是我们做出选择的依据，虽然影响选择的因素有很多，但深层次的影响因素是我们的价值观。 　　本课我们即围绕"什么是价值观""我的价值观是什么""价值观的作用是什么"三个问题来进行探讨。 课堂调查： 　　请同学们用手臂夹角做度量，主观判断自己在刚才的讨论中是否能够清晰、笃定地描述自己的价值观。非常清晰用90°角表示，非常不清晰用0°角表示。 过渡： 　　在调查中，我们发现大家手臂呈现的角度是不同的，代表了我们不同的状态和感受。无论大家现在对自己价值观的清晰认知到什么程度，都没有关系，我们将在下面的活动中继续探索。	反思与归纳： 　　结合教师对讨论的小结，进一步理解价值观的含义，认识价值观对生涯发展的重要性。 思考并反馈： 　　评估对自己的价值观的清晰程度，用身体语言做出程度反馈。 思考： 　　反思自己的价值观清晰程度，对课程后面的学习进行预期，对进一步探索自己的价值观产生兴趣。	2

续表

教学过程

活动序号	活动名称	活动目的	教师活动	学生活动	活动时间（分）
5	尝试实践	通过模拟人生选择的实践活动，促使学生实践在澄清自己的价值观的基础上，进行生涯选择，提升学生的自我掌控感，并在活动中进行主流价值观的引导。	活动：人生梦旅程 引入： 　　我们将模拟一段人生的梦想旅程，在旅程中继续探索我们的价值观是什么，价值观对我们的生涯选择有什么作用。 　　请大家准备好学习单。从现在开始，每个同学都将有机会获得一些大多数人的人生梦想，每个梦想的价值不等，需要用自己的模拟生命币来换取，每人最开始都有10个生命币（生命币代表着个人的时间、精力和金钱等生命可付出资源），要不要换取这个梦想，换取多少，都需要你根据自己的价值观做出判断，从而自主选择那些对你最重要的梦想。 步骤1：生命加油 　　虽然生命币只有10个，但是我们生命中有些资源是可以为我们平添助力的，请在学习单上完成： 　　①选择5个自己希望养成并终身持有的良好品质。 　　②选择5个现在持有的人生资源。 步骤2：启航梦之旅 　　需要提醒大家的是，完成购买后，请划掉相应数量的生命币，并将所获取的梦想记录在学习单上的梦想栏。	思考： 　　理解活动目的，明确活动规则，阅读学习单，了解活动内容。 思考与表达： 　　反思自己希望培养的良好品质以及所拥有的资源。在学习单上分别勾选。 思考与分享： 　　根据自己的价值观，评估每一个梦想对自己的相对重要程度，然后做出是否换取的选择，如果选择即划掉相应生命币。	20

续表

教学过程					
活动序号	活动名称	活动目的	教师活动	学生活动	活动时间（分）
5	尝试实践	通过模拟人生选择的实践活动，促使学生实践在澄清自己的价值观的基础上，进行生涯选择，提升学生的自我掌控感，并在活动中进行主流价值观的引导。	当教师列出这些梦想时，请你用相应生命币值选择购买，并对实现这些梦想有所助力的良好品质和人生资源进行反思和讨论，如果阐述合理，可以获得生命币返值，例如对获取实现"进入理想大学"的梦想需要花费1个生命币，但是"勤奋"等品质和"智商高"等资源可以对此有很大帮助，如果你具备这些品质或资源，可以获得1个生命币的返值。 待实现梦想，梦想兑换的生命币数量以及可以返值的生命币数量标注如下表： （见下方表格） 提问： 哪些"良好品质"或"人生资源"的生命加油可以助力我们实现梦想呢？	在参与活动中逐步澄清自我价值观，理解自己的价值观对于生涯选择的作用。并与同伴和教师进行分享。 分析与讨论： 基于自己的价值观所做出的选择，分析对于梦想实现可以做出的准备，认识个人价值与社会发展的关系，关注主流价值观。	20

事物	币值	返币
大学	1	1
工作	2	1
房子	2	1
沉浸一刻	0	+1或-1
健康	1	0
尊重	2	1
周游世界	2	1
事业	3	1
好友	2	1
家庭	3	1
和平	3	1

			教学过程		
活动序号	活动名称	活动目的	教师活动	学生活动	活动时间（分）
6	自我设计	通过讨论和分享，鼓励学生深入反思并与同伴互动，进一步澄清自己的价值观，进而自主规划高中生活，提升自我掌控感。	提问： 　　（1）在"人生梦旅程"中你实现了哪些梦想？ 　　（2）总体看来，对你最重要的三个梦想是什么？ 　　（3）针对自己的规划，你在高中期间最需要着力培养的是哪些良好品质？开拓哪些人生资源？ 小结： 　　我们围绕价值观主题进行三个问题的探讨，我们可以发现价值观是选择背后一个最深层的因素，是生涯选择的潜在舵手，澄清自己的价值观可以帮助我们在面临两难选择时候进行权衡。从高一开始我们就要面临很多生涯选择，希望大家对于价值观的探索不仅仅停留在这节课，而是在人生当中不断回望，不断探索。	同伴互动： 　　与小组同伴分享自己选择的梦想，了解同伴的生涯选择。 自我反思： 　　经过评估与比较，从梦想栏中筛选出三个对自己而言最重要的梦想，聚焦思考自己的高中发展方向。 分享汇报： 　　分享自我反思的内容。	5
7	课程总结	通过课堂调查和教师总结，呼应课程主题与课程目标，夯实辅导效果。	课堂调查： 　　我们再做一次课堂调查，请同学们用手臂夹角度量，主观判断自己现在是否能够向同伴、父母清晰和笃定地描述自己的价值观。非常清晰用90°角表示，非常不清晰用0°角表示。 结语： 　　老师期待今天的课程对于大家澄清自己的价值观有所帮助，并且希望大家能够在课下继续进行自我价值观探索，跟更多的人探讨，让自己更加清晰，以在未来的人生道路中的每一个选择关口可以自主选择，更加明确高中时代自己的发展方向。	思考与反馈： 　　评估对自己的价值观的清晰程度，用身体语言做出程度反馈。比较自己与前次评估的结果差异，感受自我掌控感的提升。 思考： 　　回顾课程主题和课程目标，归纳课程所学，链接自己的高中生涯规划。	2

续表

教学效果评估

一、学生调查

对比课堂上进行的两次现场调查可以看到，大部分的学生关于自己价值观的澄清程度有所提升。

教师于课前也针对教学目标设计了课程学习调查问卷（见附录），在课程结束后发给学生进行填写，并回收统计。统计结果表明：

关于课程总体感受，有65%的学生"非常喜欢"本节课，35%的学生"较为喜欢"本节课。

关于"人生梦旅程"活动感受，有96%的学生觉得活动"有乐趣而有意义"。

关于自己的价值观的初步澄清程度，有43%的学生觉得"有很大提升"，48%的学生觉得"较有提升"。

关于基于自己的价值观规划高中生活的能力，有31%的学生觉得"有很大提升"，44%的学生觉得"较有提升"。

二、教师课后反思

1. 体验式学习方式的课程设计收到了良好的教学效果

课程通过"人生梦旅程"这个充满欢乐、期待而又发人深省的体验活动，提供模拟选择情境，创设生涯问题，激发师生、生生讨论式对话。学生在体验后分享自己的心得体会，教师在此基础上进行解说和辅导，从而促动学生将习得的观念运用于真实的生涯世界，发展新的态度和行为方式。学生课堂表现为兴趣浓厚、发言积极、思维活跃、情感卷入，体现了"四动"（身体运动、头脑搅动、心灵触动、未来行动）的生命活力。

2. 学生实际需求和发展水平是教学内容设计的基础

本课教学中，教师应用"专业选择""异性交往""报考大学""休闲生活"等学生实际面临和关注的主题进行价值观引导，学生反馈"接地气""有收获"，课堂中学生的活跃程度也能反映这一情况，这说明体验式学习方式下的课程设计要了解学生实际需求，应用贴合学生兴趣或困惑的素材进行，能提升教学实效性。

3. 学习单的设计和使用可以提高课程实效

本课程专门设计了学习单，学习单内容紧扣"人生梦旅程"活动，详细并清晰地助力教师引导学生参与活动体验、呈现并澄清自我价值观、进行自我反思并与同伴分享，是提高教学效果的保障。

教学参考资料

1. 北京教育科学研究院，高中生涯规划与管理，北京出版社，2013

2. 田国秀，团体心理游戏实用解析，学苑出版社，2010

3. 黄希庭，张进辅，张蜀林，我国五城市青少年学生价值观的调查，心理学报，1989（3）

4. Anderson R A, Washington L, Anderson W T, & Jennings G, The development of an autonomy scale. Contemporary Family Therapy, 1994, 16（4），329-345

附录（活动过程中所需的问卷、文字材料，板书设计，使用的技术手段等）

1. 板书设计

课题：生命"价"体验

一、什么是价值观？

二、我的价值观是什么？

三、价值观的作用是什么？

小结：价值观是生涯选择的潜在舵手

2. 学习单

班级：_____　　姓名：_____　　学号：_____

"生命'价'体验"课实践活动：人生梦旅程

生命加油A：良好品质	生命加油B：人生资源	梦想栏
圈出5个你希望终身拥有的好品质： 勤奋　善良　诚信　勇敢　创新　谦逊　豁达　友善　负责 忠诚　独立　有抱负 乐于奉献　坚持不懈 反省能力强　自控力强 其他：	圈出5个你目前拥有的人生资源： 智商高　情商高　颜值高 知心好友若干　父母关爱 家境殷实　经历过逆境 教育环境优越　国家昌盛和平 其他：	我所实现的人生梦想： 1. 2. 3. 4. 5. 6. 7. 8. 9. ……
持有：模拟生命币10枚		

3. 调查问卷

"生命'价'体验"课后调查问卷

高一（11）班同学：

你好！为了更好地改进本节课的教学，教师设计了相关课后调查，该问卷不记名，请真实作答，谢谢你的参与。

1. 你对今天课程的总体感受是：

A.非常喜欢　　B.较为喜欢　　　　C.一般　　　　D.不太喜欢　　　　E.不喜欢

2. 在参与"人生梦旅程"活动中，你感到：

A.有乐趣而有意义　　　　　　　B.有乐趣而无意义

C.有意义而无乐趣　　　　　　　D. 无乐趣也无意义

3. 经过课程学习，我关于"价值观"含义的认识：

A.有很大提升　　B.较有提升　　　　C.一般　　　　D.提升不大　　　　E.没有提升

4. 经过课程学习，我关于初步阐述自己的价值观、澄清自己看重的事物的能力：

A.有很大提升　　B.较有提升　　　　C.一般　　　　D.提升不大　　　　E.没有提升

5. 经过课程学习，我关于基于自己的价值观进行生涯选择，从而合理规划高中生活的能力：

A.有很大提升　　B.较有提升　　　　C.一般　　　　D.提升不大　　　　E.没有提升

三、"能力助我行"主题教学设计①

表6-3　"能力助我行"主题教学设计

基本信息					
课程名称	能力助我行				
姓名	刘秀华	学校	北京市大兴区兴华中学	时间	40分钟
课程类别	生涯教育	年级	高一年级	班级	8班
参考教材	北京教育科学研究院，高中生涯规划与管理，北京出版社，2013 王宪福，高中生心理健康，北京出版社，2014				

主题确定理论依据

教育部颁布的《中小学心理健康教育指导纲要（2012年修订）》指出：高中年级心理健康教育主要内容包括：在充分了解自己的兴趣、能力、性格、特长和社会需要的基础上，确立自己的职业志向，培养职业道德意识，进行升学就业的选择和准备，培养担当意识和社会责任感。《北京市中小学心理健康教育工作纲要（修订）》也指出，要"帮助学生认识身心发展特点与规律，了解自己的兴趣、能力和性格特征学会客观分析与评估自我，形成积极的自我概念"。

发展心理学认为，高中生正处于青年发展前期，是一个人明确自己的个性特征，开始考虑自己的人生道路的时候。他们在心理和行为上表现出强烈的自主性，对人生的探索既是以"自我"为核心展开的，又是以解决好"自我"这个问题为目的的。

舒伯的生涯发展理论认为高中阶段的学生处于生涯发展试探期，他们要考虑自己的需要、兴趣、能力及机会，做暂时的决定，并在幻想、讨论、课业及工作中加以尝试。可见，探索自我的兴趣、能力、个性、价值观，使职业偏好逐渐具体化、特定化，规划未来的生涯道路，是高中时期生活中的一个重要任务。高中生自我意识的发展对于其形成稳定的人格特征以及价值观等方面均具有决定性的作用。

学情分析

我校学生在毕业前要在未来发展途径上做出选择——继续上学接受高等教育、留学、参加工作或者其他。不论选取上述哪一条道路，都需在所学专业或职业种类上做出具体的挑选。我们的学生大部分是来自农村家庭，他们接触社会有限，生涯探索较少，很难对自己的兴趣、能力、适应性等方面做出科学评估。对我校学生职业规划现状进行的调查表明：学生对自己的学习、工作的规划程度很低，超过三分之一的学生没有规划，对院校和专业的详细情况知之甚少，62%的学生在生涯选择过程中体现出较少的自主性，大多是接受父母或教师的帮助，容易出现盲目和随意的现象。所以本节课旨在让学生对自我能力有比较完整的了解，树立生涯探索意识。

---

① 该教学设计由北京市大兴区兴华中学刘秀华老师提供。

续表

教学目标

认识目标：通过完成能力卡片和能力导图，了解探索能力的方法及更多的职业能力，明确自己的能力优势，并了解自己的职业倾向。

情感目标：通过能力探索活动，发现自己的优势与潜能，并对自己能力及将来从事的行业怀有积极期待。

行为目标：通过能力与职业分析，发现自己更适合做什么，并能够对未来职业做出初步的决策。

教学内容与重点、难点

教学内容：通过排列能力卡片、能力与职业对照表，形成自己的能力导图，对自己的优势、潜能等进行自我分析，并了解自己的职业倾向，以便发挥优势，认识潜能，提升信心。

教学重点：能力的自我探索，并初步了解自己未来倾向的职业。

教学难点：通过能力深入探索，发现与自己能力匹配的职业并做出决策。

教学准备

1. 教具类：能力卡片、水彩笔、平板电脑。
2. 资料类：PPT、知识链接。
3. 学案类：能力与技能匹配表、能力导图。

教学活动流程示意

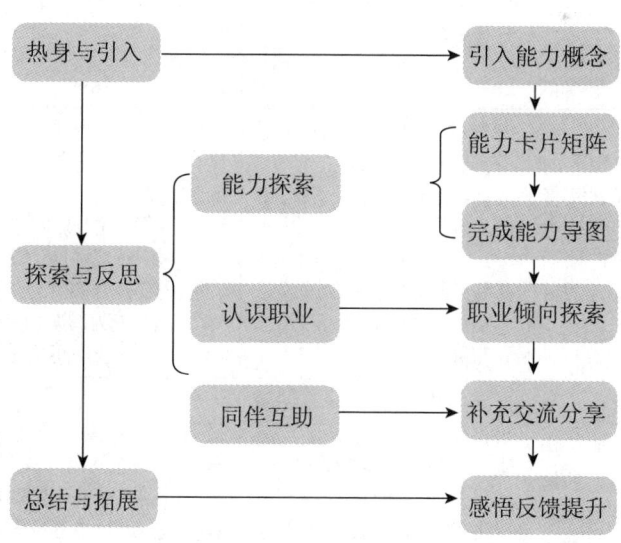

续表

教学过程

活动序号	活动名称	活动目的	教师活动	学生活动	活动时间（分）
1	"双11"赢家	热身——引入话题。	分析"双11"热销店家能力特点，引出能力话题。简单介绍能力类型。	了解不同的人能力有所不同，了解能力的简单概念，便于自我分析。	5
2	能力卡片矩阵	对自己的能力进行整体把握，为后面的学习做准备。	介绍卡片使用规则，指导学生通过选择、摆放能力卡片，形成能力矩阵。指导学生同桌相互交流2分钟。	认真摆放能力卡片，形成自己的能力矩阵，反思自己的能力特点。认真负责地给同桌的能力矩阵提出自己的建议。	10
3	完成能力导图	进一步梳理自己的典型能力，完成导图。	教师介绍能力矩阵包括四个象限。如果盲区卡片很多，都采取回避或授权，你觉得怎样？指导能力导图方法。	自我梳理：我最擅长的5种能力是（ ）。我要提升的是（ ）能力。我备用的是（ ）能力。我尽可能躲开（ ）能力。	8
4	职业倾向探索	对自己擅长的能力对应的职业有所认识，为将来职业选择提供参考。	指导学生运用能力与职业匹配表，了解自己目前能力对应的职业。	自我完成职业倾向探索，在能力导图上写出自己倾向的职业。	5
5	补充交流分享	听取别人的建议，完善自己的能力导图，相互交流、启发。	指导小组交流，补充导图，展示活动规则。（1）在导图右上角写上自己姓名。（2）针对能力与职业，认真负责地提出自己的建议。（3）每组选代表交流分享。	小组交流，听取别人的建议，完善能力导图。每组代表发言。（1）我倾向的职业是什么？对应的优势能力是什么？（2）我要提升的能力是什么？提升能力的途径是什么？（3）活动中我的感悟是什么？	12
6	感悟反馈提升	引导学生立足当下，注重能力的培养和持续的生涯探索。	指导学生分享：本节课我的收获是什么？能力是助你成功的阶梯。立足当下，探索自我与外界生涯环境，为将来的生涯决策做好准备。	感悟分享，发言交流。（要珍惜每一个今天，在日常学习、活动、交往中随时随地提升能力，进行生涯探索。）	5

续表

教学效果评估

主要采用形成性评价的方法。
1. 学生完成的概念图情况。
2. 职业规划情况，手臂测量法前后测对比。
3. 课堂观察评价表。

评价内容	等级与分值（由好到差）				
1. 学生对自己能力特点、职业倾向的认识有很大提高	5	4	3	2	1
2. 活动过程中学生精力集中，全身心投入	5	4	3	2	1
3. 学生课上积极参与互助、交流、分享	5	4	3	2	1
4. 学生课上精神愉悦，能够自我开放	5	4	3	2	1
5. 学生探索活动实施有序、顺畅，实现活动目标	5	4	3	2	1
6. 教师能够创设包容、接纳、安全的课堂氛围	5	4	3	2	1
得分		等级			

教学参考资料

1. 北京教育科学研究院，高中生涯规划与管理，北京出版社，2013
2. 王宪福，高中生心理健康，北京出版社，2014
3. 鲍利斯，你的降落伞是什么颜色？中国华侨出版社，2014

四、"专业与未来"主题教学设计①

表6-4 "专业与未来"主题教学设计

基本信息

姓名	张馨尹	学校	北京师范大学朝阳附属学校	职称	中教一级
课程名称	专业与未来				
课程类别	生涯规划	学段/年级	高中一年级	时间	40分钟
参考教材	王红丽，杨碧君，直面选择 逐梦飞翔——给高中生的选课、选考、选专业建议，中国少年儿童出版社，2017				

① 该教学设计由北京师范大学朝阳附属学校张馨尹老师提供。

主题确定的理论及政策依据

在教育部印发的《中小学心理健康教育指导纲要（2012年修订）》中提到，高中年级心理健康教育的主要内容包括：帮助学生确立正确的自我意识，树立人生理想和信念，形成正确的世界观、人生观和价值观；在充分了解自己的兴趣、能力、性格、特长和社会需要的基础上，确立自己的职业志向，培养职业道德意识，进行升学就业的选择和准备，培养担当意识和社会责任感。根据教育部《指导纲要》要求，高中生需要在充分了解兴趣、能力、性格、特长、社会需要等的基础上，开始探索未来的专业及职业。

根据舒伯的生涯发展理论，高中阶段的学生处于生涯发展的探索阶段，通过学校的活动、社团休闲活动、打零工等机会，对自我能力及角色、职业进行探索。这个阶段发展的任务是：使职业偏好逐渐具体化、特定化并实现职业偏好。这个阶段的学生有了自主探索和规划的意识，开始对专业的选择、未来的职业和生活有了较为深入的思考，并尝试在实际的职业世界中进行探索和感悟。

2017年，北京市出台《北京市普通高中学业水平考试实施办法（试行）》，北京市将面向2017年秋季入学的高一新生实施新的学业水平等级考试，2020年，北京将首次实行新高考。依据新高考改革需求，学生需要综合考虑自己的兴趣、爱好、优势学科、专业选择未来发展方向并进行选科考试。考试科目的选择与专业的选择息息相关。学生在进行考试科目选择时需要对专业的选择有所思考。

从发展心理学角度，高中生的抽象逻辑思维水平得到了迅速发展，形式逻辑思维已经获得了相当完善的发展，辩证逻辑思维得到了很大提升，能够进行从特殊到一般的归纳过程，和一般到特殊的演绎过程，可以从具体知识上升到理论，同时用理论指导去获得具体知识。能够全面、变化、统一地分析和解决问题。因此，本课的核心教学内容也采用思辨形式，通过理论联系实际、开展头脑风暴，激发学生对专业与未来关系的深入思考。

选择一个专业，意味着要选择一个知识领域和对应可能的职业方向。专业选择是一个自我认识、自我挖掘，了解职业、了解社会的过程，指向未来发展方向，是一种生涯定向。

因此，对要迎接北京市新高考改革的高一新生，进行专业内涵及其与未来关系方面的观点澄清，引导学生理解专业选择的意义和价值，有助于学生更有针对性地进行选科选考，有助于学生更加清晰地规划自己当下的学习生活，增强生涯发展意识，并在实践探索中提升生涯探索能力。

学情分析

2017级高一学生是参加北京市新高考改革的第一届学生，在开学教育的生涯培训中掌握了一些生涯常识，对新高考相关政策、选科选考方法有了一定的了解，部分班级开始选课走班，但是对具体专业的了解还不是很清晰，对未来专业的选择还处于初步探索阶段，需要教师进一步指引。

大部分学生有了大致的专业选择方向，但对专业内涵的了解还都比较单一和肤浅，对专业学习的课程设置和未来可能的职业方向了解还不太全面，需要进一步的了解和探索。同时，学生对于专业选择的意义、专业和职业之间的关系等也需要进一步澄清和理解。

教学目标

情感目标：通过思考专业选择的意义，搭建专业选择和未来生涯定向之间的连接，增强自我塑造、自主探究的生涯探索意识。

认知目标：通过分享课前问卷中关于专业课程设置和职业方向的调研和分析结果，理解专业内涵和专业选择的影响因素。

行为目标：通过探讨专业和职业之间的关系，拓展思维空间，提升辩证思维的能力。

教学内容与重点、难点

·教学内容：

　　本课由对课前问卷的分享引入，引导学生发现自己对专业内涵的了解还非常有限，甚至会出现错误，认识到对专业内涵的了解是进行专业选择的基本前提。同时，认识到专业选择受到诸多因素的影响。接下来，通过小组讨论活动，探讨专业和职业之间的关系，从而让学生理解专业和职业之间密切相关但不是绝对的对应关系。进而探讨专业选择的意义。专业选择意味着掌握相应的知识结构和可能的职业方向，专业选择是一种未来生涯定向，指向未来发展的可能性，值得深入地探索。

·教学重点：

　　通过分享课前问卷中关于专业课程设置和职业方向的调研和分析结果，理解专业内涵和专业选择的影响因素；通过探讨专业和职业之间的关系，拓展思维空间，提升辩证思维的能力。

·教学难点：

　　通过思考专业选择的意义，实现专业选择和未来生涯定向之间的连接，增强自我塑造、自主探究的生涯探索意识。

教学准备

1. 教具类：课前问卷，A4纸，彩笔。

2. 资料类：教学PPT。

3. 学案类：课前问卷。

教学活动流程示意

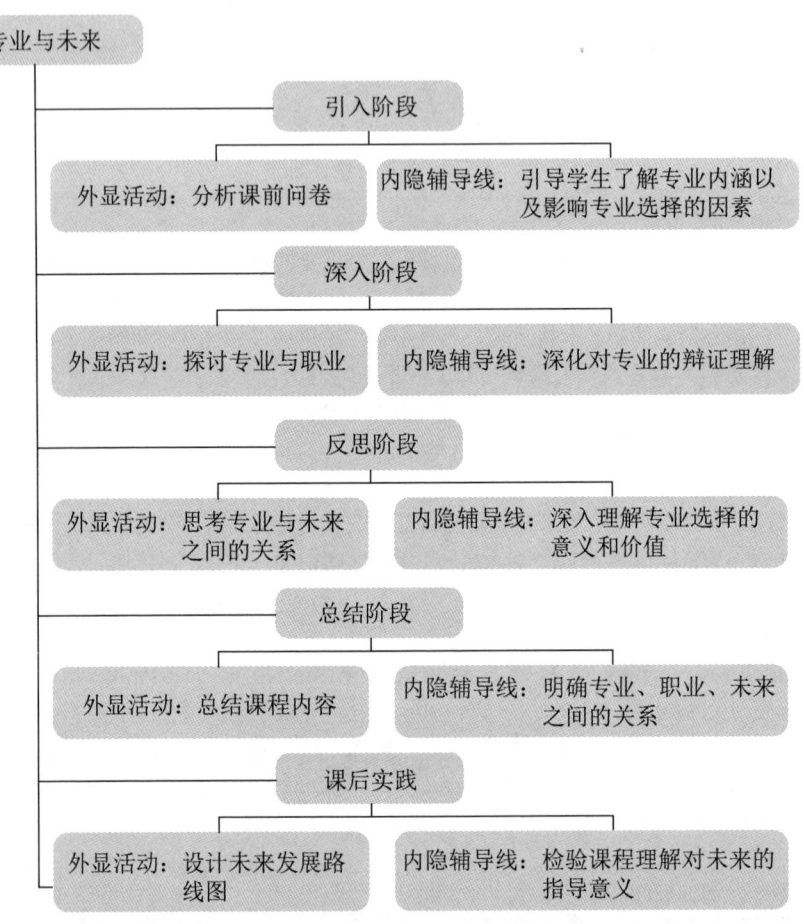

续表

			教学过程		
活动序号	活动名称	活动目的	教师活动	学生活动	活动时间（分）
1	澄清专业内涵	通过完成课前问卷，引发学生对专业选择以及专业内涵的思考，通过查询资料前后的对比发现专业内涵的丰富性。 通过学生对专业选择原因的思考，总结归纳出影响专业选择的因素，为下一步讨论专业与职业的关系打下基础。	1. 引入 在座的各位同学都是幸运儿，因为你们是北京新高考改革的第一批考生，你们可以真正地发挥优势，展现所长，也可以根据个人特点和节奏，进行课程、考试科目、考试时间和专业的选择，大家已经都开始进行选课了，我想大家在选课之前对考试科目，甚至专业的选择都有过一定的思考，但也可能存在很多困惑。今天，我们就来一起探讨一下专业选择和未来发展之间的关系。 2. 课前调查分享 随机选取几名学生，分享课前调查问卷中的几个问题。 课前问卷中涉及的问题有： （1）依据现有的知识经验回答 ①你未来想学什么专业，为什么？ ②你认为这个专业需要学习哪些课程？（列举至少三个） ③你认为这个专业可能的就业方向有哪些？（列举至少三个） ④你认为你未来从事的职业会跟你学的专业相关吗？ （2）通过"阳光高考网"等途径的查询，完成以下问题： ①为了完成你未来想学习的专业，你将在大学里学习哪些课程？ ②这个专业未来的就业方向有哪些？	个人汇报： 就课前问卷的内容进行汇报。	5

续表

			教学过程		
活动序号	活动名称	活动目的	教师活动	学生活动	活动时间（分）
1	澄清专业内涵	通过学生对专业选择原因的思考，总结归纳出影响专业选择的因素，为下一步讨论专业与职业的关系打下基础。	（3）对比"你认为"的结果和查询后的结果，你有哪些发现？你会更改你想学习的专业吗？ 过程中追问： 　你想学习的专业是真实存在的专业吗？ ①了解一个专业重点在于关注这个专业的哪些方面？（专业内涵包括什么） ②专业选择受到哪些因素的影响？（过程中注意及时给予提示和纠偏） 　教师在学生分享过程中注意发现学生在专业内涵了解上的误区，并能区分不同学生对专业探索的程度。 　对于已做出决策的学生，重在引导他们进行现阶段准备情况的自我评估，并提出改进措施，询问其是否有备选方案；对于犹豫不决的学生，为他们提供增进了解的途径；对于想法模糊的学生，引导他们澄清自己的想法，引导其开始探索。 　引导学生回到当下。及时给予鼓励和提醒。注意发掘学生回答中的生长点，肯定学生已有的探索，并为他们提供可能的方向。 　关于选择冷门专业还是热门专业：冷门和热门都是相对的，每个专业都有出类拔萃者。更应该关注社会需求、发展趋势，培养自己适应变化的能力。 3. 小结 　专业是高等教育培养学生的各个专业领域，大体相当于《国际教育标准分类》中的课程计划。专业内涵包括知识结构和未来的职业方向。	倾听并思考： 　倾听他人的汇报内容，思考他人对于问题的理解。 回答问题： 　回答教师在互动过程中提出的问题。	

续表

			教学过程		
活动序号	活动名称	活动目的	教师活动	学生活动	活动时间（分）
1	澄清专业内涵	通过学生对专业选择原因的思考，总结归纳出影响专业选择的因素，为下一步讨论专业与职业的关系打下基础。	专业选择受到多种因素的影响，如兴趣、经历、优势能力、家长职业等家庭因素、职业方向、社会需求等。	思考并理解：在倾听和思考的过程中梳理，理解老师总结的要点，了解专业内涵包括的内容以及影响专业选择的因素。	
2	探讨专业与职业之间的关系	通过讨论专业与未来职业的关系，帮助学生认识专业和职业之间的密切关系，但它们不是一一对应的，职业选择受到很多因素影响，专业学习的知识内容也可能大于职业领域。因此，要引导学生以开放的心态进行专业探索和选择。	1.小组讨论 在充分了解专业内涵后，就可以综合你的兴趣爱好、优势特长、家长建议、未来职业方向等进行专业选择。那么，选了专业就等于选择了职业吗？专业和未来职业之间的关系是什么样的？下面给出五个符号，你觉得哪个符号放在专业和职业之间更加合适？如果都不合适，你觉得什么符号可以更好地说明专业和职业的关系？并在下面写出至少三条理由。 "=" "≈" "≠" ">" "<" 专业 职业 全班分为5个小组，每组有10分钟讨论和绘制海报的时间。讨论结束后，每组代表有2分钟总结发言时间。 在学生绘制海报过程中，教师要到各组巡视，发现学生在讨论中出现的困惑并给予及时的解答，引导小组成员发表各自观点和讨论达成共识，鼓励学生进行思辨和创造性的思考，提醒讨论的进程速度，控制讨论的整体时间。	分组讨论：分小组，结合自己现有的认知和经验讨论专业与职业之间的关系，并说明理由。 小组就成员之间不同的意见进行探讨和说服，最终达成一致意见。 代表发言：小组代表进行2分钟的总结发言。	

教学过程				
活动序号	活动名称	活动目的	教师活动	学生活动	活动时间（分）

活动序号	活动名称	活动目的	教师活动	学生活动	活动时间（分）
2	探讨专业与职业之间的关系	通过讨论专业与未来职业的关系，帮助学生认识专业和职业之间的密切关系，但它们不是一一对应的，职业选择受到很多因素影响，专业学习的知识内容也可能大于职业领域。因此，要引导学生以开放的心态进行专业探索和选择。	注意提取学生代表发言中的生长点，及时发现在理解专业和职业关系中的偏差与误区，给予正确的引导。引导学生关注当下的学习生活。 2. 小结 ·专业学习与职业选择密切相关。 ·职业选择受到诸多因素的影响，存在不确定因素，因此专业与职业不一定一一对应。 ·专业学习提供丰富广泛的知识内容，职业可能对应其中的一部分课程。 ·职业对专业方向的需求呈现多样化。 ·总之，专业与职业密切相关，但并不是绝对的对应关系。	倾听并理解： 理解不同组的讨论结果，总结专业与职业之间的关系，理解不同符号对应的论据。	25
3	理解专业与未来之间的关系	引导学生思考专业选择对自己的未来发展的意义。帮助学生将专业选择与未来发展建立连接，赋予专业选择方向性的意义。	1. 提问 既然专业选择不仅仅是为了未来的职业方向，那么，专业选择的意义是什么？ 2. 总结 你选择了一个专业，就是在选择未来四年的大学学习生活，学习哪些课程，培养哪些能力，而这样积累起来的专业背景将会一直跟随着你，对你未来的就业和职业生涯发展影响深远。大学的学习和经历会提升你的学习能力、沟通能力、选择能力、适应能力等。	思考并理解： 思考专业选择的意义，理解专业选择与未来发展的关系。	5

续表

			教学过程		
活动序号	活动名称	活动目的	教师活动	学生活动	活动时间（分）
3	理解专业与未来之间的关系	引导学生思考专业选择对自己的未来发展的意义。帮助学生将专业选择与未来发展建立连接，赋予专业选择方向性的意义。	当然，专业选择不是一蹴而就的事，而是一个过程，专业选择也是一种发展方向的选择，是一种生涯定向，在定向过程中完成自我认知、自我探索，了解社会，了解职场，是向理想生活和工作状态迈进的过程。因此，要以一种开放的心态去进行专业探索与选择，指向未来生活方向，面向未来人生的无限可能。		
4	总结	总结课程内容，梳理课程要点，强化学生对核心要点的理解。	总结： 回顾一下课程内容： ·专业内涵包括知识结构与未来职业方向。了解专业内涵是进行专业选择的前提。 ·专业与职业密切相关，但并不是绝对的对应关系。职业选择受到很多外界因素的影响。 ·专业选择是生涯方向的选择，要从现在开始努力，自主发展，成就未来。	回顾： 回顾课程内容，提炼并理解课程的核心要点。	3
5	课后拓展	引导学生深入理解专业选择与未来发展的关系。	课后拓展： 绘制一张未来发展路线图（从高中时期开始），包括专业的学习、可能的深造方向和时间、职业的方向等。	设计未来发展方向，绘制未来发展路线图。	2

续表

教学效果评估

一、教学效果评估

本课的教学效果评估从两方面进行。一方面是课上学生的思考与对问题的回答，因课程中不断伴随着基于学生实际情况的追问和对一个问题的层层分析，学生的探究兴趣和思维得到了极大的调动，现场讨论热烈，课程中讨论的核心问题得到了较为充分的分析与拓展。另一方面在课程汇报环节，学生就核心问题提出的见解引起关注，且引出生生对话，均多于课前预设。

二、教师课后反思

1. 时间的把控

课程中涉及的话题较多，因此时间的把控是个问题。尤其对于第一部分，在对课前问卷的回顾中，一定要提前对问卷和学生做好调研和分析，这样在课上就不会出现学生的茫然和重复性提问。对学生的提问要更有针对性，不能泛泛提问，找不到重点，否则就无法发现学生真正的生长点。

2. 引导学生回到当下

师生对话中，一定要引导学生回到当下，回到对当下学习生活的反思和改进，这点还有很多提升的空间，学生所提出的反思和改进都比较空洞，缺少行动的指向性。

3. 鼓励课堂中的生生对话

课堂中更多的是师生对话，而生生对话有时候更能给人带来启发。在课堂中有意识地鼓励生生对话，也起到了活跃课堂气氛的作用。

4. 核心话题滚动式呈现

本课的核心要点要反复滚动出现在师生的对话之中，且要抓住学生在生成性内容中的成长点，及时给予点拨。

5. 板书采用黑板贴条的方式

板书采用贴条的方式进行，简约清晰，同时回避了黑板字体不佳的问题。

6. 课堂中故事的融入

在讲解过程中，不时地提出自己或周边人的生动例子，会增强学生的迁移力，比光讲述要点效果要好很多。

7. 本课的核心要点

大学教育的价值；热门和冷门专业的选择；选专业是否决定就业；选专业背后最看重的因素；灵活就业的理念；选择意味着承担责任，做好出错的准备和备选方案。

教学参考资料

1. 王红丽，杨碧君，直面选择　逐梦飞翔：给高中生的选课、选考、选专业建议，中国少年儿童出版社，2017

2. 果壳guokr.com，果壳帮你选专业，清华大学出版社，2017

3. 林崇德，发展心理学，人民教育出版社，1995

4. 金树人，生涯咨询与辅导，高等教育出版社，2007

续表

附录（活动过程中所需的问卷、文字材料，板书设计，技术手段使用等）

1. 板书设计

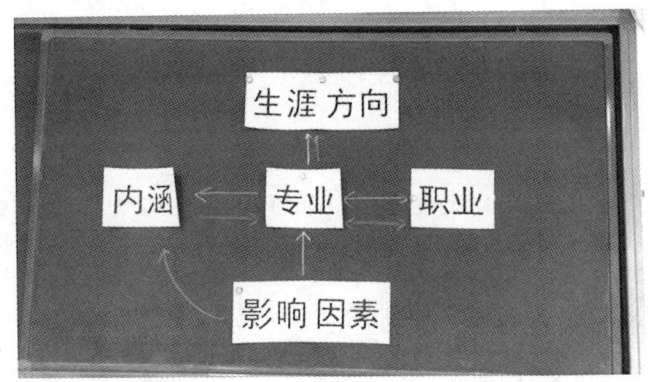

2. 课前问卷

班级：_____ 姓名：_____

（1）以下四个问题，请依据现有的知识经验进行回答

①你未来想学什么专业，为什么？

②你认为这个专业需要学习哪些课程？（列举至少三个）

③你认为这个专业可能的就业方向有哪些？（列举至少三个）

④你认为你未来从事的职业会跟你学的专业相关吗？

　A. 相关　原因是_____

　B. 不相关　原因是_____

　C. 不一定　原因是_____

（2）下面，请你通过"阳光高考网"或者其他资讯网站，查询以下信息：

①为了完成你未来想学习的专业，你将在大学里学习哪些课程？

②这个专业未来的就业方向有哪些？

（3）对比"你认为"的结果和查询后的结果，你有哪些发现？你会更改你想学习的专业吗？

五、"梦想照亮现实"生涯主题班会教学设计[①]

表6-5 "梦想照亮现实"主题教学设计

基本信息

姓名	李琪	学校	北京师范大学朝阳附属学校	职称	中教高级
课程名称		梦想照亮现实			
课程类别	生涯规划	学段/年级	初中二年级	时间	40分钟

主题确定的理论及政策依据

《国家中长期教育改革和发展规划纲要（2010—2020年）》中明确指出要"建立学生发展指导制度，加强对学生的理想、心理、学业等多方面指导"。学生发展指导是学校在教学任务外，为全体学生在品德、心理、学业、生涯、生活等各方面提供课程活动、团体辅导、个别指导等一系列服务，旨在促进学生全面而有个性的发展，提高人才培养质量。基础教育应使学生"具有强健的体魄、顽强的意志，形成积极健康的生活方式和审美情趣，初步具有独立生活能力、职业意识、创业精神和人生规划能力"。

青少年时期正值身心剧烈变化，此时为社会心理学家埃里克森（Erikson）所言的"自我统整与角色错乱"的阶段，现实与目标之间的矛盾是其中一个，于是能否有一个明确的而又能够实现的目标，就能决定青少年时期发展的方向。埃里克森、弗洛姆（Fromm）、罗杰斯（Rogers）等的自我发展理论中皆提出人在青少年阶段容易迷失自我，欠缺计划和发展方向，这将影响未来他们的适性发展。

在当今，世界上许多国家都已经在中学阶段开设了职业生涯规划教育的专门课程，并对其进行系统的职业生涯规划教育，以此来帮助中学生树立自我意识，形成自我观念，帮助中学生培养起与自己能力相适应的职业生涯目标。根据生涯发展理论，初中阶段正处于生涯探索期，这是生涯发展早期阶段也是生涯发展的重要时期。初中阶段与青春期同步，是人生发展的最关键时期。这个阶段发展的顺利与否可以影响人的一生。遵循初中学生的身心发展特性和生涯发展特点，在初中阶段实施生涯教育是一项具有切实意义又十分重要的课题。学校不仅应当为学生提供学业上的支持，而且应该对他们人生未来的发展做出引导。

"梦想照亮现实"主题的确定，正是针对初二学生心理波动性大、感情容易消退、思想敏感、独立意识逐渐增强的特点，帮助他们调整学习状态，树立信心，明确学习目标，满怀信心地迎接未来并为之努力。

美国国家职业信息协调委员会（NOICC）在1989年就发布了《国家职业发展指导方针》，提倡职业生涯教育要从6岁开始，并根据不同的年龄层次将职业生涯规划教育的对象进行了分类，将学生们从小学到大学的职业生涯规划教育分为四个步骤：第一，对学生们进行职业教育；第二，帮助学生们发现自己的爱好和特长；第三，帮助学生们了解目前的市场需求；第四，教导学生们就业的技能。这是"梦想照亮现实"主题班会设计的参考依据，即学生围绕主题进行思考、讨论、反思、分享和归纳，并将获得的启示应用于真实的生活世界。

---

① 该教学设计由北京师范大学朝阳附属学校李琪老师提供。

学情分析

1992年艾凡斯（Evans）运用"元分析"的方法研究生涯教育对学生学业成绩的影响，得出生涯教育有助于提高基础阶段的学业成绩的结论。20世纪80年代生涯理论的发展逐步进入到了成熟阶段。这一时期舒伯对哈维赫斯特（Havighurst）提出的"发展任务"这一概念做出了新的阐释，他为人的一生发展的轨迹做出了新的诠释，他认为，在人一生的生涯发展中，各个阶段同样要面对成长、探索、建立、维持和衰退的问题，因而形成"成长—探索—建立—维持—衰退"的循环。

心理健康教育对学生的生命成长与发展起着引导、示范、催化、矫正和疏导的作用，这也正是基于学生生命成长与发展的需要。心理健康教育的发展性目标在于培养学生健全的人格和促进学生生命的健康成长，开发学生的潜能，奠定学生终身发展的心理基础。它的任务在于帮助学生培养积极的自我信念、健康的情绪与高尚的情感，培养学生适应社会和独立的生存能力，帮助学生在自己未来的生活中获得终身学习的能力与潜能的开发，以达到真正意义上的自我实现。这些基本任务都奠定了学生生命成长与发展的基础，心理健康教育不仅注重学生生命的存在和成长发展的状况，而且还将不断地提高学生的生命质量，提升学生的生命价值与生命意义。

本次"梦想照亮现实"主题班会活动教学班级为初二（5）班，初二学生处于青少年时期，情绪极不稳定，极易冲动，易偏激，判断、解决问题常伴有强烈的主观感情色彩，对小事反应强烈，情绪易失控。同时随着青春期的到来，学生的心理和生理也发生了明显的变化，心理活动表现极为矛盾，表现为具有强烈的好胜心和意志力缺乏、情感脆弱之间的矛盾，自我意识开始觉醒、具有成人感和生活自理能力的缺乏之间的矛盾，生理的迅速发展与心理滞后发展之间的矛盾，思维凸显的独立性、创造性与主观偏激之间的矛盾。初中生的身心发展已经呈现出了失衡的特性。通过调查问卷反馈，初二（5）班有10%的学生对自己的人生有长远规划并为之努力，72%的学生有短期奋斗目标（其中40%的学生已付诸行动，32%的学生虽然有目标但是怕吃苦，不能为自己制订的目标而努力），18%的学生对自己不了解，没有奋斗目标。这是教师设计并实施课程的参考依据。

教学目标

情感目标：激发学生学习兴趣，认识到实现理想需要坚持不懈地努力。
认知目标：通过兴趣、能力等方面的自我探索发现自己，提升自我认知。
行为目标：引导学生探索实现梦想的必要条件的同时增加生涯指导。

教学内容与重点、难点

"梦想照亮现实"班会活动是针对初中学生特点进行生涯辅导的课程教学，这个时期的学生正处于由未成年人向成年人过渡的成长过程中，他们最关心的问题是：我是谁、我想要做什么、我能做什么和我如何去做。通过本节班会课帮助学生认识自我、适应社会。

本节课通过两个关键点——绘"梦想树"和丰满"梦想之翼"的活动作为教学载体，学生通过思考、参与和分享明确自己的奋斗目标。

本节课的教学重点是引导学生结合活动体验、自我反思和同伴讨论，初步确定自己的奋斗目标。本节课的教学难点是帮助学生澄清自己的生涯愿望，做出适合自己生涯目标的选择，坚定意志，克服种种困难，持之以恒地追求自己的理想。

续表

教学准备

1. 教具类：水彩笔、A4纸。
2. 资料类：教学PPT。
3. 学案类："梦想之翼"学习单。

教学活动流程示意

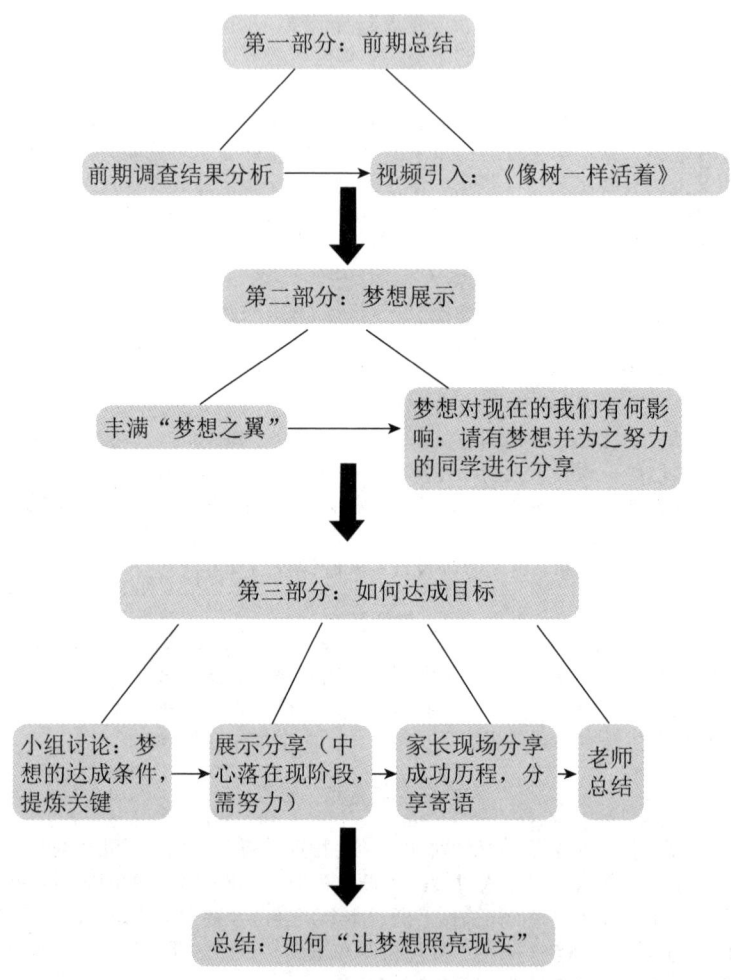

续表

			教学过程		
活动序号	活动名称	活动目的	教师活动	学生活动	活动时间（分）
1	励志视频引入主题	明确课程主题，学生通过观看视频、聚焦课程目标，围绕"梦想"进行思考。	开场白： 　　今天的课程主题是"梦想照亮现实"，首先请同学们欣赏一段新东方教育科技集团董事长兼总裁俞敏洪的主题为"像树一样活着"的演讲视频，思考我们怎样生活才有意义。每位同学都有梦想，本节课我们将围绕三个问题进行探讨和分享： 　　1.你的梦想是什么？ 　　2.实现梦想需要具备哪些条件？ 　　3.你正在或者计划做出怎样的努力？	学生观看视频，点燃热情，引发对梦想的思考，进入上课状态。	6
2	绘"梦想树"展示梦想	学生通过盘点梦想，描绘美好未来。	活动：以"梦想树"展示梦想 指导语： 　　你有什么样的梦想？请大家将自己的梦想写下来贴在梦想树上，不要受任何限制，只要是你的想法，不管能不能实现，也不用什么方式去实现，只要是你想做的、想达到的、想成为的或想体验的，都可以呈现在梦想树上。 梦想树	学生在五彩贴纸上写下自己的梦想并贴在"梦想树"上。	7

续表

教学过程					
活动序号	活动名称	活动目的	教师活动	学生活动	活动时间（分）
3	独立思考走进梦想	通过丰满"梦想之翼"，思考需要实现梦想的必要条件。	指导语： 　请丰满你的"梦想之翼"。 　1.将自己最想实现的一个梦想写在中间的圆圈里。 　2.外围填写达成梦想所需具备的条件。 　3.并非每个圈只填写一个相关事物，也并非每个圈都填满，只需要把自己所能想到的与实现梦想相关的事物写上即可。 （2—3名同学分享自己是如何丰满"梦想之翼"的。）	学生思考并按照指导语丰满"梦想之翼"。	5
4	观点汇集深化主题	通过小组讨论，提炼实现梦想的必要条件，深化主题。	提出议题： 　每个人写的实现自己梦想所需要的条件有所不同，但是无论什么样的梦想肯定在实现的过程中有许多共同之处，以小组为单位讨论：梦想成真的条件是什么？ 　请把小组讨论的结果展示给大家。	讨论： 　1.根据每个人写下的梦想成真的条件，提炼出梦想实现的必要条件（语言简练）。 　2.同学们将各组观点合并、分类、提炼。	16
5	家长分享助力圆梦	聆听家长寄语，获得自信。	家长寄语： 　邀请了两位家长参加主题班会，其中一位家长讲述自己的亲身经历和成功经验，引导孩子们为了自己的梦想去努力、去奋斗，家长一定会成为你们坚强的后盾。	学生倾听： 　学生感觉到在奋斗的过程中不是孤独的一个人，有家长的陪伴、帮助和指导，从而获得自信。	3

续表

教学过程

活动序号	活动名称	活动目的	教师活动	学生活动	活动时间（分）
6	提炼总结提升主题	深化主题，夯实主题班会效果。	指导语： 　　通过以上几个活动，我们知道了，想要完成计划，实现梦想，有几个关键词：持之以恒，坚持不懈，不能半途而废。人要有梦想，但梦想不一定都能实现，有了梦想还应照亮现实，看看你的梦想离实现还有多远，你需要为自己梦想的实现做什么样的准备。 结束语： 　　立志在坚，成功在久。我们这节班会课即将结束，但我相信同学们为梦想而奋斗的热情不灭，它闪耀在我们用心制订的目标计划里，闪耀在父母、老师、同学的鼓励中，更闪耀在我们脚踏实地的努力里。愿同学们：以梦为马，不负韶华。	倾听、思考： 　　对自己的奋斗目标有了更清晰的认识，进一步夯实主题班会效果。	3

课后反思

　　这个主题班会是根据班集体的实际问题确定的，及时有效地对学生进行目标教育，起到了事半功倍的效果。班会以欣赏《像树一样活着》的演讲视频为导入，学生开始思考怎样生活才有意义。绘"梦想树"、丰满"梦想之翼"和小组讨论等环节紧扣主题，层层深入，充分调动了学生的积极性，班会气氛活跃，学生通过提炼、总结、讨论，提出观点，让思路更加清晰明确。在教师的引导下，逐步过渡到目标的制订和实现上，显得水到渠成，达到了较好的班会效果。

教学参考资料

1. 吴志兰，中学生职业规划，中国市场出版社，2010
2. 史玉霞，他山之石，可以攻玉：中学生职业生涯规划教育的启示，才智，2012（1）
3. 胡春森，中学生职业生涯规划与心理健康教育融合模式的探索性研究，内蒙古师范大学，2011

续表

附录（活动过程中所需的问卷、文字材料，板书设计，技术手段使用等）

1. 板书设计

　　　　　　课题：梦想照亮现实
　　　　　　一、你有梦想吗?
　　　　　　二、为了实现梦想你是如何做准备的?
　　小结：实现梦想的必要条件是：

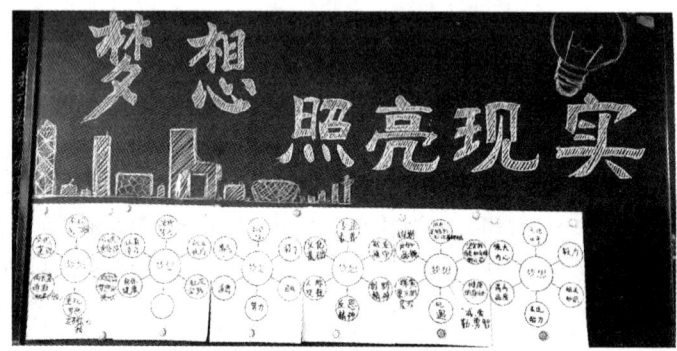

2. 附件
附件1：梦想树

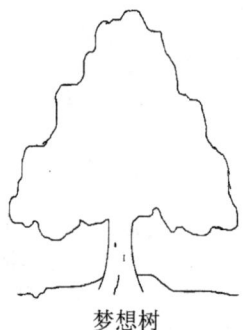

梦想树

附件2：梦想之翼

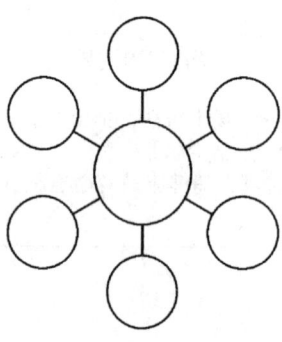

梦想之翼

续表

3.调查问卷

关于梦想的调查问卷

姓名：_____

指导语：梦想是每个人所期望的成果，实现梦想需要不断努力，梦想是同学们奋斗的长远目标，为了实现人生梦想可以制订近期目标、中期目标和长远目标。比如，对于一个初二的学生而言，近期目标是学期末取得好成绩，中期目标是根据自己的实际情况，中考考入自己心仪的高中，远期目标就是自己将来想从事的职业。

（1）现阶段，你是否有梦想？

  A.有   B.没有

如果选择A，请回答第（2）（3）（4）题；如果选择B，请回答第（5）（6）题。

（2）如果你有梦想，那你觉得自己的梦想：

  A.合理且清晰   B.模糊且难以实现

  C.会有小困难   D.困难较大

（3）为了实现你的梦想，你有没有制订近期目标和中期目标？

  A.有   B.没有

（4）如果你有近期目标和中期目标，你每天为目标付出的时间为：

  A.2小时   B.1小时   C.0.5小时   D.几乎没有

（5）你制订的近期目标中大多数完成情况如何？

  A.基本实现   B.一半左右   C.比较少

（6）你现阶段没有梦想的原因是什么？

  A.觉得有也不会去做，没用   B.没时间规划

  C.喜欢顺其自然的生活方式   D.其他

（7）你认为对你梦想确定有影响的是什么？（可多选）

  A.父母朋友   B.学校环境

  C.兴趣爱好   D.其他

六、化学学科渗透生涯教育教学设计①

表6-6 "侯氏制碱法"教学设计

基本信息				
姓名	桑寿德	学校	北京市第八十中学	职称	高级
课程名称	"侯氏制碱法"——高中化学"纯碱的生产"			
课程类别	生涯规划	学段/年级	高中一年级	时间	45分钟
参考教材	人民教育出版社 课程教材研究所 化学课程教材研究开发中心，化学选修2：化学与技术，人民教育出版社，2007			

① 该教学设计由北京市第八十中学桑寿德老师提供。

续表

主题确定的理论及政策依据

　　教育部印发的《中小学心理健康教育指导纲要（2012年修订）》关于心理健康教育的主要内容中，高中年级主要包括：帮助学生确立正确的自我意识，树立人生理想和信念，形成正确的世界观、人生观和价值观。高中学生正处在探索人生意义和自身价值的阶段，处在确定人生目标和生涯规划的关键期，帮助学生确立榜样，从榜样身上获取力量，无疑对学生的目标确定有积极的意义，因为榜样的力量是无穷的。

　　"侯氏制碱法"内容的选择，正是通过了解侯德榜先生的人生经历和为人类做出的科学贡献，以及在技术革新中克服各种困难，最终取得成功的经历，帮助学生塑造优秀的品质，合理进行生涯规划，最终实现人生目标。

　　侯德榜先生，名启荣，字致本，生于福建闽侯，著名科学家，杰出化学家，侯氏制碱法的创始人，中国重化学工业的开拓者，近代化学工业的奠基人之一，是世界制碱业的权威。"侯氏制碱法"是侯德榜先生于1942年研究成功的制碱工艺，对世界制碱工业的发展起到了积极的影响，这其中蕴含了自然科学的发现和研究方法，体现了化学研究的缜密之美，是人类智慧和科学精神的集中载体，对学生人文道德的提高与智力的发展有着重要的促进作用。

　　本节课内容涉及从实验室到化工生产过程需要解决的一系列问题，如原料的充分利用、工艺流程图的设计、"三废"的处理等，可以提高学生"科研开发、科技管理及分析和解决一般生产问题的初步能力"，让学生初步了解化学反应工程学，如何让科研开发人员与工程技术人员搞好接力，从而将科研成果转化为现实生产力。相信本内容对有志于工业开发、研究或生产的学生，有较大帮助，对其他学生而言，本节课还有一些内容和研究方法是高中阶段没有介绍的，学习本内容有助于学生理论联系实际，避免思维模式单一，有利于全面掌握科学方法论。

学情分析

　　知识方面，学生已经了解电解质的电离与离子反应的实质，知道电解质之间的反应是离子间的反应，而且已经掌握离子反应发生的条件；通过平时的学习，学生已经理解平衡的概念和平衡移动的知识；通过第一课时的学习，学生已掌握"索尔维制碱法"生产纯碱的原理。

　　能力方面，学生已初步了解化工生产的基本思路，有循环利用原料、提高综合经济效益的工业制备思想。

教学目标

1. 知识与技能
（1）复习"侯氏制碱法"的基本反应原理。
（2）强化溶解度原理等基本化学原理的学习。
（3）以"侯氏制碱法"为载体深入理解工业生产的综合经济效益和社会效益。
2. 过程与方法
（1）通过对"氨碱法"工业过程的思考讨论，提高学生分析问题和知识迁移的能力。
（2）通过"侯氏制减法"的讨论培养和提高学生综合解决问题的能力。

续表

教学目标

3. 情感态度与价值观
（1）通过以化学史为主线的教学培养学生崇尚科学的价值取向，进行爱国主义教育。
（2）通过侯德榜先生改进后的制碱法利用率高这一点培养学生的环保意识。

教学内容与重点、难点

　　本节课以化学史为背景，利用榜样人物引导学生发展生涯意识，并以榜样人物在国家、企业危难之时的选择和创新，渗透家国情怀，渗透个人的生涯规划要与国家的命运、人类福祉相关联的思想，为学生职业选择、生涯规划提供参考和帮助。当然化学相关知识的学习，可以引导学生关注学科发展，激发学习化学的热情。基于课程要求及学生情况，确立本节课重点、难点。

　　教学重点：学习侯德榜先生在发明新制碱法过程中所表现出的克服困难的勇气和科学态度，帮助学生进行生涯规划。

　　教学难点："侯氏制碱法"的原理，即如何在"索尔维制碱法"的基础上进行革新，解决氯化钠利用率低的问题。

　　针对教学重点，本节课创设以化学史为背景的教学情境。一方面让学生追踪当年科学家发现的思路，通过流程的改进，体会科学研究的过程，了解复杂化学体系的系统分析方法，给学生今后创造性解决问题提供有用的思维模型。另一方面感受化学史以不可代替的独特方式积累人类在了解世界、创造世界过程中所表现出的执着精神和科学态度。

　　针对重点、难点，本课程教学在尝试实践环节设计了学生分组讨论、师生互动交流，在明确操作原理的基础上，动手实验，让学生能够理论和实践相结合。

教学准备

1. 教具类：水彩笔、垫板夹、A4纸。
2. 学生资料类：教学PPT。
3. 学案类："侯氏制碱法"学习单。

教学活动流程示意

续表

教学过程

活动序号	活动名称	活动目的	教师活动	学生活动	活动时间（分）
1	故事引入	了解历史，感受中国民族企业家的家国抱负，增强民族自豪感。 复习旧知识，便于新知识的学习。（"侯氏制碱法"是以"索尔维制碱法"为基础的）	开场白："一战"前中国积贫积弱，民族工业刚刚起步，范旭东先生在天津创立永利碱厂，聘请侯德榜先生为总工程师，破解西方技术封锁，用"索尔维制碱法"生产纯碱，并取得良好的经济效益和社会效益。 【设问】"索尔维制碱法"反应原理是什么？	书写： $NH_3+H_2O+CO_2\!=\!=\!NH_4HCO_3$ $NaCl（饱和）+NH_4HCO_3$ $=\!=\!NaHCO_3\downarrow+NH_4Cl$ $2NaHCO_3\!=\!=\!Na_2CO_3+H_2O+CO_2\uparrow$	10
2	历史背景学习	体会国家落后就要挨打，企业和个人命运与国家命运相连。	背景："二战"爆发，日本侵略天津，为了不让企业落入敌人之手，永利碱厂被迫迁往川西，生产面临困难，企业出现生存危机。 【问题】你觉得会遇到什么困难？	倾听，思考，回答。 【回答】原料价格高，生产成本提高。	3
3	设计流程实验操作	培养学生分析问题、解决问题的能力。 面临困难，积极应对，体会侯德榜先生的创新意识。 实验验证可以让学生体会工业原理，并初步了解实际操作的难度。 解释措施背后的化学基本原理，落实巩固新知识。动手设计环节可以进一步落实工业制备的原则。	"侯氏制碱法"诞生的化学史料。 【设问】 （1）"氨碱法"的母液中有哪些离子？各种离子在溶液中大体占多少？ （2）"索尔维制碱法"的母液的处理方式上有什么样的优点和缺点？ （3）"侯氏制碱法"采取了如下的方式对母液进行处理，分析采取这些处理措施的原因。 【实验】 对母液进行降温，析出晶体。 【动手设计】 制作"侯氏制碱法"的流程图。	分组讨论得出： （1）母液成分：NH_4^+（大量）、Cl^-（大量）、Na^+（较大量）、HCO_3^-（少量）。 （2）优点：通过向母液中加熟石灰得到氨气，可重复使用；原料易得，产品纯度高。缺点：产生大量$CaCl_2$；浪费大量的Na^+和Cl^-。 （3）具体措施： ①向母液中通氨气； ②降温至5 ℃左右； ③向母液中加食盐细粒； ④处理后的母液重新作为原料。 最终提高食盐的利用率。	18

续表

			教学过程		
活动序号	活动名称	活动目的	教师活动	学生活动	活动时间（分）
4	价值意义	领会科技进步对国家、对社会的积极贡献。　　用科学家的智慧、学识和爱国情怀，以科学家特有的方式报效我们灾难深重的祖国。　　好的工业设计可以降低成本，提高综合经济效益。	侯德榜先生是在碱厂迁往川西后下决心改进"索尔维制碱法"的，"侯氏制碱法"（又称联合制碱法）至今仍为全世界许多碱厂采用。　【问题】试从"社会"和"科技"的两个角度分析"侯氏制碱法"的意义。	（1）社会意义1）提高了原料的利用率，挽救了民族制碱工业。2）为人类化学化工发展做出了卓越的贡献。（2）科技意义①符合现在提倡的"绿色化学"的要求：提高了原料（$NaCl$）的利用率，不产生无用的$CaCl_2$。②体现了大规模联合生产的优越性：将一个厂的废料作为另一个厂的主要原料。	2
5	畅谈感想	从侯德榜先生的家庭出身、克服困难、认真做事等方面谈个人生涯体验。	结合侯德榜先生的经历和贡献，谈谈个人感想，对个人生涯有何帮助。	思考交流，汇报，学习侯德榜先生克服困难、勇于探索的精神，以及为国家无私奉献的品质。关注身边榜样，同学间相互学习。	10
6	教师总结	认识到自己身上的责任和义务，感受国家对青少年的期待。	【讲解】化学就在我们身边。社会进步离不开科技的创新，科技创新离不开德才兼备的人才。希望大家德业兼修、知行并重，学好知识，报效祖国。	倾听、思考、领悟。	2

续表

教学效果评估

一、学生调查

  针对教学目标及效果，设计调查问卷，课后发给学生填写，回收统计。结果表明：从课后调查看，大部分的学生已掌握"侯氏制碱法"的来历和原理，并认为侯德榜先生的事迹对自己有触动，有助于个人生涯规划，具体如下：

  关于课程总体感受，有80%的学生"非常喜欢"本节课，10%的学生"较为喜欢"本节课；

  关于侯德榜先生的经历及在科技上的贡献，有90%的学生觉得"很受触动"；

  关于"侯氏制碱法"的原理及操作，95%的学生觉得"已掌握"；

  关于动手实验的感受，有70%的学生觉得活动"有乐趣而有意义"；

  关于自己的生涯规划，有60%的学生觉得"有很大帮助"，24%的学生觉得"较有帮助"；

  关于基于自己的价值观规划高中生活的能力，有45%的学生觉得"有很大提升"，30%的学生觉得"较有提升"。

二、教师课后反思

  1.以化学史为背景的教学设计收到了良好的教学效果

  通过教学情境的创设，让学生追踪当年侯德榜先生发现的思路，改进流程，体会科学研究的过程，展示了人类在了解世界、改变世界过程中所表现出的执着精神和科学态度，为学生今后解决问题提供有用的思维模型，同时坚定学生"办法总比困难多"的认识。学生感悟这笔巨大的精神财富，必定成为他们不断实践创新的动力。

  2.分组讨论、动手实验环节成功突破教学难点

  针对"侯氏制碱法"的关键，也是本节课的教学难点，设计分组讨论、汇报交流及问题链，让学生先易后难，层层递进，最后动手实验，体验成功的喜悦，从而突破难点，课堂上学生的活跃程度也能反映这一情况。

  3.学习单的设计和使用可以提高课堂实效

  本课专门设计了学习单，其内容紧扣"侯氏制碱法"的原理，帮助教师引导学生参与活动讨论，进行自我反思并与小组分享，提高了教学效果和效率。

教学参考资料

1. 北京教育科学研究院，高中生涯规划与管理，北京出版社，2013
2. 左艳梅，闫瑞高，氨碱法纯碱生产工艺与设备的发展特点研究，广东化工，2013（13）
3. 王继琼，颜廷燕，李梦然，等，工业碳酸钠的纯化技术概述，天津化工，2018（1）

续表

附录（活动过程中所需的问卷、文字材料，板书设计，技术手段使用等）

1. 板书设计

"侯氏制碱法"

（1）"侯氏制碱法"基本原理

①母液成分NH$_4^+$（大量）、Cl$^-$（大量）、Na$^+$（较大量）、HCO$_3^-$（少量）。

②母液处理方法。

·向母液中通氨气。

·降温至5℃左右。

·向母液中加食盐细粒。

·处理后的母液重新作为原料。

（2）流程示意图

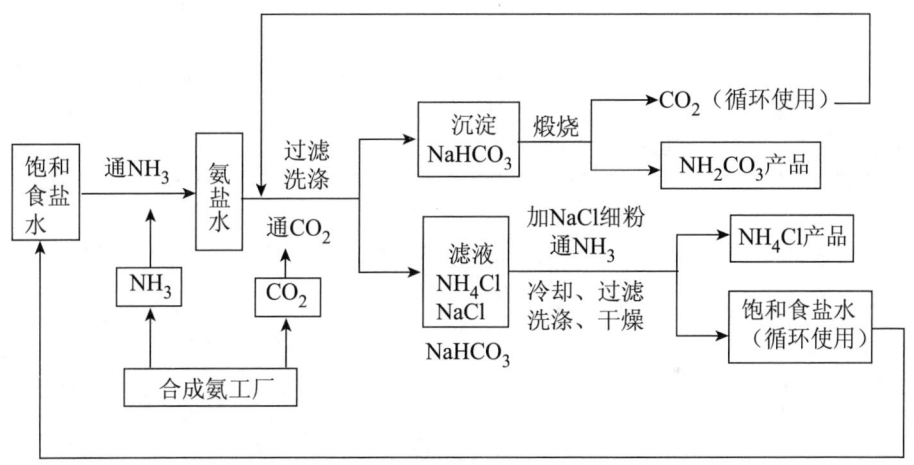

（3）特点

食盐利用率高，达到96％。

可得纯碱和氯化铵两种产品。

能耗成本比氨碱法低，无废渣、废液，避免了CaCl$_2$的产生。

2. 学习单

"侯氏制碱法"——高中化学"纯碱的生产"

班级＿＿＿＿　姓名＿＿＿＿　学号＿＿＿＿

【复习】画出"索尔维制碱法"的工艺流程图

（1）母液成分及含量。

（2）从母液中分离氯化铵的措施。

（3）画出"侯氏制碱法"的工艺流程图。

（4）对比两种制碱法的优缺点。

（5）你在本节课的收获有哪些？还有哪些疑惑？

3. 调查问卷

"侯氏制碱法"教学课后调查问卷

高一（7）班同学：

你们好！为了更好地改进本次教学，设计如下调查问卷，该问卷不记名，请认真作答，谢谢你的参与。

1. 你对今天课程的总体感受是：

A.非常喜欢　　　　B.较为喜欢　　　　C.一般　　　　　D.不太喜欢　　　E.不喜欢

2. 以化学史为背景的教学，你感到：

A.很有趣　　　　　B.较有趣　　　　　C.一般　　　　　D. 意义不大　　　E.无意义

3. 对侯德榜先生的经历及科技上的贡献，你感到：

A.触动很大　　　　B.有触动　　　　　C.一般　　　　　D.触动不大　　　E.没有感觉

4. 对"侯氏制碱法"的原理，你感到：

A.完全掌握　　　　B.基本掌握　　　　C.一般　　　　　D. 说不清楚　　　E.没听懂

5. 经过课程学习，对个人生涯规划：

A.有很大帮助　　　B.较有帮助　　　　C.一般　　　　　D.帮助不大　　　E.一点没有

6. 经过课程学习，对个人合理规划高中生活的能力：

A.有很大提升　　　B.较有提升　　　　C.一般　　　　　D.提升不大　　　E.没有提升

出版人　李　东
责任编辑　闫　景
版式设计　沈晓萌
责任校对　马明辉
责任印制　叶小峰

图书在版编目（CIP）数据

学校生涯教育指南 / 曹新美主编. —北京：教育
科学出版社，2019.7（2023.9重印）
　ISBN 978-7-5191-1911-9

　Ⅰ．①学…　Ⅱ．①曹…　Ⅲ．①职业选择—高中—教学
参考资料　Ⅳ．①G633.933

　中国版本图书馆CIP数据核字（2019）第115781号

学校生涯教育指南
XUEXIAO SHENGYA JIAOYU ZHINAN

出版发行	教育科学出版社			
社　　址	北京·朝阳区安慧北里安园甲9号		**市场部电话**	010-64989009
邮　　编	100101		**编辑部电话**	010-64989593
传　　真	010-64891796		**网　　址**	http://www.esph.com.cn
经　　销	各地新华书店			
制　　作	北京博祥图文设计中心			
印　　刷	三河市兴达印务有限公司			
开　　本	720毫米×1020毫米　1/16		**版　　次**	2019年7月第1版
印　　张	17.5		**印　　次**	2023年9月第2次印刷
字　　数	245千		**定　　价**	48.00元

如有印装质量问题，请到所购图书销售部门联系调换。